高等学校招标采购专业试用教材

招标采购理论基础

北京建筑大学招标采购专业建设委员会　编著

中国建筑工业出版社

图书在版编目(CIP)数据

招标采购理论基础/北京建筑大学招标采购专业建设委员会编著. —北京：中国建筑工业出版社，2013.10
（高等学校招标采购专业试用教材）
ISBN 978-7-112-15676-4

Ⅰ.①招… Ⅱ.①北… Ⅲ.①收购-招标-中国 Ⅳ.①F284

中国版本图书馆 CIP 数据核字（2013）第 177059 号

  招标投标制度是市场经济下利用市场进行资源优化配置的一种竞争交易制度。本书结合消费选择理论、运筹学、博弈论、决策论、多元统计分析、可靠性分析等既有理论和方法，系统介绍了市场经济、招标采购基础、其他采购基础、采购经济选择理论、招标采购目标因素、目标因素排序理论、招标采购博弈和中标结果可信分析等 8 章内容，并归纳总结了招标采购实践中的一些成熟经验与做法，从微观经济学出发，初步构建了招标采购理论基础。

  本书为高等教育公共事业管理（招标采购）专业课教材，也可作为工程管理类有关专业课的配套教材，还可供从事建设项目管理工作专业人员学习和工作参考。

* * *

责任编辑：马　红　姚荣华
责任设计：张　虹
责任校对：刘梦然　陈晶晶

高等学校招标采购专业试用教材
招标采购理论基础
北京建筑大学招标采购专业建设委员会　编著
*
中国建筑工业出版社出版、发行（北京西郊百万庄）
各地新华书店、建筑书店经销
北京红光制版公司制版
北京同文印刷有限责任公司印刷
*
开本：787×1092 毫米　1/16　印张：12½　字数：300 千字
2013 年 9 月第一版　2013 年 9 月第一次印刷
定价：**28.00** 元
ISBN 978-7-112-15676-4
(24205)

版权所有　翻印必究
如有印装质量问题，可寄本社退换
（邮政编码 100037）

作者简介

毛林繁

工学博士、数学博士后,美国数学会评论员,中国招标投标协会副秘书长,国际学术期刊《International J. Mathematical Combinatorics》主编,北京建筑大学兼职教授、研究生导师,2006年入选美国《Who's Who》;本作者对数学、运筹学、招标投标法律、法规和工程经济领域有较深的研究,先后在国内外一些著名学术期刊发表论文60余篇,在美国出版过三本数学专著、两本招标采购专著和三本论文集,在英国出版过一本论文集;本作者还是《中华人民共和国标准施工招标资格预审文件》(2007版)和《中华人民共和国标准施工招标文件》(2007版)及其使用指南主要编写专家,全国招标师职业水平考试辅导教材指导委员会委员、《招标采购案例分析》辅导教材副主编。

张俊

管理学博士,北京建筑大学经济与管理工程学院副教授、研究生导师,主要研究土地资源管理、招标采购管理城市建设经济,主持和参与过省部级课题多项,在学术期刊上发表过20余篇论文,2007年在国内出版专著《城市土地增值收益分配问题研究》。

招标采购专业教材编写委员会

主 任 何佰洲 毛林繁

委 员（按姓氏笔画排序）：

石国虎 刘仁和 李 君 李明江 李继红
杨兴坤 张 俊 张兆安 周 霞 周晓静
赵世强 袁 静 徐 星 常 路 戚振强
谭敬慧

《招标采购理论基础》编写组

毛林繁 张 俊

总序

市场经济条件下,如何保证高等教育可持续发展是个重大课题,而适应市场人才数量及能力需求,及时调整或充实高校专业,进而培养符合我国经济建设需求的专业人才,则无疑是高等教育可持续发展的重要保障。

《招标投标法》颁布十多年来,招标采购制度在推进经济体制改革、提高经济效益、规范市场主体交易行为等方面发挥了重要的作用。据不完全统计,其从业人数近百万,业已形成了一个庞大的招标采购专业群体。这些从业人员来源于多种渠道,知识结构不尽合理,不得不采取边干边学的成才之路,以适应市场需求,长此以往,势必影响招标采购功用发挥,影响这项制度的有效实施。

为此,经过三年多的市场调研,并结合北京建筑大学专业分布特点和师资条件,我们在公共事业管理专业下,率先开展了招标采购方向本科生培养,组建了招标采购专业建设委员会,聘请了一大批理论与实践工作者进行专业课程设计,并结合培养方向组织编写建设项目概论、设备材料概论、招标采购理论基础、招标采购项目管理等数十科教材,以适应招标采购方向教学之用。这些教材的编写者由国内具有一定招标采购理论和实践,以及教学经验的专家学者组成。每门教材从选题到定稿,经过招标采购专业建设委员会数次严格审查,是一套水平较高的招标采购专业教材。

这套教材既可以满足招标采购方向本科生培养之需,又可以弥补招标采购制度中理论的欠缺与不足,作为招标采购从业人员继续教育或理论深造之用。

北京建筑大学
招标采购专业建设委员会

前言

招标采购是市场经济制度下进行市场资源优化配置的一种竞争交易方式，其实质是通过招标投标过程实现标的采购。作为市场经济下一种微观经济活动，招标采购需要遵循微观经济学规律，受经济学中消费选择的约束，并在此基础上，进行优化选择，实现提高经济效益，保证项目质量的目的。同时，作为一种竞争性交易，招标采购还起到了"优胜劣汰"的作用，客观上促进了社会的进步。招标采购的这种经济属性，决定了招标采购理论是以微观经济学为基础的一种有限选择理论，是一种基于一次性博弈的优化理论。

什么是招标采购理论？招标采购理论是关于招标采购的一种抽象的、一般性的陈述，包括对招标采购一般性概念的详细阐述，以及对采购结果的分析。既然招标采购制度是市场经济中的一种竞争性交易制度，其实施就离不开市场经济，需要遵循市场经济规律。作为一种市场经济下的竞争交易理论，招标采购理论首先应按市场经济的特点和规律，总结招标采购的成功经验与做法；其次，将那些具有普遍意义的内容，结合消费选择理论、运筹学、决策论、博弈论、多元统计分析、可靠性分析等既有理论形成招标采购理论，再用这一理论指导招标采购实践并持续改进。在招标采购的理论建设中，市场经济是基础，消费选择理论是指导，而运筹学、决策论、博弈论、多元统计分析、可靠性分析等是择优选择工具，也只有这样完成的招标采购理论，才符合我国市场经济的实际情况，进而用于指导招标采购的实践。

我国的招标采购制度是以提高经济效益、保证项目质量宗旨为前提的。这当中，招标采购首先是采用竞争性方式实现采购标的的一种消费选择行为，这种选择行为是通过招标人招标公告或投标邀请书发出要约邀请，投标人按招标文件要求编写投标文件并在投标截止时间前递交，实现要约，招标人按评标委员会完成的评标报告和推荐的中标候选人确定中标人并向其发出中标通知书承诺、签订合同，然后招标人和中标人按照合同约定履行义务，完成中标项目实现采购标的。这一采购过程可以分成以下两个阶段：一是招标投标阶段，即缔约阶段——这一阶段主要包括招标人发出招标公告或投标邀请书、发售招标文件，投标人按招标文件的要求编制并在招标文件规定的投标截止时间前递交投标文件、招标人组织开标、评标委员会评标、招标人依据评标委员会的评标报告和推荐的中标候选人确定中标人、招标人和中标人按照招标文件和中标人的投标文件签订书面合同等事项；二是合同履约阶段，即采购标的实现阶段——这一阶段要求招标人和中标人依照诚实信用的原则履行合同约定义务，实现采购标的、提高经济效益、保证项目质量的招标采购目标。所以，招标投标过程是采购的形式，诚信履约是实现采购标的的内容，招标采购是招标投标过程与合同履约过程的统一体，二者不能分离，否则，招标采购制度中提高经济效益、保证项目质量的目标就无法实现，这也是建立招标投标制度的宗旨。

招标采购体现的民事行为是一种博弈行为，其中包括了竞争博弈与合作博弈两种行为。招标采购过程中，招标投标阶段对应于投标人的竞争博弈，由招标人编制的招标文件中确定的合同条件、中标条件和市场条件情况决定，三者有机统一于招标采购实践，是招标人编制招标文件，以及投标人参与投标博弈，确定合同履约风险需要重点考虑的事项；招标采购合作博弈，即招标人与中标人签订合同，以及履行合同过程中的博弈行为，直接影响了招标采购标的的实现，主要涉及合同签订、收益分配和风险分配等3个主要事项。

招标采购过程中，确定投标优劣的评价指标一般分为两类，一类是可以直接测量的指标，例如人数、价格、业绩等，称为显变量；另一类不能直接测量，只能间接判断或推断，称为潜变量，例如创新能力、信誉等。对于显变量，可以采用数学方法优化，但对于潜变量，最有效的方法就是借助于排序理论对优选因素进行排序，并按排序关系进行选择。所以，招标采购结果是以排序理论为基础，进行择优选择的结果。

此外，中标结果可信分析是招标采购结果可实现的依据，这当中，又分为中标人履约可信和标的可靠性分析两个方面，这两个方面既是招标采购过程中，招标人择优选择中标人，实现招标采购标的的前提，又是分析招标采购结果，判断招标采购标的可实现性的基础，而这还与市场诚信体系建设密切相关。

为此，本书从经济学出发，采用运筹学、决策论、博弈论、多元统计分析、可靠性分析等理论和分析方法并结合招标采购实践经验概括了以下内容：

第1章作为招标采购导引，介绍了市场经济的基础知识，包括市场及要素、类型、市场经济及其特征、市场交易方式和交易原则、市场基础性调节作用原理、招标投标市场条件、优化作用机理等，从宏观管理层面分析了招标投标市场。

第2章和第3章是招标采购与非招标采购的基础，详细介绍了招标采购中的公开招标、邀请招标和非招标采购中竞争性谈判、询价采购、单一来源采购等采购方式涉及的基本概念、特点、使用范围、优劣比较、采购流程、采购文件的主要内容、合同等基础性知识。

第4章是采购经济选择理论（即微观经济学中的选择理论），包括商品效用函数、招标采购理性选择准则、采购经济收益分析、边际效用及其变化规律、无差异曲线及其特点、预算约束、消费选择优化模型、线性优化模型及其算法、网络优化及算法、跨期选择理论等。这也是实际招标采购过程中选择目标、确定中标人或成交供应商的基本经济准则。

第5章分析了招标采购目标因素。这一章首先就一般招标采购项目合同目标因素，如功能、价格、数量需求以及其他如审美、发展需求等事项，从经济学角度进行了分析；随后，分别就工程施工、货物以及服务采购目标因素，结合企业市场准入、人员职业资格管理、设备材料市场准入、产品质量评定等逐一进行了需求分析。这一章是后续章节关于确定目标因素排序、进行优化选择等内容的基础。

第6章是目标因素排序理论，即利用排序理论，对施工、货物、服务采购目标因素进行排序，进而择优选择的一种理论。首先，介绍了排序关系以及一般的采购选择模型；其次，介绍了因素排序的经验值排序、优选排序、专家决策排序等方法；再次，介绍了单目标函数、拟单目标函数和多目标函数排序法；最后，介绍了图上作业和性价比法排序。值得注意的是，招标采购一旦确定了目标因素排序方法，实际上也就确定了采购目标的择优选择方法。

第7章介绍了博弈论的基础知识，包括一些经典的博弈问题、博弈基本要素、二人零和有限博弈、非合作 n 人博弈、合作 n 人博弈的基本理论，接下来，采用博弈论中的结论，分析了招标采购竞争博弈、合作博弈的基本要素、履约条件、合同收益分配、风险分配，以及择优条件等事项，为实际制定招标采购策略提供一些有益的分析方法。

第8章中标结果可信分析，即中标人履约能力分析及产品可靠性分析。为此，这一章介绍了多元统计学中的路径分析和结构方程模型，举例说明怎样建立制造商、承包商和服务商结构方程模型，以及其中的外显指标统计方法，介绍了产品可靠性的基础指标和可靠性标准，最后，从市场保障机制，即市场诚信体系建设、结构方程评价模型以及招标投标行业诚信自律公约、行政监督和社会监督机制等，对中标结果的市场保障机制涉及的主要事项作了较为详细的介绍，以使读者对中标结果可信分析有一个全面了解，并可用到制定中标策略当中。

本书是国内第一本系统讲述招标采购基础理论的高校试用教材，是中国招标投标协会与北京建筑工程学院合作培养招标采购本科生实施计划的内容之一，可供招标采购本科生32～48学时教学选用，其中标有 * 号的小节在初学时可以略去。根据我们的经验，为教给学生完整的招标采购基础知识，前6章是必须讲授的，如果学时许可，可以再从第7章和第8章选择一些材料进行教学，其中第7章和第8章中的部分论题还可以作为招标采购方向研究生的选题。

本书编写时得到许多学者和同行的关心、支持与帮助，北京建筑大学招标采购专业建设委员会成员在审稿过程中提出了许多宝贵的建设性意见，使得选题和内容更接近于招标采购专业教学需要；编写过程中，北京建筑大学经济与管理工程学院的李帅锋和要翠灵两位研究生参与了前4章的编写；此外，本书引用了参考文献中部分学者的招标采购理论研究成果以及一些成熟经验，特在此一并致谢！

毛林繁　张　俊

2013年5月于北京

目录

总序
前言
第1章 市场经济	1
1.1 市场及类型	1
1.1.1 市场及其要素	1
1.1.2 市场类型	2
1.2 市场经济	3
1.2.1 市场经济及其特征	3
1.2.2 市场经济构成要素	4
1.2.3 市场交易方式	7
1.2.4 市场交易原则	8
1.3 市场经济作用原理	10
1.3.1 需求与供给	10
1.3.2 市场资源优化配置	11
1.4 招标采购在市场优化资源配置中的作用	12
1.4.1 招标采购市场条件	12
1.4.2 招标投标市场	12
1.4.3 招标采购作用机理	13
1.4.4 招标采购优化作用	13
思考题	14
第2章 招标采购基础	15
2.1 招标采购项目	15
2.1.1 招标采购实例	15
2.1.2 招标采购项目类别	16
2.1.3 招标采购项目条件	19
2.2 招标采购方案策划	19
2.2.1 招标采购计划	20
2.2.2 招标采购范围、标段/标包划分	20
2.2.3 招标采购方式及招标组织形式	22
2.2.4 质量、价格和完成期目标	24
2.2.5 招标采购基本流程	24

		2.2.6 招标采购项目风险分析	25
		2.2.7 明确其他事项	28
	2.3	招标采购程序	28
		2.3.1 公开招标（资格预审）程序	28
		2.3.2 公开招标（资格后审）程序	32
		2.3.3 邀请招标程序	32
	2.4	招标采购文件	33
		2.4.1 招标公告	33
		2.4.2 投标邀请书	34
		2.4.3 资格预审文件	34
		2.4.4 资格预审申请文件	35
		2.4.5 招标文件	36
		2.4.6 投标文件	38
		2.4.7 评标报告	40
		2.4.8 中标通知书	41
		2.4.9 合同协议书	41
	思考题		41
第3章	其他采购基础		43
	3.1	其他采购方式	43
	3.2	竞争性谈判	44
		3.2.1 竞争性谈判性质和特点	44
		3.2.2 竞争性谈判程序	44
		3.2.3 竞争性谈判文件	45
		3.2.4 竞争性谈判适用范围	46
		3.2.5 竞争性谈判优缺点	46
	3.3	询价采购	46
		3.3.1 询价采购特点	46
		3.3.2 询价采购程序	47
		3.3.3 询价采购文件	47
		3.3.4 询价采购适用范围	47
		3.3.5 询价采购优缺点	48
	3.4	单一来源采购	48
		3.4.1 单一来源采购性质	48
		3.4.2 单一来源采购程序	48
		3.4.3 单一来源采购适用范围	49
		3.4.4 单一来源采购优缺点	49
	思考题		49
第4章	采购经济选择理论		50
	4.1	选择经济收益	50

4.1.1 经济选择问题 ·· 50
　　　4.1.2 商品效用 ·· 51
　　　4.1.3 采购收益 ·· 52
　　　4.1.4 招标采购条件 ·· 53
　4.2 边际效用分析 ··· 54
　　　4.2.1 总效用和边际效用 ·· 54
　　　4.2.2 无差异曲线分析 ·· 55
　　　4.2.3 消费预算线 ·· 57
　4.3 消费选择理论 ··· 58
　　　4.3.1 消费选择优化模型 ·· 58
　　　4.3.2 线性优化模型 ·· 60
　　　4.3.3 网络优化 ·· 64
　4.4 跨期选择理论 ··· 68
　　　4.4.1 资金时间价值 ·· 68
　　　4.4.2 两期消费选择* ··· 69
　　　4.4.3 效用贴现模型* ··· 71
　思考题 ··· 72

第5章 招标采购目标因素分析 74
　5.1 招标采购需求分析 ··· 74
　　　5.1.1 功能需求 ·· 74
　　　5.1.2 价格需求 ·· 75
　　　5.1.3 数量需求 ·· 76
　　　5.1.4 其他需求 ·· 77
　5.2 施工招标目标因素 ··· 77
　　　5.2.1 施工合同目标 ·· 77
　　　5.2.2 施工需求分析 ·· 78
　　　5.2.3 施工招标范围 ·· 82
　　　5.2.4 技术标准和要求 ·· 87
　　　5.2.5 合同价格 ·· 88
　　　5.2.6 合同工期 ·· 90
　　　5.2.7 其他 ·· 92
　5.3 货物招标目标因素 ··· 92
　　　5.3.1 货物合同目标 ·· 92
　　　5.3.2 货物需求及技术要求 ······································ 92
　　　5.3.3 招标范围 ·· 94
　　　5.3.4 合同价格 ·· 96
　　　5.3.5 交货期 ·· 98
　　　5.3.6 货物使用寿命 ·· 98
　　　5.3.7 其他事项 ·· 99

11

5.4 服务招标目标因素 99
　5.4.1 服务合同目标 99
　5.4.2 服务目标需求 99
　5.4.3 服务范围 102
　5.4.4 服务质量 103
　5.4.5 服务价格 104
　5.4.6 服务期 104
思考题 104

第6章 目标因素排序理论 106
6.1 排序理论 106
　6.1.1 采购因素 106
　6.1.2 序关系及其基本理论 107
　6.1.3 采购选择模型 109
6.2 因素排序经验值法 110
　6.2.1 经验统计 110
　6.2.2 目标因素经验排序 111
6.3 因素排序优选法 112
　6.3.1 因素优选法 112
　6.3.2 目标因素优选排序 115
6.4 因素排序专家决策法 116
　6.4.1 专家决策方法 116
　6.4.2 目标因素专家排序 116
6.5 招标采购目标排序与选择 119
　6.5.1 目标函数法 119
　6.5.2 图上作业法 123
思考题 126

第7章 招标采购博弈 127
7.1 博弈 127
　7.1.1 博弈的含义 127
　7.1.2 博弈基本要素 129
　7.1.3 展开型博弈 130
7.2 博弈类型及理论 132
　7.2.1 二人零和有限博弈 132
　7.2.2 非合作 n 人博弈 136
　7.2.3 合作 n 人博弈 138
7.3 招标采购博弈模型 142
　7.3.1 招标采购非合作博弈要素 142
　7.3.2 招标采购合作博弈要素 143
7.4 招标采购竞争博弈 143

  7.4.1 合同条件 ··· 143
  7.4.2 中标条件 ··· 145
 7.5 招标采购合作博弈 ··· 150
  7.5.1 招标采购合同签订 ·· 150
  7.5.2 合同履行中的收益分配 ··· 151
  7.5.3 合同风险分配 ·· 152
 思考题 ·· 154

第8章 中标结果可信分析 ·· 156
 8.1 可信分析 ·· 156
  8.1.1 可信分析问题 ·· 156
  8.1.2 中标结果可信分析 ·· 157
 8.2 结构方程模型 ··· 161
  8.2.1 潜变量及其外显指标 ··· 161
  8.2.2 路径分析 ··· 161
  8.2.3 结构方程模型 ·· 162
 8.3 中标人可信分析 ·· 164
  8.3.1 中标人分类 ··· 164
  8.3.2 中标人可信分析 ·· 165
 8.4 产品可靠性分析 ·· 171
  8.4.1 产品可靠度 ··· 171
  8.4.2 产品不可靠度 ·· 171
  8.4.3 产品失效密度 ·· 172
  8.4.4 产品平均寿命 ·· 172
  8.4.5 产品可靠性标准 ·· 173
 8.5 中标结果市场保障 ··· 173
  8.5.1 市场诚信机制 ·· 173
  8.5.2 招标投标行业诚信自律公约 ··· 176
  8.5.3 诚信监督 ··· 178
 思考题 ·· 180

参考文献 ·· 182

第1章 市场经济

市场经济是市场在资源配置中发挥基础性作用的商品经济,而招标采购则是以市场经济为基础的一种交易行为,其运行模式受到市场经济内在规律的制约。为此,作为招标采购导引,这一章先介绍市场经济的一些基础性知识,包括市场及其要素和市场经济体系等;然后分析招标采购在市场优化资源配置中的作用。

1.1 市场及类型

1.1.1 市场及其要素

1. 市场

市场原指有形商品交换的场所或平台,是供给与需求相互作用的媒介。市场对社会经济的影响主要表现在三个方面:第一、生产资料购买、劳动力雇佣依赖于市场;第二、生产什么、生产多少依赖于市场需求;第三、商品销售依赖于市场实现。

随着社会经济和信息技术的发展,市场内涵也在不断丰富和发展:一方面,商品的内容越来越丰富,从有形商品扩展到无形的信息、服务等内容;另一方面,交易的达成不再是简单的面对面的实物交换,电子商务的迅猛发展已经深刻影响了个人和企业的市场行为。

因此,市场通常表现出两种形式:一种是有形市场,即传统观念上的市场概念,如服装交易市场、蔬菜市场等;另一种称为无形市场,即利用互联网进行的电子交易市场。

近些年来,各地政府为了规范和集中管理招标采购,纷纷成立了建设工程发包承包交易中心、公共资源交易中心等招标采购的有形市场,通过加强制度建设和服务建设进一步提高了招标采购市场运行的效率,给市场参与各方提供了一个阳光的交易平台。

2. 市场要素

市场包括市场主体、市场客体、交易规则、交易条件和市场媒介等基本要素。市场主体,又称交易人,即买卖双方,指在市场上从事交易活动的组织或个人,既包括自然人,又包括法人及其他社会组织(包括个体消费者、企事业单位、政府机构和社会团体等);市场客体,即交易对象,包括有形商品和无形商品(如技术、服务等)两类;市场交易规则指对买卖双方在交易过程中各自权利和义务的约定,是维护公平、公正的市场秩序,保证交易顺利进行的保障;市场交易条件指买卖双方协商一致达成的交易条件,即协议,包括标的物及其数量、价款或报酬、交易履行时间、地点和方式等的约定;市场媒介则指市场交易中起媒介作用的工具或机构,也称市场中介,既包括市场交易工具(如货币或其他形式的支付媒介),也包括市场中介组织及市场服务机构等。一般地,通过市场中介组织,市场交换能够更加专业化,进而可以提高市场交易效率,节省交易费用。

招标采购市场中，市场主体为采购人、供货商或制造商，市场客体为采购人所需要的工程、货物或服务；交易规则受国家法律法规约束，主要为招标投标法和政府采购法；采购代理机构充当了招标采购的市场媒介，是依法设立、具备一定专业力量和实力，专门从事采购代理业务并提供相关服务的社会中介组织。

1.1.2 市场类型

1. 买方与卖方市场

依据不同的标准，市场可以划分为不同的类型。按照市场主体，即买卖双方力量对比可以将市场分为买方市场、卖方市场和均衡市场。

买方市场，指短期内产品供过于求的市场状况，此时买方在市场交易中处于有利地位，可以充分比较和选择，卖方迫于竞争压力，为减少过剩产品和库存，不得不接受较低价格进行抛售，以完成资金回笼。这种市场结构会直接导致卖方迎合买方需求，进而调整其生产组织及产品结构。

卖方市场，指短期内产品供不应求造成产品短缺的市场状况。由于产品短缺，买方之间竞争程度加剧，卖方讨价还价能力加强，直接导致价格提高。卖方市场形成的主要原因有：生产厂商减少或退出生产；新产品的生产能力不足；有意地营销策略；资源的垄断等等。这种市场结构不利于产品和技术的改进和创新，不利于市场的良性发展。当然，通常卖方市场会吸引更多的资本进入，从而推高供应，逐步达到社会平均利润水平。

均衡市场，指市场供给量与需求量大致平衡的市场状况，即购买者有支付能力购买的商品数量与供给者愿意售出的商品数量大体上相同。在这种市场状态下，市场上既没有商品短缺，也不存在生产商品过剩的局面，是一种最理想的市场状态，也是市场调节追求的目标。实际市场状况往往表现为围绕均衡市场的上下波动，而不是长期稳定在均衡状态。

2. 竞争与垄断市场

按竞争方式划分，市场分为完全竞争市场和不完全竞争市场两类，不完全竞争市场又包括完全垄断市场、垄断竞争市场和寡头垄断市场三类，所以，一般可以把市场划分为四种类型，即完全竞争市场、完全垄断市场、垄断竞争市场和寡头垄断市场。

完全竞争市场是理想化的市场，需要满足严格的条件：需要有大量的买者和卖者；产品是无差异的；生产要素自由流动且生产要素之间具有完全的替代弹性；单个买者或卖者的行为无法影响市场价格。严格意义上的完全竞争市场在现实中是不存在的，因为厂商不同，品牌不同，每个产品之间本身就是有差异性的。从另一方面看，完全竞争市场即便存在，对经济发展也有一定的阻碍作用，因为产品完全一样，技术、质量没有差异，采购选择余地少，形不成推动社会进步的力量。最接近完全竞争市场的是农产品市场，一般把农产品市场近似看作完全竞争市场。

完全垄断市场是指整个行业的市场完全被一家厂商所控制的状态。在完全垄断市场上，垄断厂商所生产和销售的商品没有任何相近的替代品，其他任何厂商进入该行业都极为困难或不可能，垄断厂商是价格的制定者和控制者。完全垄断是一种极特殊的经济情况，在现实中几乎不存在。但是规模经济的要求、对某些特殊资源的独占以及政府的特许或强制会在一定程度上形成完全垄断。

垄断竞争市场是介于完全竞争市场和完全垄断市场之间的一种市场结构，这种结构下的市场同时存在垄断和竞争，是一种更贴近现实的比较普遍的市场结构。垄断竞争市场中，厂商进入或退出的壁垒较小，大量企业生产有差别的同种产品。由于产品有差别，不同的产品可以以自己的特色在部分消费者中形成垄断地位；而由于有差别的同种产品之间功能相似，具有替代性，市场中又有竞争的因素。在现实生活中，垄断竞争的市场结构在零售业和服务业中是很普遍的。

寡头垄断市场是指少数几家生产厂商或服务商控制了整个市场的生产与销售。寡头垄断市场是一种较为普遍的市场组织，西方国家中不少行业都表现出寡头垄断的特点，如美国的汽车业、电气设备业都被少数几家企业所控制。在寡头垄断市场上，每一厂商对整个行业的价格都有举足轻重的影响，但由于已经形成了比较稳定的竞争格局，各厂商间容易形成一种默契，市场相对稳定。在我国，在政府主导和推动下，随着市场经济改革的逐步深化，传统的通信、电力和石油等行业，已经陆续形成几家大企业垄断竞争的格局。

垄断竞争市场和寡头垄断市场是市场经济发展到一定阶段的必然结果。由分散生产走向大规模集中生产的趋势导致了寡头垄断市场的产生。市场的发展必须带来竞争，竞争的结果优胜劣汰，市场的集中度随之逐步提高，并由垄断竞争向寡头垄断发展，最终形成竞争中有合作，合作中竞争，寡头间也通过相互持有对方少量股份实现你中有我，我中有你。

普遍认为，适度的寡头主导是一种比较理想的市场结构，在这种市场结构中，产业适度集中，企业以技术进步作为其生存发展的支柱，产品竞争充分，并形成以大企业为主导、大中小企业协调发展的市场结构。这种市场结构的主要特点为：①集中度适中；②存在主导企业，这里的主导企业是指市场占有份额较大，具有一定的竞争优势或支配力的大型企业；③大、中、小企业间存在着分工与协作。

1.2 市场经济

1.2.1 市场经济及其特征

1. 市场经济

市场经济，是指市场调节在资源配置中起基础性作用的经济体制。在市场经济条件下，生产什么、如何生产和产品销售等问题，都要受到市场机制的调节和制约。这里的市场调节，指通过市场机制调控社会经济运行过程，配置资源和协调供求之间的矛盾。市场调节是经济运行的基本调控方式和手段。市场的调节作用是客观的、内生的，不是仅仅对个别部门或企业进行的资源配置，而是对整个社会或整个行业进行资源配置。

现代商品经济社会的基本经济体系以市场机制为主，政府调控为辅，也就是俗称由"看不见的手"和"看得见的手"同时发挥作用；主要包括三个方面：①以市场机制调节为基础的微观经济体系；②以宏观调控为手段的宏观经济体系；③确保基本经济体系运行的市场体系和外部环境等。这三个方面共同确定了社会的经济结构形式、运行机理和发展方式。市场经济体制使企业、市场机制和政府宏观调控之间彼此联系、相互制约，组成一个有序和有效运转的整体；其中，政府宏观调控是市场经济运行的纲领，市场机制是市场经济运行的纽带，而企业则是市场经济运行的主体。

在市场经济中，价格是市场的核心信号，价格的上下波动，能够及时反映供求关系及其变化，为生产者和消费者提供指引；市场是开放的，允许各种市场要素在不同市场之间自由转移，从而形成竞争，推动供求结构趋向均衡；而市场主体的决策是分散的，生产者和消费者自由选择，自主决策，并承担决策的经济后果，这也是形成市场竞争、优胜劣汰和资源配置合理化的必要条件。

2. 市场经济的特征

概括起来，市场经济有以下四个基本特征：

（1）市场主体的自主性。在市场经济条件下，任何企业、个人和其他经济组织，都是名副其实的、拥有充分自主权的市场主体，能够自主经营、自负盈亏、自我发展和自我约束。也就是说，能够根据市场供求状况，自主决定生产经营项目、范围和规模。企业从市场购买生产经营所需的商品或生产要素，又通过市场销售其商品，在市场交易中实现商品的市场价值。自主性的根本标志，是市场主体具有独立产权，包括财产权、知识产权和物权等。恒产恒心，只有坚决保护市场主体的独立产权，才能真正确立市场主体的法人实体地位或经济实体地位，才能真正推动市场的长期稳定发展。

（2）市场活动的竞争性。市场活动的竞争性是市场经济发展的必然产物，表现为竞争压力和竞争动力的统一。竞争能促使各类市场主体认真研究市场情况，分析市场信息，了解市场需求，化解市场风险，适应市场需求及其变化，从而推动市场发展。当代市场经济条件下，市场经济活动的竞争性内涵不断丰富，既包括技术水平、经济效益等有形实力的竞争，也包括组织结构、管理技术、知识产权、企业文化等软实力的竞争，是从供应商、产品研发、生产、营销、服务和流通企业的全产业链竞争，从生产和技术的竞争，逐步上升到企业战略、企业文化的高层次、全方位竞争。

（3）市场关系的平等性。市场关系的平等性，首先是指市场活动的参与者在身份上是平等的，没有等级、特权，即交易双方或多方当事人之间相互平等，属于平等的市场交换关系；其次，平等性体现为交易行为的等价性——市场遵循等价交换原则，交易双方或多方各自的付出和收获在价值上大体相等，任何当事人不得利用非法手段占有他人的财产、劳动成果，损害他人的合法权益；再次，平等性还要求为所有市场主体创造平等参与和公平竞争的市场环境，特别是创造平等参与和公平竞争的法制环境，使各参与主体间市场机会均等。总之，市场关系的平等性要求市场主体的市场身份平等、等价交换和市场环境平等。

（4）市场运行的法制性。法制性是市场经济的根本要求，是建立和完善市场经济活动正常秩序的法律体系，包括立法和执法两个方面，其核心是保证市场运行过程的公平交易秩序。市场经济要求各种市场活动行为有法可依，要求市场经济活动过程法制化、规则化、制度化；同时也要求有法必依，行政部门要依法监督市场活动，在不断提升服务质量的前提下，规范市场参与者的行为，促使其自觉遵纪守法。

1.2.2 市场经济构成要素

市场经济作为一种经济组织形式，由市场主体、市场客体、市场体系、宏观调控、社会保障、市场法规等要素构成。

1. 市场主体

市场交换活动要由人来进行,因此市场主体就是从事市场交换和为交换而进行生产经营、管理等活动的人和群体,即个人、企业及政府部门。这里,政府部门为确保经济运行而进行管理和调控,并直接组织政府采购和让国有企业参与经济运行,从而也成为市场经济的主体之一。

个人或生产厂商成为市场主体须满足下述条件:

(1) 个人或生产厂商具有对交换客体占有、使用、支配和处置的权利,这是其从事市场交换活动的产权前提;

(2) 个人或生产厂商具有从事经济活动的自主权,从而生产者可以根据市场需求提供适销对路的产品,消费者则可以根据需求自主选择所需产品;

(3) 个人或生产厂商既有权利,又承担义务,并且权利与义务相对等。如果享有权利与承担义务不匹配,必然会造成经济主体行为的扭曲。一般说来,权力越大,承担义务越多,风险越大,收益越大,反之,则承担义务少,风险较小,收益也较少。一分耕耘,一分收获,风险与收益成正比关系。

2. 市场客体

市场客体,即市场交换的对象,指用于交换的产品或服务。在现代社会中,市场客体的内容极为丰富,包括有形客体和无形客体两大类。有形客体是人们在交换过程中能够看得见、摸得着的实体交换物,如材料、机电设备等;无形客体是指存在于市场上的无形交换物,如工程咨询服务、专利技术、特许经营权等。

从市场交换看,市场客体具有以下特点:

(1) 具有使用价值或某种效用,能够满足人们的某种需要;

(2) 具有不同的使用价值,能够分别满足交换双方不同的需要;

(3) 是必需经济物品,不是可有可无的经济物品;

(4) 具有价值量的差别,在交易中往往表现为不同数量的货币。

市场运行中,市场主体对市场客体在交换过程中进行讨价还价,最终形成一定的交换比例,表示成货币形式就是物品或服务的价格。

3. 市场体系

市场经济是以市场为载体进行资源配置。这里所说的市场是广义市场,即商品交换关系的总和,是连接从事不同商品生产者的纽带,既可以有固定的场所,也可以没有固定场所。

所谓市场体系就是由各类市场所组成的有机统一体。由于市场客体种类繁多,随着交换范围不断扩大,市场种类也日趋复杂。从要素资源来看,有物质商品市场、劳动力市场、服务市场、资本市场和房地产市场等;从市场竞争来看,有完全竞争市场、完全垄断市场、垄断竞争市场和寡头垄断市场;从市场地域范围来看,有区域市场、全国市场和国际市场;从交易方式来看包括现货交易市场、期货交易市场和贷款交易市场。

4. 宏观管理

现代市场经济中,市场作为调节资源配置的基本手段,既有不可替代的作用和优越性,也存在着不可避免的缺陷。这是因为市场调节主要协调局部利益和近期经济活动,加之市场信息的不对称性,市场主体不能自发适应社会需求长期变动的趋势和要求;市场调节对宏观比例关系的调节要经历一个由局部到整体逐渐传递的缓慢过程，具有滞后性，因而市场调节会伴随着社会劳动的损失与浪费。在生产高度社会化的情况下，这种局限性日益明显。所以，只有实现政府宏观调控与市场机制调节的有机结合，才能把微观效率与宏观平衡两个目标很好地协调，进而保证经济的长期稳定发展。

政府宏观经济管理手段有三种，即经济手段、行政手段和法律手段。其中，经济手段是最基本的调控手段，政府通过经济手段调整市场主体的经济利益，引导市场主体的经济行为，使之符合政府的宏观调控目标。其特点是不带有强制性，有利于调动市场主体的积极性和主动性，同时，又可以避免宏观经济的大起大落，有利于保持经济稳定，促进经济发展。对应的，行政手段和法律手段都带有强制性；法律手段主要在于建立市场的规范秩序，保障各方参与主体的权益；行政手段相对最直接，见效最快，但违背了市场内在规律，一般在特定时期针对特定情况采用，如在市场失灵后出现严重供求失衡时，或是国家需要重点扶持市场中某一经济行为时采用。总之，行政手段应该尽量慎用、少用，能由市场调节的都应由市场自己来解决。

5. 社会保障

社会保障，指在市场经济条件下，各国依据自身国情，通过法律法规设立的为保证社会成员基本经济生活安全和生活权利而提供的各种救助和补贴项目的总和。社会保障是国民收入分配、社会福利和国家履行社会责任三者的统一。社会保障的功能和作用主要体现在维护公民基本生活权利、促进经济健康发展、保持社会和谐稳定等方面。

社会制度、经济发展阶段和历史文化背景的不同，直接导致各个国家在社会保障的政策取向、制度设计、项目内容、实施办法等方面有所不同。从世界范围来看，社会保障体系可以分为以下类型：

（1）保险型社会保障制度，特点是以保障公民基本生活水平为基准，强调公平与效率兼顾原则；

（2）福利型社会保障制度，特点是高税收、高福利，保障范围遍及全体公民，保障程度也高，但对公民社会财富创造的积极性有一定的抑制；

（3）自主性社会保障制度，特点是以强制个人储蓄等形式进行社会保障；

（4）就业性社会保障制度，特点是以全面就业为目标，以就业收入来保障公民基本生活权利，维系商品和劳动力再生产，国家主导经济和国民收入分配；

（5）救济型社会保障制度，特点是以救灾、救济、扶贫等作为主要的社会保障途径，由于保障对象具有特殊性，这种社会保障的范围很有限。

6. 市场法规

市场经济以权益和法制为基础，因此，市场经济客观上要求用法律形式来全面规范和保障社会经济活动中各参与主体的权利和义务。市场法规是市场经济的内在要求和重要组成部分，其主要内容包括：

（1）规范市场主体的法律，这类法律的作用是规范市场主体行为和市场主体市场准入资格条件，如公司法、合资企业法等；

（2）保障市场经济秩序的法律，这类法律的作用是界定和约束市场主体的经营行为，从而保障市场经济有序进行，如合同法、统计法、招标投标法、商标法等；

（3）规范政府宏观调控行为的法律，这类法律主要规范政府的宏观调控行为，避免和减少其行为的盲目性及主观随意性，如预算法、税收征管法等；

（4）规范对外经济贸易活动及外贸关系的法律，如外汇管理法、反倾销法、涉外经济合作法等。

总之，市场经济作为一种以市场为主配置资源的经济机制，由上述所有要素组成统一整体。没有市场主体就没有生产和交换；没有市场客体就没有交换对象；没有市场体系就没有交换的载体，客体之间就难以自由流动；没有政府的宏观调控，会由于市场失灵而产生宏观经济运行的混乱；没有市场法规，市场会陷入无序状态，将难以保证市场主体行为的规范。因此，只有上述各种要素的有机结合，才能更好实现市场经济优化资源配置和有效利用资源的功能。

1.2.3 市场交易方式

1. 现货交易

现货交易，指出售商品时即收取现金，钱货两清的交易行为。

现货交易是一种即时交易，体现的是一种单纯的买卖关系。买卖双方的愿望和能力在交易中发生较量，一旦成交，便一手交钱一手交货，买卖关系结清而不设其他条件约束。对于市场价格、交易数量等不能事先确定的情形，交易价格和交易数量由交易双方各自对市场的影响力，或者说讨价还价的能力来确定，所以，现货交易具有较强的随机性和波动性。

现货交易的上述特点，决定了现货交易有利于引导生产者更加贴近市场需求，快速响应市场需求的变化，从而生产出适销对路的产品；同时，现货交易有利于消费者按需求更好地进行选择，能更好地保护消费者权益。

2. 期货交易

期货交易，指在商品交易所内进行期货合同买卖的交易行为，其特点是"成交在先，交割在后"，即交易主体的权利让渡和交易客体的空间转移在时间上是分离的。期货交易主要有两类：一类是以转移价格波动风险为目的的套期保值活动，另一类是以盈利为目的的投机活动。

不同于现货交易，期货交易是远期交货合同的买卖。由于在标准期货交易合同条款中必须写明某指定数目的商品在未来规定的某一日期交货，期货交易成交时商品所有权并没有真正移交，而且这种期货合同在实际交割日以前，可以自由买卖，并通过双向交易和对冲机制（即先买后卖或先卖后买）就可了结履约的义务，所以，无论是否实际拥有某种商品，都可以进行这种商品的期货交易。正因为期货交易并不要求买卖双方对货物的实际占有，且期货合同在到期前可转卖或买回，所以，买空卖空的投机交易行为就成了期货市场的又一大特点。

某些商品现货市场的价格波动非常大，容易给生产经营者带来损害。期货交易能利用期货市场的套期保值操作避免这一损害，在一定程度上帮助生产经营者转移风险，使生产经营者获得预期的经营利润。

3. 贷款交易

贷款交易，顾名思义，是通过借贷关系进行的商品交易。贷款交易有两种基本形式：一种是预先付款，即付款在先，交付商品在后；二是延期付款，即交付商品在先，付款在后。

贷款交易在商品买卖中渗透着债权和债务关系。预先付款或交付商品的一方是债权人，延期交付商品或付款的一方是债务人。因此，在这种意义上，贷款交易中债务人具有融资的性质，整个交易过程要延续到债权、债务关系结清时为止。另外，对于长期稳定合作的供应商和生产商之间，贷款交易的两种形式都会存在，双方借贷关系错综复杂地交织在一起，形成一条关系双方信用的链条。

贷款交易作为一种资金融通方式，有利于调节供给与需求在时间上的差异，保证再生产顺利进行；有利于解决短期资金不足，在一定程度上提高资金利用效率；同时，有利于促进银行信用事业发展。

1.2.4 市场交易原则

市场交易原则，指市场主体在交易活动中必须遵循的准则。市场交易原则主要包括自愿、平等、公平、诚实信用等原则，它们从不同的方面，规范着市场上买卖双方的交易方式和交易行为，这当中，诚实信用是市场交易的基础。

1. 自愿原则

自愿原则是市场交易的基本原则。与此相反，强买强卖，捆绑销售，均违反自愿的交易原则。特别是捆绑销售，销售者利用某种商品短缺而强迫消费者购买积压、质次或滞销的商品，是变相的强卖行为。

交易双方有着不同的出发点和成交意愿。销售者出售自己的商品但不愿意做亏本生意，希望成交价格超过生产成本并获得预期利润，希望商品卖得快，多赚钱；购买者购买商品但希望物有所值，及至物超所值，希望商品在满足自己需要的条件下越便宜越好，希望少花钱，购买到更多的商品和服务。

实行自愿原则，就是基于交易双方利益主体，出发点和意愿的不同，使任何一桩交易都必须以双方自愿为前提，交易条件应该为双方所接受，不能使一方屈从于另一方的强加意愿。

2. 平等原则

平等，是市场经济的一般特征，也是市场交易的重要原则。平等是指在产品或服务市场上，尽管交易双方是以购买者和销售者的不同身份出现，但都是地位平等、机会均等的市场主体。市场经济是一种平等经济，买卖双方在市场上是一种平等竞争和交换的关系。首先，商品"天生平等"，它要求同样的商品卖同样的价钱，实行等价交换；其次，实行平等原则，对每一个市场主体而言都享有人格尊严，都有得到尊重的权利，不存在谁比谁优越或谁对谁恩赐的问题。

3. 公平原则

公平，是市场交易的灵魂，是衡量市场交易活动是否有序、是否规范的试金石。公平的交易行为指在交易中明码标价、秤平尺准、童叟无欺；与此相反，缺斤少两、坑蒙拐骗、黑市交易等现象，则违反市场交易的公平原则，消费者的利益就会受到损害，甚至人身安全都得不到保障。

公平原则一般是针对销售者的约束，消费者往往在交易中处于弱势地位。这是因为，在交易过程中，经营者可以利用所拥有的场所、设备和工具，为自己谋取不正当的利益。

尽管交易过程表面看是"自愿"和"平等"的，但由于信息的不对称，易于构成对消费者权益的侵害，造成不公平的后果。

例如，销售者缺斤短两，购买者花钱购买。表面看，这种市场交易活动似乎是自愿和平等的，而实际上，消费者是在不知情的情况下高价购买了商品，并非其真正自愿的行为，没有获得与销售者平等的地位。虽然消费者自愿购买，但由于消费者的知情权受到侵害，这种交易活动是不公平的。因此，仅有自愿和平等原则并不能保证市场交易的公平交易结果，只有进一步实行公平原则，才能使市场交易规范有序，保护交易双方的合法权益。

4. 诚实信用原则

诚实信用，是市场交易活动的基础，而诚信原则是民事活动的一项基本原则，这里，"诚"即诚实诚恳，指主体真诚的内在道德品质，"内诚于心"；"信"即信用、信任，指主体"内诚"的外化，"外信于人"，其基本含义是指诚实无欺，讲求信用。

遵守诚实信用原则，不仅是销售者和消费者都应具有的道德规范，更是为人处事的根本。我们举两个例子说明如下。

【案例1-1】 诚信教育要从娃娃抓起

曾参是我国春秋末期鲁国著名的思想家、儒学家，是孔子门生中七十二贤之一。有一天，他妻子要到集市上购买家庭用品，年幼的儿子吵着要跟着去，可他妻子不愿带他去，于是许诺说："你在家好好玩，等妈妈回来把家里的猪杀了煮肉给你吃。"儿子听了很高兴，不再吵着要跟着去了。

这话是哄儿子说着玩的，他妻子说过也就忘了。不料，曾参真的把家里的一头猪给杀了，并炖了一大锅。妻子从集市上回来后，生气地对丈夫说："我是哄儿子的，你怎么真把猪杀了？"曾参说："小孩子是不能欺骗的！他不懂事，没有辨别力，但接触到的是父母，什么都跟父母学。你现在哄骗他，实际是在潜移默化地教他学欺骗。再说，你现在欺骗了孩子，孩子以后自然也就不相信你了，你以后还怎么能教育好孩子呢？"

【案例1-2】 诚信缺失导致留学毕业即失业（来源：羊城晚报，2004-05-29，"八面来风：在德国逃票之后"）

在德国，一些城市的公交售票是自助的，不设检票员，仅是偶尔抽查。一位中国留学生在留学4年间，一共被查出有5次逃票。毕业后，他向当地许多跨国大公司投递了简历，因为他知道这些公司在积极地开发亚太市场，但最后都被拒绝了。他认为一定是这些公司有种族歧视倾向，刻意排斥中国人。最后一次，他冲进了一家跨国公司人力资源部经理的办公室，要求经理给他一个合理解释。双方下面这段对话很耐人寻味。

"先生，我们并不是歧视你，相反，我们很重视你。因为我们公司正在开发中国市场，需要聘用一些中国本土的优秀人才协助我们完成这个工作。你来求职的时候，我们对你的教育背景很感兴趣。老实说，从工作能力上，你就是我们所要寻找的人。那么，为什么我们公司没录用你？因为在你投递简历后，我们查了你的信用记录，发现你有5次乘公交逃票记录，所以我们不敢录用你。"

"我不否认这个。但为了这点小事，你就放弃了一个多次在学报上发表过与经营业务相关论文的优秀人才？"

"小事？我们并不认为它是小事。我们注意到，第一次逃票是在你来我们国家后的第一个星期，你称还不熟悉自助售票系统，检查人员相信了你的解释，只是给你补了票完事。但这之后，你又被发现有4次逃票。"

"后四次是因为我恰好没带零钱。"

"不、不，先生！我不同意你的解释。我相信在你被查获前，可能有数百次乘公交逃票的经历。"

"干吗那么较真？以后改还不行？"

"不、不，先生！这件事证明了两点。第一、你不尊重管理规则。不仅如此，你擅于发现规则中的漏洞并恶意使用；第二、你不值得信任。我们公司许多工作是必须依靠信任才能进行的。如果让你负责某个地区的市场开发，公司将会赋予你许多职权。为了节约成本，又不允许我们设置复杂的监督机构，正如我们这里的公交系统一样。考虑到这些因素，我们不能雇佣你。可以确切地说，在我们这个国家，你可能都找不到工作，因为没有哪家公司会冒这个险。"

从上面两个例子我们可以看出诚实信用对个人生活和发展的重要作用。实际上，对市场经济造成最大危害的，恰是市场主体诚实信用的缺失。例如，市场上假冒伪劣、掺杂使假、以次充好、非法销售等现象，对市场经济产生了很大的冲击，直接影响了市场经济健康发展，也严重影响了社会的和谐稳定。

1.3 市场经济作用原理

在市场经济条件下，资源配置主要是通过价格机制进行的，而价格又是通过需求和供给的相互作用决定的。作为决定各种商品生产数量和市场价格的主要因素，需求和供给的相互作用推动着市场经济的运行和发展。

1.3.1 需求与供给

1. 需求

经济学中，需求是指消费者在一定时期内，一定价格水平下愿意而且能够支付的某种商品的数量；而供给则是指生产者在一定时期内，一定价格水平上愿意而且能够出售的某种商品的数量。

在这里，需求要满足两个条件：一是消费者有购买愿望；二是消费者有购买能力，即资金支付能力。一般而言，商品需求量与价格成反比，即在其他条件不变的前提下，商品价格越低需求量越大；反之，商品价格越高则需求量越小。这就是经济学中的需求法则，可以从两个方面来认识：

(1) 商品降价会吸引新的消费者消费，从而使商品需求量增加；

(2) 商品消费者因为商品价格下降增加了购买力，消费增加，从而促使商品需求量增加。

一种商品的需求量是由许多因素共同决定的。除商品本身的价格因素外，消费者的收入水平、相关商品的价格、消费者的偏好与消费者对该商品的价格预期等都会在一定程度上影响消费者对商品的需求。对于大多数商品来说，当消费者的收入水平提高时，就会增加对商品的需求；当商品本身的价格不变，而与它相关的商品的价格发生变化时，消费者对这种商品的需求量也会发生变化；当消费者对某种商品的偏好强度增强时，该商品的需求量也会增加；当消费者预期某种商品的价格在未来会下降时，就会减少对该商品的当期需求量。

2. 供给

经济学中的供给也需要满足两个条件：一是有出售愿望；二是有供给能力。一般而言，商品的供给量与其价格成正比，即在其他条件不变的条件下，商品价格低，供给量小；反之则供给量大。这就是经济学中的供给法则，可以从以下两个方面来认识：

（1）商品价格上升后，企业由于利润刺激会扩大生产规模，增加产量；反之则会减少商品产量；

（2）商品价格上升后，行业利润增加，会吸引新企业加入商品生产，从而增加商品供给量；反之，则会放弃商品生产，减少商品产量。

一种商品的供给数量是由许多因素共同决定的。除商品本身的价格因素外，生产的成本、生产的技术水平、相关商品价格和生产者对未来的预期也会在一定程度上影响生产者对商品的供给数量。在商品自身价格不变的情况下，生产成本上升会减少利润，从而使得商品的供给量减少；生产技术水平的提高可以降低生产成本，增加生产者的利润，生产者会提供更多的产量；在一种商品的价格不变，而其他相关商品价格发生变化时，该商品的供给量也会发生变化；如果生产者对未来的预期看好，生产者往往会扩大生产，增加供给。

3. 需求与供给之间的关系

需求与供给之间存在三种基本关系：

（1）需求大于供给。此时在市场上不一定能够采购到需求商品，商品供给之间也不存在激烈竞争，会最终导致商品价格上涨；

（2）需求等于供给。此时需求与供给存在一一对应，所有商品都有需求者，所有的需求也都有供给者，是需求与供给矛盾最终趋于平衡的表现；

（3）需求小于供给。此时市场上存在多个满足需求的供给可供需求者选择，这是招标投标制度得以实施的前提条件。我国招标投标法规定的最低供给数量为 3 个，即投标人数不少于 3 个，这就要求招标采购项目在市场上的不同供给最少应有 3 个以上，才能形成有效竞争。

【案例1-3】 某采购人需采购 A、B 两种商品。经过市场调查，商品 A 的市场供给者有 16 家，商品 B 的供给者有 1 家，单从供给和需求关系看，采购商品 A 可以选用竞争采购，但针对商品 B，由于不满足供给竞争数量要求，只能选择其他采购方式，比如直接进入采购谈判，签订合同。

市场经济条件下，商品的均衡价格是在商品的市场需求和市场供给两种相反力量的作用下形成的，是指该种商品的市场需求量和市场供给量相等时的价格。在其他条件不变的情况下，需求变动引起均衡价格的同方向变动，供给变动引起均衡价格的反方向变动。

1.3.2 市场资源优化配置

市场经济优化资源配置的基础性作用主要体现在以下几个方面：

（1）市场通过对生产和流通的调节实现其对资源的配置

市场经济中，通过市场价格调节生产和需求，进而实现资源在国民经济各部门之间的分配；同时，市场通过竞争机制实现优胜劣汰，把资源分配到效益好的企业，从而通过价格和竞争实现市场资源的优化组合，使各种资源发挥最大作用。

(2) 社会基本经济活动联系主要通过市场作用实现

市场经济中，人们的生产、交换、分配和消费等活动与市场发生紧密联系。这表明，经济运行过程中的基本经济联系是建立在市场基础上，以市场配置作为其基础性的资源配置方式。

(3) 企业受市场价格影响决策其生产经营活动

企业作为市场客体的供给者，直接受市场价格调节，需要根据市场价格的变化对生产什么、生产多少、什么时间、在什么地点生产等事项做出决策。

1.4 招标采购在市场优化资源配置中的作用

1.4.1 招标采购市场条件

采购是指政府、企事业单位及个人等为获取商品满足自身需求，对获取商品的渠道、方式、质量、价格、数量、时间等进行预测、抉择的市场交易活动。招标采购是一种最常见的采购方式，此外，还可以通过租赁、借贷、征收、交换等方式来获取所需要的商品。采购活动中，根据选择交易主体的方式，可将采购划分为招标采购、询价采购、竞争性谈判采购、单一来源采购等。其中，招标采购是指招标人发出招标公告（或投标邀请书）和招标文件，公布采购标的物内容、质量要求与交易条件，投标人响应招标文件要求并进行公平竞争，最终实现采购标的的一种活动。

招标采购作为一种基本的采购方式，需要满足一定的市场条件：

(1) 满足采购需求的目标数不少于最低竞争数。这一条件是招标投标制度能够实施的基础条件，即在市场上存在多个满足需求的潜在投标人，进而能够形成供给者竞争的局面。在我国，《招标投标法》规定的最低竞争数量为3个。

(2) 配套的法律法规体系。法制性是市场经济的基本特征，招标采购作为一种规范的市场竞争方式，其健康有序的运行需要相应的法律法规支撑，如《招标投标法》明确了招标人、投标人的权利与义务。

1.4.2 招标投标市场

《招标投标法》于2000年1月1日正式实施以来，招标投标制度成了我国经济建设中一种重要的竞争交易制度，形成了具有中国特色的招标投标市场。这一市场有两种表现形态，一种是有形市场，如住房与城乡建设、交通运输、水利、铁道等行政主管部门，以及地方人民政府组建的发包承包交易中心、公共资源交易中心，或是招标人在其招标文件规定的交易场所等；另一种是无形市场，即利用互联网技术在网上进行的交易，如商务部的中国国际招标网，以及一些地方人民政府组建的公共资源网上交易平台等。

招标投标市场的基本要素如下：

(1) 招标投标市场主体。招标投标的市场主体是招标人和投标人。这里，招标人是1

个，投标人是多个。招标代理机构接受招标人的民事委托，代理招标人招标；评标委员会由招标人依法组建，接受其委托，按照招标文件中的评标标准和方法，对投标文件进行系统的评审和比较，完成评标报告和推荐中标候选人等咨询意见。

（2）招标投标市场客体。招标投标市场客体即交易客体，是特定的工程、货物或服务。

招标投标市场，维持市场秩序的是行政监督机构，指按照行政监督分工，依法对招标投标活动进行行政监督的政府部门或机构。

1.4.3 招标采购作用机理

招标采购活动中，招标人与投标人之间的关系表现为经济利益上的相互作用关系。双方都想从招标项目中获取所期望的利益，在这一点上表现出一致性；但在特定的市场条件下，一个招标采购项目利润总量是相对固定的，招标人和投标人本质上都有追求各自利益最大化的倾向，以致双方在收益分配上又表现为对立关系。

投标人之间是竞争关系。在一个招标项目中，众多投标人在买方市场上为一个招标项目而进行竞争，每个投标人都期望在招标竞争中获胜中标，相互之间表现为经济利益上的排他性。同一个招标项目投标人越多，竞争越激烈，竞争结果是综合实力强者获胜，成为中标人。进而招标人与中标人签订书面合同，完成项目履行，实现采购目的。

在市场机制调节的同时，交易机制同时发挥作用。招标投标市场中，交易机制表现为相对规范的交易程序，必须依法定程序开展招标活动，使招标项目公开、公平、公正地有序进行，并通过依法组建的评标委员会进行评标，确保社会经济效益等。因此，招标采购的竞争形式并不是完全的自由竞争，而是有组织的竞争。招标活动中，通过规范招标采购活动主体的竞争行为，可以避免自由竞争所带来缺陷，使看不见的手和看得见的手共同发挥作用，从而保证招标投标的公正性、科学性和择优性，促进和完善市场竞争机制。

综上所述，招标投标市场主体参与招标投标的动力，在于追求其综合收益最大化，而招标结果又使社会资源得到优化配置。考察招标采购程序及其过程，可以发现招标采购之所以能实现资源有效配置，在于其采用的竞争与选择机制。这种机制实现了"优胜劣汰"的采购结果，促成了社会技术进步，从而形成资源配置的合理机制。多种选择直接导致竞争，而竞争同时促进了选择，使要素在选择中合理流动，并最终形成优胜劣汰的结果。技术在选择中创新与发展，市场体系在选择中发育，并逐渐健全，同时资源在选择中得到发掘并合理配置。随着市场经济发展，选择与竞争的机制日趋完善，而招标采购能在市场经济国家中普遍存在与发展，正是由于其运作机制符合市场经济的发展规律。

1.4.4 招标采购优化作用

招标采购作为一种市场竞争交易方式，通过规范的程序来约束招投标市场参与主体的行为，提高交易效率，优化社会资源配置，其作用主要表现在以下几个方面：

（1）有利于优化项目实施计划和社会资源配置。招标采购通过发布招标公告或投标邀请书等要约邀请文件，吸引潜在投标人参与竞争。投标人要在众多竞争对手中获胜，就必须具备一定的实力和竞争优势。这种优势来自于各种优势组合与互补，包括诸要素之间的替代、转换及配置而产生的要素组合，以及投标活动及其合同履行过程中各环节的衔接、协调与管理。投标人要实现既定目标，就必须控制总投入费用在一定限度内，从而迫使其对多种要素进行合理组合，同时降低管理与交易费用。因此，招标采购过程既是竞争过程，资源优化配置过程，又是实现效率与效益最佳统一的过程。

（2）有利于促进企业改革和经营机制转变。招标采购迫使企业面向市场，参与竞争。招标投标市场主体利益只有通过竞争才能实现，而这种竞争的评价标准是价格、质量、技术进步与创新等各种因素的综合评价。这又会迫使企业自觉增强竞争意识、质量意识和效益意识，并迫使企业面向市场，从依靠政府计划划拨转向依靠自身实力竞争；同时，还会促使企业寻求内部资源最佳配置，改善企业经营管理制度，完善企业自主经营、自负盈亏、自我发展和自我约束的现代企业运行机制。

（3）有利于规范市场秩序，保护当事人的合法权益，从而提高交易的公平度、可信度和满意度，促进社会和企业的法治与信用建设，进而转变政府职能，提高行政效率，进一步健全市场经济体系。

（4）有利于保护国家利益、社会公共利益和当事人的合法权益，保障合理有效地使用国有资金和其他公共资金，防止资源浪费和流失，从源头构建预防腐败交易的行政监督体系。

思考题

（1）什么是市场？市场有哪些类型？各有什么特点？市场对社会的影响主要表现在哪几个方面？

（2）市场要素由哪几方面组成？列出采购市场的市场要素。

（3）什么是市场经济？市场经济有哪些特征？市场经济中，政府、企业各起什么作用？

（4）市场经济的构成要素有哪些？市场经济中，市场法规由哪些内容组成，这些法规在市场经济中起什么作用？

（5）市场交易方式有哪些？举例说明，什么是现货交易？什么是期货交易？什么是贷款交易？

（6）市场交易须遵守哪些原则？为什么？为什么说诚实信用原则是市场交易的基础？

（7）例1-2所述事项对你有哪些启发？试论诚信做人在市场经济中的重要意义。

（8）需求与供给的关系是什么？需求与供给这对矛盾在市场经济中有哪些变化规律？

（9）市场经济优化资源配置的基础性作用表现在哪几个方面？

（10）招标采购需要满足哪些市场条件？招标投标市场由哪些基本要素构成？简述招标采购的作用机理及其优化作用。

第2章 招标采购基础

招标采购，是从招标人通过招标公告或投标邀请书发出要约邀请，到投标人按招标文件要求编写投标文件并在投标截止时间前递交以实现要约，到招标人按评标委员会完成的评标报告和推荐的中标候选人，确定中标人并向其发出中标通知书承诺，再到招标人和中标人诚信履约的一种民事活动。

2.1 招标采购项目

2.1.1 招标采购实例

招标采购是市场经济中的一种采购制度，这项制度可以解决哪些实际问题？我们先看几个实际招标采购案例，了解其基本程序与采购结果。

【案例2-1】 办公楼施工承包人采购案例

某国有上市公司A公司兴建一个办公楼建设项目，总投资额为3800万元，总建筑面积为24000m^2，其中地下2层，地上8层，檐口高42.00m。招标人采用公开招标的方式组织项目施工招标，同时将招标事宜委托给某招标公司代理。

编制完招标文件后，招标公司在《中国建设报》和《中国采购与招标网》等媒介上发布了招标公告，规定潜在投标人可于2010年6月16日～2010年6月25日，每日上午9：00～11：00，下午13：30～17：00，在该招标公司购买招标文件。有15家潜在投标人在规定的时间内购买了招标文件，准备投标。

2010年7月10日，招标公司在该省公共资源交易中心组织了开标，共有9家投标人在投标截止时间前递交了投标文件。招标人依法组建了评标委员会，由评标委员会按照招标文件规定的评标标准和方法，对这9家投标人进行了评审和比较，完成了评标报告，并按照最终得分由高到低的次序，依次推荐前三名投标人为中标候选人。根据评标报告，该A公司确定了排名第一的中标候选人B公司为中标人，向其发出了中标通知书，并依据招标文件和B公司的投标文件在规定的时间内签订了建设工程承发包合同。

【案例2-2】 电梯采购案例

某新建商品住宅小区需要采购10台电梯设备，按照规格与技术参数分为Ⅰ、Ⅱ、Ⅲ、Ⅳ、Ⅴ共计5个规格型号，根据电梯设备具体规格和需求时间，招标人将这10台电梯按一个标包采购，并在《中国经济导报》和《中国采购与招标网》等媒介上发布了招标公告。

招标人按照相关规定进行了资格预审，通过资格评审，有5家投标人资格审查合格，购买了招标文件投标。招标人组织公开开标后，依法组建的评标委员会对这5家的投标文件，按照招标文件中评标标准和方法进行了评审和比较，最后，完成了评标报告并推荐了

3名中标候选人。招标人依据评标委员会的评标报告和推荐的中标候选人,确定排名第一的中标候选人为中标人,并在规定的时间内与之签订了供货合同。

【案例2-3】 工程监理人采购案例

某招标人采用邀请招标的方式采购某城市道路工程监理单位,该道路东西向红线宽度为30m,总长度为3293.5m,为城市Ⅱ级主干道;道路南北向红线宽度为30m,总长度为4966.7m,为城市Ⅱ级主干道。投资总概算:36433万元(其中建安费约24081万元)。

招标人在投标邀请书中规定,投标人须具备建设行政主管部门颁发的工程监理综合资质或市政公用工程监理乙级以上(含乙级)资质或公路工程监理乙级以上(含乙级)资质。

7家投标人在规定的时间内购买了招标文件,并在投标截止时间前递交了投标文件。之后,经过开标、评标委员会评标,最终确定两家投标人为中标候选人。招标人根据评标委员会提交的评标报告,确定排名第一的中标候选人为中标人。随后,招标人向中标人发出了中标通知书,同时向未中标的投标人通知了招标结果。

2.1.2 招标采购项目类别

招标采购项目,是一种需要通过招标采购方式实施的项目,是项目的一种,因此招标采购项目也具有项目的一些基本特征。在学习招标采购项目之前先要对项目的内涵做一些简单介绍。

1. 项目

项目是在一定的时间、资源、环境等约束条件下,为了达到特定的目标所做的一次性任务或努力。可以从以下三个层面来理解其含义:其一,项目是一项有待完成的任务或努力,有特定的环境与要求;其二,在一定的组织机构内,利用有限资源(人力、财力和物力等)在规定的时间内完成任务或努力;其三,任务或努力要满足一定性能、质量、数量和技术指标等要求。

一般来说,项目具有一次性,独特性,项目目标的明确性,项目结果的不可挽回性,项目组织的临时性和开放性等特征。

2. 常见招标采购项目

按照国际惯例,招标采购项目一般划分为工程、货物和服务等三个类别,具体内容如下。

(1)工程招标采购项目

工程,是指综合应用科学,使自然界的物质和能源通过各种结构、机器、产品、系统和过程,以合理的时间、人力和物力资源,做出高效、可靠且利于人类适应自然和促进人类社会发展的手段或方法。例如,系统工程、知识创新工程、菜篮子工程和土木工程等。

建设工程是指通过组合社会资源,即社会上的人、财、物,通过工程投资策划与决策、工程勘察、设计、施工、设备和材料采购等,完成工程建设的过程,包括土木工程、建筑工程、线路管道工程、设备安装工程及装修装饰工程的新建、扩建和改建项目等,依据用途不同,分为建筑工程、市政工程、公路工程、铁路工程、城市轨道交通工程、民航工程、水运工程、水利工程、水电工程、电力工程、新能源工程、矿山工程、石油天然气工程、机械工程、冶金工程、有色工程、化工工程、轻工业工程、农业工程、林业工程、商物粮工程❶、电子工程、广播工程、通信工程、海洋工程、建材工业工程和军工工程等。

(2) 货物招标采购项目

货物是指各种形态和种类的物品及其附带的服务,包括设备、产品、原材料和燃料等,例如电梯、预制混凝土构件、防水材料和柴油等。

货物种类繁多,既有工程货物,又有非工程货物,可分为机械、设备、医疗器械、金属材料、石油及其制品、煤炭及其制品、化工材料及其制品、建筑材料、药品和其他货物等类别。

1) 机械、设备类

按照用途划分,可以分为建筑机械、城市轨道工程设备、民航设备、矿山机械、石油、天然气设备、冶金机械、化工机械、煤化工设备、轻工机械、农业机械、林业机械、电子元器件及专用设备、通信设备、广播、影视、舞台设备、海洋设备、金属加工机械、锅炉、造纸机械、起重运输机械、纺织机械、包装设备、生物制造设备、粮油食品加工机械、非金属矿物制品工业专用设备、车辆、船舶设备、航空航天设备、兵器装备、核设备、电机、输变电设备设施、计算机及网络设备、计算机系统软件、环保设备、气象设备、交通信号专用设备、地震监测设备、节能设备、科学、教育设备、安全技术防范设备和其他专用机械,如商业机械、邮政机械、水工机械、测绘专用器械、警用装备及器械、体育器械、印刷机械、人体生物识别设备、道路交通安全设备和水文监测专用设备等。

2) 医疗器械

按医疗用途,医疗器械分为手术器械、注射穿刺器械、普通诊察器械、医用电子仪器设备、医用光学器具、仪器及内窥镜设备、医用超声仪器及有关设备、医用激光仪器设备、医用高频仪器设备、物理治疗及康复设备、中医器械、医用磁共振设备、医用X射线设备及附属设备和备件、医用高能射线设备、医用核素设备、医用射线防护用品及装置、临床检验分析仪器、医用化验和基础设备器具、医院网络设备及软件、医疗专用车设备、医疗垃圾处理系统和医药包装自动化等器械。

3) 金属材料

金属材料分为黑色金属,如生铁、钢锭、黑色金属产品、有色金属和合金等。

4) 石油及其制品

石油及其制品分为原油、天然气和石油制品,包括汽油、煤油、柴油和润滑油、沥青焦、石油焦、阳极、阴极、电极糊碳块和石蜡等。

5) 煤炭及其制品

煤炭及其制品分为煤炭、煤炭制品和煤气层,这里,煤炭包括原煤、煤矸石、洗精煤、可燃性片岩等,煤炭制品包括焦炭、型煤、水煤浆、煤液化产品和煤气化产品等。

6) 化工材料及其制品

化工材料及其制品,分为无机化学原料、有机化工材料和合成材料及专用化工品等,这里,合成材料及专用化工品包括防护、防腐与涂料、化肥、农药、橡胶、塑料及其制

---

❶ 按照工程设计行业划分表中的解释:商物粮包含商业、物资和粮食。根据《工程设计资质标准》的规定,取得商物粮行业甲级资质的企业,可以承接本行业所有类型的工程设计业务,且不受规模的限制。商物粮行业共包含冷冻冷藏工程、肉食品加工工程、批发配送与物流仓储工程、成品油储运工程、粮食工程、油脂工程六个专业。

品、玻璃及其制品、颜料、染料、合成材料、专用化学品和精细化学品等。

7) 建筑材料

建筑材料分为水泥及水泥制品、木材、石材、陶瓷制品、其他建筑材料和新型材料等，其中木材包括原木、板方材、复合板材，石材包括人造石材和天然石材，其他建筑材料包括隔热保温材料、防水材料、密封材料、电工绝缘材料和特种建筑材料等。

8) 药品

药品分为内科、外科、妇产科（计划生育）、儿科、口腔科、眼科、耳鼻喉科、皮肤科、精神科、肿瘤科、中医、民族医学、麻醉科、中西医结合科、病理科、医技、疾控与公共卫生、护理、药学、法医学、戒毒医学和环化药剂等22个二级类别。

9) 其他货物

其他货物包括办公设备、家具、办公耗材、厨房设备、洗衣机、电冰箱、服装、图书、音像制品和电子出版物等。

(3) 服务招标采购项目

服务项目可以分为工程咨询项目和非工程咨询项目两大类。

1) 工程咨询，是指遵循独立、科学、公正的原则，运用工程与现代科学技术、经济和法律法规等多学科综合知识，为工程建设项目决策和管理提供咨询的一种智力服务，包括：

①规划咨询，包括含行业、专项和区域发展规划编制和咨询；

②编制项目建议书（含项目投资机会研究、预可行性研究）、编制项目可行性研究报告、项目申请报告、资金申请报告、评估咨询以及项目后评价、概预决算审查等；

③工程设计；

④招标代理；

⑤工程监理和设备监理；

⑥工程项目管理，包括全过程或若干阶段的管理服务。其中：

a. 规划。一般包括国民经济和社会发展规划、城乡规划和土地利用总体规划等三大类，其中国民经济和社会发展规划又包括总体规划、公路、铁路、城市轨道交通、民航、煤炭、火电等行业（产业）规划或专项规划；

b. 投资策划与决策。分为项目建议、可行性研究、评估和后评价三个大类，包括公路、铁路、城市轨道交通、民航、煤炭、火电等30多个类别的投资策划与决策；

c. 勘察。一般包括岩土工程、地质工程、测绘工程和水文气象勘查等；

d. 设计。分为建筑、市政、公路、铁路、城市轨道交通、民航、水运、水利、水电、电力、新能源、矿山、石油天然气、机械、冶金、有色工程、化工、石油化工、轻工业、农业、林业、商物粮、电子、通信、广电、海洋、建材工业、军工等工程设计类别；

e. 监理。分为建筑、市政、公路、铁路、城市轨道交通、民航、水运、水利、水电、电力、新能源、矿山、石油化工、冶金、农林、电子、通信、广电、地质灾害防治、机电安装工程和设备监造等类别；

f. 工程造价咨询、工程项目审计等；

g. 项目管理及项目代建服务等。

2) 非工程咨询项目，即工程咨询以外的服务项目。这类项目特别多，例如：

① 公共咨询类，例如环境咨询、气象咨询、国际商务咨询、专利咨询、营销咨询、海

洋咨询、资源综合利用咨询、地震评价、气候可行性论证、雷电灾害评估、公共安全评估、生态保护评价咨询、水文咨询、招标投标咨询、信息系统咨询、拆迁评估、拍卖咨询等；

② 工商管理咨询与服务；
③ 金融咨询与服务；
④ 法律咨询、援助与服务；
⑤ 汽车修理与汽车租赁；
⑥ 物流咨询与服务；
⑦ 节能技术咨询与服务；
⑧ 高新技术研发、技术引进与服务；
⑨ 社会公共安全服务；
⑩ 会议服务、培训、印刷、出版、发行等。

2.1.3 招标采购项目条件

在采购活动中，招标采购是一种较为常用的采购方式，但并不是所有的项目都采用招标采购方式。通过招标采购这种方式采购的项目需要具备一定条件，招标采购人在进行采购之前应首先确定招标采购所需要的条件。

这些条件一般包括：

(1) 项目已获批准

招标采购项目已通过相关部门批准，并已列入年度投资计划。招标采购项目的批准是招标项目进行招标采购的重要环节，只有获得相关部门批准，招标项目才可以实施。

(2) 项目设计文件已批准

对于有技术性要求的招标项目，例如工程设计文件，在进行招标采购之前，需要全部或者部分完成项目设计文件，而且需要通过主管部门审批，因为这些是编制招标文件的基本条件。

(3) 项目所需资金已落实或部分落实

很显然，完成一个项目是需要资金的，并且资金的需求量可能非常大，因此在招标之前，应先落实项目所需资金，例如建筑工程办理施工许可证要求建设资金已经落实，工期不足1年的，到位资金原则上不得少于工程合同价的50%；工期超过1年的，到位资金原则上不得少于工程合同价的30%等。

(4) 项目招标文件已编写完成并经批准

招标文件的主要内容是进行项目招标的前提条件，应经有关部门批准。

(5) 其他条件

为了招标项目的实施，需要完成其他一些必要的准备工作。比如，在工程项目施工招标之前，招标人应完成诸如征地拆迁和移民安置的工作；建设临时道路，要保证施工时公用设施和通信设备的使用等。

2.2 招标采购方案策划

招标采购方案策划是指为了实现招标采购目标，依法定程序和采购主体的经验和能力，对招标方案进行计划、构思和设计，明确整个招标采购业务流程和各流程主要内容的行为，详见图 2-1。

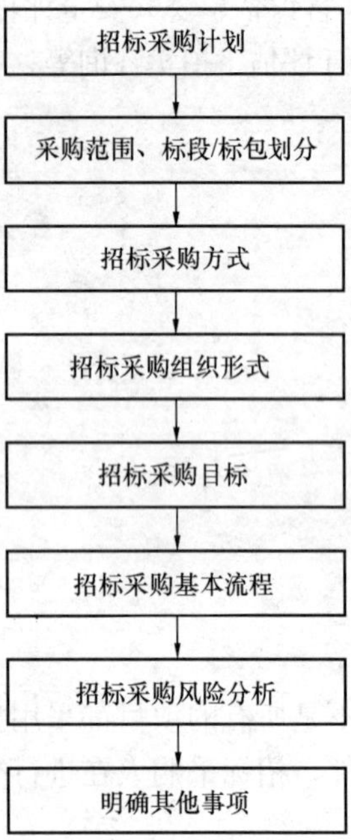

2.2.1 招标采购计划

招标采购计划是为招标采购项目实施做好前期准备，主要包括明确项目背景、确定招标内容、落实资金、取得招标许可等工作。它是招标采购的首要任务，也是实现招标项目采购目标的重要一步。招标采购计划主要内容分析如下：

1. 描述招标采购项目背景

招标采购项目背景是任何招标人都必须弄清楚的一个关键问题，主要是说明项目如何提出来，以及项目所处的环境等。招标人要做好招标采购工作，首先要对项目背景做出正确描述。

2. 确定招标采购的内容

制定招标采购计划的首要要素是要明白采购什么，即首先要确定招标采购的对象。对于一个招标采购项目而言，招标采购对象应满足以下几个条件：第一，适用性，即招标采购的对象应符合招标项目实际的质量要求；第二，可获得性，即能够在需要的时间内，以合适的价格，及时获得采购的商品；第三、经济性，即在保证质量的前提下，从供应来源中选择成本最低的，从而可以降低招标项目成本。

图 2-1 招标采购策划程序

3. 确定招标采购资金

对于需要通过招标采购方式来完成的项目，首先应有完成招标项目的资金或者资金来源已经落实，并在招标文件中如实载明。

4. 取得招标许可

对于需要履行审批手续的招标项目，应先取得有关部门的批准，同时还要完成规划许可以及相关核准手续，即已经具备招标采购需要的行政许可条件。

2.2.2 招标采购范围、标段/标包划分

招标采购范围是招标采购的标的范围。在招标采购活动中，招标采购范围的划分，影响着满足条件的投标主体的数量，也影响着投标主体参与具体项目投标的积极性，是决定招标采购效果的重要因素之一。

如果招标采购主体能在更为广泛的市场空间中选择承包商、供应商或者服务商，一定比在狭窄的市场空间中选择有更多的优选机会。所以，在满足招标采购各方要求的前提下，扩大招标采购的选择范围，可以更好地优化招标采购的目标。比如，在招标采购范围之内，将招标采购项目分成几个标段/标包，进行单独招标，则可以扩大承包商或者供应商的选择范围。

1. 招标采购范围

（1）招标采购范围

招标采购范围，也可以称为招标采购标的范围。招标采购标的分为工程、货物和服

务。货物招标标的主要是重要设备及材料，如机电设备和机械成套设备；工程招标标的主要是工程建设和安装；而服务招标标的，则一般包括贷款银行选点、选择物业管理公司、选择咨询单位、科研课题承揽、大型商场承包租赁等。

(2) 依法必须招标项目的限额规定

我国依法规定各类工程建设项目，包括项目的勘察、设计、施工、监理以及与工程建设有关的重要设备、材料等的采购。达到下列标准之一的，必须进行招标：

1）施工单项合同估算价在 200 万元人民币以上的；

2）重要设备、材料等货物的采购，单项合同估算价在 100 万元人民币以上的；

3）勘察、设计、监理等服务的采购，单项合同估算价在 50 万元人民币以上的；

4）单项合同估算价低于第 1）、2）、3）项规定的标准，但项目总投资额在 3000 万元人民币以上的。

2. 标段/标包划分

招标采购项目的标段/标包是指招标人将准备招标采购的项目分成几个部分进行单独招标，即对这几个部分分别编写独立的招标文件并进行招标。这几个部分可同时招标，也可分批招标，可以由数家承包商或供应商分别承包或供应，也可由一家承包商或供应商总承包或供应。

从标段/标包的定义看，将招标采购项目划分为若干个标段/标包的意义在于：

(1) 有利于控制大型采购项目成本

通常情况下，一个项目由一个承包商或供应商完成，不但交叉影响小，便于管理，而且对人力、物力和财力等也便于统一调度，这样在一定程度上可以降低造价。但是，一个大型且较为复杂的项目，对承包商或供应商的能力、项目经验等有较高的要求，在此种情况下，如果不将项目划分为几个标段/标包，则可能使参加投标的承包商或供应商的数量大大减少，而竞争对手的减少，将会降低投标人之间的价格竞争，可能导致投标报价的上涨，反倒不利于控制项目成本。因此，对大型采购项目进行划分，一定程度上有利于控制项目成本。

(2) 有利于项目组织与管理

将采购项目划分为几个标段/标包，也就是说，将一个复杂的项目划分为几个相对简单的项目。这样在具体较小项目的实施过程中，承包商或供应商可以对整个标段/标包充分了解，从全局上把握该项目，有利于承包商或供应商尽快完成自己承包的任务。但是，由于承包商或供应商的数量较多，会加重了招标人的管理负担。

(3) 有利于进一步发挥承包商或供应商的专长

在项目实践中，承包商或供应商通过项目实施经验，往往在某一领域具有比较优势。因此，在划分标段/标包时，将类似的招标内容划分到一个标段/标包中，使得每一个标段/标包具有更强的专业性，这将有利于承包商或供应商利用自身的专长进行项目实施，同时也有利于吸引更多的承包商或供应商投标。更重要的是，在充分发挥承包商或供应商专业优势的情况下，可以更好地保证项目质量。

招标采购项目的标段/标包划分是正式编制招标文件前一项非常重要的工作，项目采购部门必须对上述因素认真考虑，使标段/标包划分合理，满足各方需求。必要时应同时拟几个划分草案，综合比较确定。

2.2.3 招标采购方式及招标组织形式

1. 招标采购方式

招标采购是采购的基本方式，决定着招标投标的竞争程度，也是防止不正当交易的重要手段。我国的招标采购方式有两种，一种是公开招标，另一种是邀请招标。

（1）公开招标

公开招标，又称无限竞争性招标，是由招标人在指定的报刊、网络或其他媒体上刊登招标公告，吸引众多企业单位参加投标竞争，招标人从中择优选择中标单位的一种招标方式。

公开招标的目的在于使所有符合条件的潜在投标人可以有相对平等的机会参加投标，便于招标人从中择优确定中标人。其特点是招标人的招标公告针对对象不特定，没有数量限制，所有对招标项目感兴趣的法人或者其他组织都可以参加投标，因而具有广泛的竞争性。此外，公告方式提高了招标活动的透明度，实际上使社会公众可以了解招标内容和要求，保证了招标的公开性，有利于减少和限制招标过程中可能出现的违规操作和不正当交易行为。同时，这种招标方式最符合优胜劣汰和"公平、公正、公开"的原则。

（2）邀请招标

邀请招标，也称有限竞争性招标或选择性招标，即由招标单位选择一定数目的满足特定条件的企业，向其发出投标邀请书，邀请他们参加招标。一般选择 3~10 家企业较为适宜，具体要视招标项目的规模大小而定。由于被邀请参加的投标竞争者有限，不仅可以节约招标费用，而且可以提高每个投标者的中标机会。

邀请招标的特点是：1) 邀请投标不使用公开的公告形式；2) 接受邀请的单位才可以对项目进行投标；3) 投标人的数量有限。

（3）公开招标与邀请招标之间的区别

1) 发布信息的方式不同。公开招标采用招标公告的形式发布，邀请招标采用投标邀请书的方式发布。

2) 选择的范围不同。公开招标采用招标公告的方式，针对的是一切对招标项目感兴趣的潜在法人或其他组织，招标人事先不知道投标人的数量；邀请招标针对的是招标人已经了解的法人或其他组织，而且招标人事先也知道投标人的数量。

3) 竞争的范围不同。公开招标可以使所有对招标项目感兴趣的潜在法人或其他组织参加投标，因此，竞争范围比较广，投标人之间的竞争也比较充分，招标人容易获得最佳的招标效果；与此相对应，邀请招标采用邀请方式，所以参加投标的法人或其他组织的数量受到了限制，投标人之间的竞争程度相对降低。

4) 公开的程度不同。在公开招标中，所有的招标活动必须按照预先指定并为各个投标人所熟知的程序标准公开进行，大大减少了腐败的可能性；邀请招标的公开程度相对差一些，容易产生围标、串标等私下交易。

5) 时间和费用不同。公开招标的程序较多，而且在时间上也有许多要求，同时还需要准备许多文件，因而耗时较长，招标费用较高；相对而言，邀请招标的程序较少，缩短了招投标时间，也减少了招标费用。

2. 招标组织形式

招标组织形式是指通过何种形式确定中标人，换句话说就是：招标人是通过自行招标的形式择优选择项目中标人，还是委托招标代理机构组织招标确定中标人。

（1）招标人自行招标

招标人具有编制招标文件和组织评标能力的，可以自行组织招标。自行招标虽然便于协调管理，但往往容易受到招标人认识水平、法律和技术专业水平的限制，从而影响和制约招标采购的规范性以及招标采购结果的合理性。因此，如果招标人不具备自行组织招标的能力条件，或者不愿意进行自行招标，应当选择委托招标代理机构完成招标事宜。

招标人进行自行招标时，应具备下列条件：

1）招标人具有项目法人资格（或者法人资格）；

2）具有与招标项目规模和复杂程度相适应的技术、概预算、财务和项目管理等方面的专业技术力量；

3）有从事同类项目招标的相关经验；

4）设有专门的招标机构或者拥有3名以上专职招标业务人员；

5）熟悉和掌握《招标投标法》及有关法规和规章。

（2）委托招标

招标人不具备自行招标能力条件的或虽有条件但招标人不愿意自行招标的，可以委托招标机构代理进行招标。招标代理机构应当在招标人的委托招标范围内办理招标事宜。

招标代理机构是依法设立、从事招标代理业务并提供相关服务的社会中介组织。招标代理机构应当具备下列基本条件：

1）必须通过从事招标代理的资格审查，取得招标代理的资格证书，才可以承接招标代理业务；

2）有从事招标代理业务的营业场所和相应资金；

3）有能够编制招标文件和组织评标的相应专业力量；

4）有符合《招标投标法》规定的条件，可以作为评标委员会成员人选的技术、经济等方面的专家库。

（3）招标机构代理招标与自行招标的比较

招标人委托招标机构代理招标和招标人自行招标相比，各有优缺点，现对比分析如下：

1）代理招标的优势与劣势分析

招标代理机构招标比招标人自行招标有更为明显的优势，主要表现在：

① 公平、公正。由于招标代理机构不隶属于任何行政机关，所以招标代理机构在招标采购过程中，不易受到行政机关的约束，可以严格按照法律的规定从事相关招标事宜，因此，招标代理机关更容易做到公平、公正。

② 经验丰富。招标代理机构是专门从事招标业务的，在实践中积累了丰富的经验，因此，比招标人更有经验，专业性也更强，故而，招标代理更有利于保证招标质量。

③ 透明度高。由于招标代理机构是一种社会中介组织，这使它同时要满足招标人的要求，接受投标人的监督以及接受相关行政单位的监督。因此，代理招标与招标人自行招标相比，更易于接受和实施广泛的监督，有利于遏制腐败等不正之风，维护招标人和投标人的利益。

招标代理机构进行招标也存在着不足，主要表现在：代理机构对招标项目和有些具体招标对象的背景、技术规范及一些特定的复杂技术要求等情况不如招标人了解和熟悉，需要招标人在这些方面进行指导和配合。

2）招标人自行招标的优势与劣势分析

① 招标人自行招标的优势是，招标人对其招标项目的情况及使用要求最了解、最清楚，实行自行招标，可以掌握全过程，责任容易落实，同时也便于招标项目的合同管理与整个项目的组织实施。

② 招标人自行招标的劣势是，招标人对招标采购业务不如专业招标代理机构熟悉，有时容易失误，同时，对于公正性与公平性而言，不如招标代理机构那样有保障。对于中小企业来讲，还需临时组建招标采购专业机构，不利于专业化管理，也不经济。

在实际招标过程中，招标人应当在依法招标、保证招标质量的前提下，充分考虑这两种招标采购组织形式的优缺点，选择适合于具体招标项目特点和需求的招标组织形式，以使招标过程顺利开展，更好实现招标采购目的。

2.2.4 质量、价格和完成期目标

日常采购过程中，人们最为关心的采购目标是标的的质量和价格。在招标采购过程中，招标人也同样关心招标采购对象的质量和价格，同时要考虑招标项目的完成期。

招标采购对象的质量目标，即招标项目完成后必须满足招标人的使用功能要求，满足项目使用的适用性、经济性、安全性、可靠性、环境的协调性等要求，同时还应满足国家有关法规、规范、设计、质量要求和验收标准。比如，工程招标项目，在完工后工程质量必须达到合格以上。

招标采购对象的价格目标，指招标项目费用必须控制在招标项目的预算或者控制价之内，正常情况下，不能超过项目的预算或者控制价。

招标采购对象的完成期目标，是招标项目应当在招标文件中规定的日期内完成。例如，对于工程施工项目，承包商应当在合同文件中规定的竣工日期之前完工；对于货物招标项目，供应商应在双方签署的合同协议书中规定的交货日期之前向招标人移交货物。

招标采购对象质量、价格和完成期三大目标之间具有相互依赖和相互制约的关系。一般而言，要想提前完成项目，缩短项目完成期，需要提高项目成本，从而增加项目费用，但这会影响项目质量；要想提高项目的质量标准，就需要采取严格的质量控制措施，这可能会影响项目的完成期，同时会增加项目投资与项目费用；要想降低项目费用，就会在一定程度上会减缓项目总进度，并且影响项目质量。总之，招标人应根据项目的具体特点、履约条件和需要，处理好三大目标之间的关系，从而提高招标项目的综合效益。

2.2.5 招标采购基本流程

这里仅介绍招标采购的基本程序，具体的招标采购程序在第3节做详细的介绍。

招标采购的基本程序是实现招标采购需求的具体过程，包括招标、投标、开标、评标、中标和签订合同等过程，如图2-2所示。

1. 招标

招标是指招标人按照国家有关规定履行项目审批手续、落实资金来源后，依法发布招

标公告或者投标邀请书，编制并发售招标文件等的具体环节。根据项目特点和实际需要，有些招标项目需委托招标代理机构，组织资格预审、现场踏勘、进行招标文件的澄清与修改等。由于这是招标投标活动的起始程序，投标人资格、评标标准和方法、合同主要条款等各项实质性条件和要求都要在招标文件中明确，因此，招标文件编制及条款设定对整个招标投标过程是否合法、科学，能否实现招标采购目标具有基础性作用。

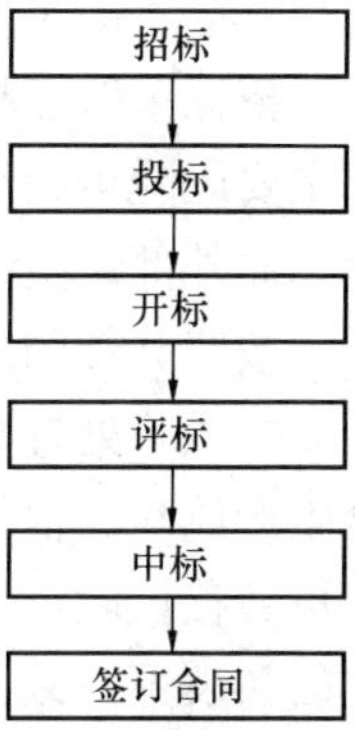

图 2-2 招标采购过程

2. 投标

投标是指投标人根据招标文件的要求，编制并递交投标文件，响应招标的活动。投标人参与竞争并进行投标报价是在投标环节完成的，在投标截止时间后，招标人不能接受新的投标，投标人也不得更改投标报价等实质性内容。因此，投标情况确定了竞争格局，是决定投标人能否中标、招标人能否取得预期效果的重要环节。

3. 开标

开标即招标人按照招标文件确定的时间和地点，邀请所有投标人到场，当众开启投标人提交的投标文件，宣布投标人的名称、投标报价及投标文件中的其他内容。开标的最基本要求是公开，保障所有的投标人的知情权，这也是维护投标人合法权益的基本条件。

4. 评标

招标人依法组建评标委员会，由评标委员会依据招标文件规定的评标标准和方法，对投标文件进行审查、评审和比较，确定中标候选人。评标是审查确定中标人的必经程序。招标项目的中标人必须按照评标委员会的推荐名单确定，因此，评标是否合法、规范、公平、公正，对于招标结果有决定性作用。

5. 中标

中标也称为定标，即招标人从评标委员会推荐的中标候选人中确定中标人，并向中标人发出中标通知书，同时将中标结果通知所有的未中标投标人。中标既是竞争结果的确定环节，也是容易发生异议、投诉、举报的环节。

6. 签订合同

中标通知书发出后，招标人和中标人应当按照招标文件和中标人的投标文件，在规定的时间内订立书面合同，中标人按合同约定履行义务，完成中标项目。

2.2.6 招标采购项目风险分析

项目实现过程具有复杂性、独特性和一次性等特性，在这一过程中项目内外部因素不断发展变化，造成了项目在实现过程中存在着各种各样的风险。如果不能很好地识别和分析项目风险，就会给项目相关利益主体造成一定的损失。招标采购过程中也同样存在各种各样的风险。

招标采购风险是指在招标采购过程中由于各种负面（威胁）或正面（机会）影响的不确定性，使招标采购实际结果与预期偏离的程度和机率。

1. 招标采购风险的类型

招标采购过程中由于受到各种主客观因素的影响，实施过程中存在很多风险。对招标人而言最大的风险莫过于付出较高的费用，得到非期望甚至是质量低劣的产品或服务。

招标采购过程包括招标、投标、开标、评标、中标和签订合同等阶段。总结起来存在的主要风险可归纳为内部风险和外部风险两类，其中内部风险主要是指人为风险和管理风险，而外部风险主要是指经济风险和政策风险。

按照其他的划分标准，招标采购风险还可以进行如下划分：

按风险处置方式划分，分为可转移风险和不可转移风险。投标人产品的缺陷风险、安全生产风险、信誉风险等属于可转移风险；而招标采购项目变更、索赔及政策风险等属于不可转移风险，不可转移风险可能导致实际支付的成本增加以及采购结果与竞争性招标采购的初衷不一致。

按风险来源划分，即从采购市场需求和供给主体及相互影响的角度分类，可分为招标人风险、投标人风险和市场风险。

（1）招标人风险

项目招标采购是一个复杂而有序的系统工程，由于我国市场经济体制尚不完善，招标人承担的招标采购风险主要包括招标过程组织缺陷风险、工作人员道德风险和合同风险等。

招标过程组织缺陷风险是指在项目招标采购程序中由于组织管理的疏漏和缺失所导致的损害招投标人利益的风险；工作人员道德风险是指在招标过程中，由于人为的责任或道德素质问题（如收受贿赂、徇私舞弊、渎职等）对招标工作产生不利影响甚至导致失败；合同风险是指发出中标通知书后，与中标人签订协议确定采购渠道、采购单价、价款结算及支付办法、违约责任及其他相关事宜时由于工作疏漏、权利义务界定不清等原因造成的风险。

（2）投标人风险

大多数招标中，招标人相对投标人而言处于强势地位，其与投标人在法律上虽然是平等合作的关系，但是涉及招投标过程的实际运作，仍然对投标人造成很多潜在的风险。产生风险的原因主要是三点：一是要审查招标人的主体资格比较困难；二是要审查核实招标人建设工程预先审批手续是否完备比较困难；三是投标过程中的法律风险难以防范。

（3）市场风险

在采购市场上，由于政策变化，供需关系失衡而导致的价格波动、质量差异、投标方数量、信誉和实力强弱等因素所产生的风险。

2. 招标采购项目风险分析

（1）风险识别

风险是客观存在的，不可避免。对于招标采购参与主体而言，需要对风险进行管理，降低风险发生的可能性，减少风险发生后的损失。风险管理的前提是识别风险，即识别风险的类型和形成原因。由于风险的不确定性，要准确把握全部风险，往往一种方法难以实现，需要运用多种方法进行综合考察。

（2）风险估计

风险估计主要针对以下几个方面：风险事件发生的可能性大小、可能的结果范围和危害程度及预期发生的时间等。招标采购属于事前风险管理范畴，招标产生的风险主要是人为因素造成，且事件的发生具有隐匿性，如道德风险等，其损失也很难用定量的方式表示，因此对招标采购风险评估的方法，主要选择主观概率估计法。

（3）风险评估

风险评估是指根据风险事件对招标采购目标的影响程度来确定风险等级，以便分清主次，区别对待不同等级风险。在招标实施过程中，风险因素很多，如果对所有的风险予以同等的关注及应对，会使风险管理成本显著提高，这与我们提高投资效益的原则是相悖的。因此，在风险管理中，应该主要识别和量化影响招标采购主要目标的主风险，这样就可以基本达到风险管理的目的。对目标影响较小和能被接受的风险可以进行一般的管理。所以进行风险管理时，根据风险对招标采购主要目标的影响来确定风险管理的等级显得尤为重要。

3. 招标采购风险的处理措施

在对招标采购风险分析的基础上，最重要的是要提出针对性的风险处理措施。常用的风险处理措施包括：风险规避、风险控制、风险转移、风险自留和风险利用等。风险管理中风险处理措施的应用往往不是单一方式的使用，而是多种方式的综合应用。不同的招标人对待风险的态度不同，面对具体的风险采取的措施也不一样。因此，招标人需要根据招标的具体情况和风险管理者的心理承受能力，以及抗风险的能力去确定风险应对策略。

处理风险的具体措施包括：

（1）风险规避

风险规避是指通过计划的调整来消除风险发生的条件，以减少或免受某类风险的影响。招标采购风险规避主要是针对招标过程中无法控制的招标风险因素，比如客观现实中发生的经济、政策风险和地区保护主义的风险以及招标采购合同风险等。招标采购中风险规避的措施主要包括：

1）资格预审可以规避不具备招标文件规定资质的单位投标及不当竞争造成的风险。

2）制定有效的招标策略可以规避采购过程风险、人为风险、决策风险造成的招标人损失。招标条件、内容与合同条款的合理设置和有机融合可以规避项目实施过程风险。

3）科学合理的评标策略可以确定有实力的投标单位中标，以规避投标过程中道德风险造成的行贿、专业人员水平不足等情况出现。

4）合同中设置针对性的条款，进一步明确当事人的权利和义务，防止合同漏洞对招标人带来损失。

（2）风险转移

风险转移是指利用合同或非合同方式将风险转移给其他主体的风险处理方式。招标采购风险处理里，可以在招标文件和中标合同中设置相应条款，将招标人无法规避的风险，部分转移给投标人或其他参与方，共同承担风险。常用的方法有：

1）投标担保。通过投标担保可以有效控制招标采购中投标人或中标人中途撤标的风险，是转移违规行为风险、保证招标人招标活动成功进行的有效方式，通常采用递交投标保证金的方式。

2）履约担保。招标人为保证中标人能够按合同要求完成招标合同规定的义务，要求项目中标人提供履约担保。通常情况下，在项目合同履约期限内，履约担保应一直有效。履约担保可以转移中标人违反合约的风险，将风险转移给担保人。

2.2.7 明确其他事项

1. 承发包方式

对于工程建设项目,在招标采购之前,应先确定工程建设项目的承包方式,即采取何种方式实施工程项目,常用的承发包方式有施工承包方式或者施工总承包方式、设计—施工一体化承包方式、特许经营等方式。

2. 材料设备采购方式

对于工程项目材料设备的采购也有三种方式,即招标人自行采购、承包人采购、双方联合采购。招标人自行采购供货,即招标人为了控制工程建设项目中某些大宗的、重要的、新型特殊材料设备的质量和价格,通常采取自行采购供货的方式,招标人与供应商签订供货合同,供应商按照承包人提出并经招标人审核批准的供货计划定期供货;承包人采购,也就是项目实施过程中所需要的材料设备由承包商进行采购;双方联合采购供货,招标人联合承包人以招标方式组织材料、设备采购,或由承包人选择,招标人决策,承包人与供货商签订并履行货物采购合同。

3. 货物产地

对于货物招标采购,招标人应明白采购的货物是在国内采购,还是在国外采购,或者部分在国内采购,部分在国外采购。这个问题涉及诸多方面,比如货物的价格如何确定,货物送达的时间和地点如何确定;如果涉及国外采购,那么人民币与外币的汇率如何界定等。这些问题对如何编制一套完善的招标文件有重要的作用。

4. 合同类型

按照合同计价方式不同,合同类型分为固定价格合同、可调价格合同和成本加酬金合同。固定价格合同又包括固定总价合同和固定单价合同,分别约定总价或单价在合同约定的风险范围内固定不动,结算时不调整;可调价格合同是指在合同履行期间,由于市场价格出现较大波动,约定结算时总价或单价按一定规则调整的合同类型;成本加酬金合同包括成本加固定百分比酬金合同、成本加固定金额酬金合同、成本加奖罚合同、最高限额成本加固定最大酬金合同等。

2.3 招标采购程序

本节主要介绍公开招标(资格预审)程序,公开招标(资格后审)程序,邀请招标(资格预审)程序和邀请招标(资格后审)程序四种。下面以工程公开招标(资格预审)程序为例具体说明这四种招标程序。

2.3.1 公开招标(资格预审)程序

公开招标具有公开、公平和规范等特点,一个完整的公开招标过程包括:招标准备阶段、招标投标阶段、定标签约阶段。工程公开招标(资格预审)程序,见图2-3。

1. 招标准备阶段

在招标准备阶段,招标人应做好如下准备工作:

(1)确定招标范围

首先招标人应确定招标范围，招标人可以选择工程建设总承包招标、设计招标、监理招标、施工招标和工程货物采购招标等。

(2) 选择招标方式

确定招标项目是采取公开招标还是采取邀请招标方式。

(3) 编制资格预审文件

主要包括：资格预审申请人须知、资格预审申请书格式、资格预审评审标准或方法等。

(4) 确定招标组织形式

确定招标组织形式是招标人自行招标还是委托招标代理机构办理招标事宜。

(5) 提出招标申请

向有关行政部门或上级部门提出招标申请，得到相应许可。

(6) 编制招标文件和标底

招标文件应该包括的主要内容有：投标人须知；招标项目的性质、数量；技术规格；投标报价的要求；评标标准和方法；竣工日期；投标人应提供的资格文件；投标保证金；投标文件的编制要求；提交投标文件的方式、地点和截止日期；开标、评标、定标的日程安排；合同格式及主要条款；其他事项。

招标项目标底（如果有）是招标人对招标范围以内全部项目实施的价格期望值，它在评标、定标过程中可以起到参考作用。

2. 招标投标阶段

在招标投标阶段，主要包括的内容如下：

(1) 发布招标公告

招标公告是指采用发布公告的形式，将招标采购主要事项和要求向社会公布，吸引投标单位前来投标。发布招标公告，是为了在全社会范围内吸引潜在投标人参加招标项目的投标，为招标人选择一家实力雄厚的中标人提供基础。

依法必须进行招标的项目应在国家指定的报刊、信息网络或其他媒介上发布招标公告，即在《中国日报》、《中国经济导报》、《中国建设报》和《中国采购与招标网》（http://www.chinabidding.com.cn）等媒介上发布招标公告。依法必须招标的国际招标项目的招标公告应在《中国日报》上发布。同时，各地方人民政府依照审批权限对依法必须招标的民用建筑项目招标公告，在省、自治区、直辖市人民政府发展改革部门指定的媒介上发布。

(2) 投标人资格审查

资格审查是指招标人对潜在投标人的经营范围、专业资质、财务状况等多方面评估审查，以判定其是否具有投标、订立和履行合同的资格及能力。

1) 资格审查的种类

招标人对投标人的资格审查一般分为资格预审和资格后审两种。资格预审，指招标人在投标以前，先发出资格预审公告或者邀请，要求潜在投标人提交资格预审申请及有关证明资料，经资格审查合格的，才可参加正式投标；资格后审，指招标人在招标文件中对潜

图 2-3 公开招标（资格预审）程序

在投标人的资格条件提出明确要求，投标人提交的投标文件中包含相应的资格证明文件和资料，经过评标委员会审查合格后，方可对投标人进行详细评审。

2）资格审查的内容

招标人对投标人资格审查的具体内容有：

① 投标人的市场准入许可条件，如资质等级、生产许可证等；

② 投标人类似项目业绩和能力；

③ 投标人可投入技术和管理人员；

④ 投标人财务状况；

⑤ 投标人可投入设备能力；

⑥ 投标人信誉；

⑦ 其他事项。

资格审查既是招标人的权利，也是大多数招标项目的必要程序。只有通过资格预审的潜在投标人（或投标人），才有资格参加投标。资格预审的目的是为了排除那些资格不合格的潜在投标人，排除将合同授予不合格投标人的风险；减少评标阶段工作时间，减少评标费用；降低招标人的采购成本，提高招标工作效率。

(3) 发售招标文件

在招标公告规定的时间内，招标人向经审查合格的投标人发售招标文件。

(4) 组织现场勘察

招标文件发售后，招标人要在招标文件规定的时间内，组织投标人踏勘现场，以便让投标人了解工程现场及周围环境情况，获取必要的信息。

(5) 投标预备会

投标预备会，是指招标人为澄清或解答招标文件或现场踏勘中的问题，使投标人更好地编制投标文件而组织召开的会议。投标预备会的参加人员包括招标人、投标人、代理人、招标文件编制单位人员、招标投标管理机构人员等。会议由招标人主持，主要内容包括：

1）招标人介绍招标项目和现场条件，对招标项目有关事项进行交底和解释；

2）招标人解答投标人对招标文件和踏勘现场的问题或疑问，必要时，招标人可在招标文件中规定的投标截止时间15日前，以书面形式将招标文件的澄清与修改情况发给每个招标文件的购买人。

(6) 投标

招标人在招标文件规定的接收投标文件地点及时间，接收投标人递交的投标文件，包括投标保证金。这里，投标保证金是指投标人按照招标文件的要求向招标人出具的，以一定金额表示的投标责任担保。投标保证金的作用是保证投标人在其投标文件被接受后对其投标书中规定的责任不得撤销或者反悔，对其行为进行约束，保证投标过程顺利进行。

(7) 开标

开标是招标投标活动中，由招标人主持，在招标文件预先载明的开标时间和开标地点，邀请所有投标人参加，宣读投标人名称、投标报价及投标文件中其他主要内容，以使招标投标各个当事人了解投标关键信息的一种活动。

开标时，参加的主要人员有招标人或招标人代表，投标人代表，招标代理机构人员，公证人员，行政监督部门人员，其他工作人员。投标人代表有权参加开标，一般为了了解整个投标情况投标人都会参加，但是否参加开标由投标人自行决定，这点不构成废标的原因。

(8) 评标

评标是指评标委员会按照招标文件中规定的评标标准和方法，对各投标人的投标文件进行评价、比较和分析，从中选出最佳投标人的过程。评标是招标投标活动中十分重要的阶段，评标是否真正做到公平、公正，决定着整个招标投标活动是否公平和公正；评标的质量决定着能否从众多投标竞争者中为招标人选择一家满足招标项目各项要求的最佳中标者。

其中，评标委员会由招标人的代表和有关技术、经济等方面的专家组成：

1) 招标人的代表。招标人的代表可以是招标人本单位熟悉相关业务的代表，也可以是其委托的招标代理机构中熟悉相关业务的代表；

2) 对评标专家资格的规定。由于评标是一种复杂的专业活动，非专业人员无法对投标文件进行评审和比较，所以，依法必须招标的项目，评标委员会中还应有相关技术、经济等方面的专家。要求这些专家从事相关领域工作满8年并具有高级职称或者同等专业水平；熟悉有关招标投标的法律规范；能够认真、公正、诚实、廉洁地履行职责；身体健康，能够承担评标工作等；

3) 有关技术、经济等方面专家人数的规定。要求有关技术、经济等方面专家比例不得少于评标委员会成员总数的2/3，比如评标委员会有5名成员，那么有关技术、经济等方面的专家的人数至少是4人。

另外，评标委员会中的技术、经济专家应由招标人在省级以上人民政府或国务院部门组建的综合评标专家库中确定。选择方式及程序是，一般招标项目可以采取随机抽取方式；特殊招标项目可以由招标人直接确定，如技术特别复杂、专业性要求特别高或者国家有特殊要求的招标项目，采用随机抽取方式确定的专家难以胜任时，可以由招标人直接确定。

(9) 定标

定标是招标人在评标委员会充分评审的基础上，最终确定中标人的过程。招标人根据评标委员会提出的书面评标报告和推荐的中标候选人确定中标人。招标人也可以授权评标委员会直接确定中标人。评标委员会经过评审，认为所有投标都不符合招标文件要求的，可以否决所有投标，招标人应该重新招标。

评标结束后，评标委员会的工作以评标报告的形式体现。在评标报告中，评标委员会向招标人推荐1~3名中标候选人，并标明中标候选人的排名顺序。中标候选人的顺序应是：最大限度满足招标人要求的投标人排名第一，次之的排名第二，再次的排名第三。招标人从中标候选人中选择中标人，确定中标人之后，招标人应向中标人发出中标通知书，并同时将中标结果告知所有未中标的投标人。

(10) 签订合同

招标人和中标人应当自中标通知书发出之日起30日内，按照招标文件和中标人的投标文件订立书面合同。

2.3.2 公开招标（资格后审）程序

公开招标（资格后审）程序如图 2-4 所示。

在公开招标程序中，资格审查采用资格后审，程序基本上与采用资格预审方式一样，不同之处在于：

（1）招标人在招标文件中，对投标人的资质提出明确要求，并要求投标人在提交的投标文件中，应包含相应的资质证明文件。

（2）招标人对投标人的资格审查在评标过程中进行，即通过评标委员会在初步评审过程中对投标人进行资格审查；然后，对通过资格审查的投标人进行详细评审。

评标委员会审查的内容与前文内容一样。

2.3.3 邀请招标程序

邀请招标（资格预审）程序如图 2-5 所示。

邀请招标（资格后审）程序如图 2-6 所示。

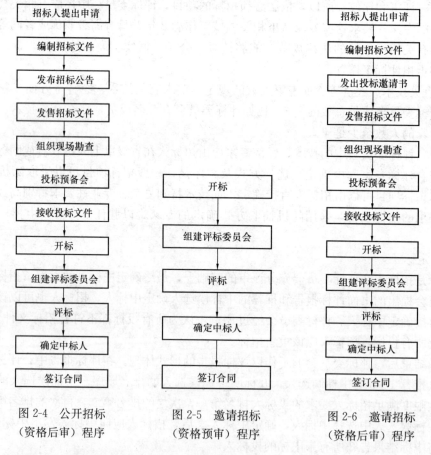

图 2-4 公开招标（资格后审）程序　　图 2-5 邀请招标（资格预审）程序　　图 2-6 邀请招标（资格后审）程序

（1）邀请招标程序和公开招标程序类似，但是也有一些不同之处。主要表现在公开招标时，要先发放招标公告，而在邀请招标中要向特定企业或其他单位发放投标邀请书。投标邀请书的具体内容和招标公告的内容基本一样，不再赘述。

（2）除了上述不同之处外，邀请招标与公开招标在资格预审和资格后审方面程序，基本一样。

2.4 招标采购文件

在招标采购过程中，需要编写诸如招标公告、投标邀请书、招标文件、资格预审文件、投标文件等文件，这一节就是要对这些文件做一个简要的介绍。

2.4.1 招标公告

当招标人采用公开招标的时候，需要通过报纸等媒介发布招标公告。

1. 招标公告的概念及特点

（1）概念

招标公告是指招标人在进行工程建设、货物采购、服务采购时，公布标准和条件，提出价格和要求等，以期从中选择承包人或供应商的一种文书。

在指定的媒介上发布招标公告，可以在全社会范围内吸引潜在的投标人前来投标，为招标人选择一家合适的项目实施人奠定坚实的基础。

（2）招标公告的特点

1）公开性

这是由招标的公开原则决定的。凡是投标人需要知道的内容，诸如购买招标文件的时间和地点、开标时间和地点、投标报名截止时间等，都应在招标公告中予以公开说明。

2）明确性

招标公告应明确招标人的目的、要求、时限和所能做出的承诺，从而使投标人能正确评估自己在此项目中的实际水平和能力，明确自己将得到的利益，避免无意义的竞争。

3）真实性

招标公告内容应当真实、准确和完整。投标人对招标公告的真实性承担法律责任，这样便于投标人做出是否投标的决策。

2. 招标公告的内容

招标公告的主要目的是发布招标信息，使那些感兴趣的投标人知悉，前来购买招标文件，编制投标文件并参加投标。因此，招标公告应包括哪些内容，或者至少应包括哪些内容，对潜在投标人来说是至关重要的。一般而言，在招标公告中，主要内容应为对招标人和招标项目的描述，使潜在的投标人在掌握这些信息的基础上，根据自身情况，做出是否购买招标文件并投标的决定。

招标公告的基本内容包括：

（1）招标条件，包含招标项目的名称、项目审批、核准或备案机关名称、资金来源、简要技术要求以及招标人的名称等；

（2）招标项目的规模、招标范围、标段或标包的划分或数量；

（3）招标项目的实施地点、交货地点或服务地点；

（4）招标项目的开始和完成时间，即工程施工工期、货物交货期或提供服务的时间等；

（5）对投标人或供应商的资质等级与资格要求；

（6）获取招标文件的时间、地点、方式以及招标文件的售价；

（7）递交投标文件的地点和投标截止日期；

（8）联系方式，包括招标人、招标或采购代理机构项目联系人的名称、地址、电话、传真、网址、开户银行及账号等联系方式；

（9）其他事项。

2.4.2 投标邀请书

招标人采用邀请招标的，需向特定的投标人发出投标邀请书。

1. 投标邀请书概念

投标邀请书是指采用邀请招标方式的招标人，向3个及以上（一般是3~10家）具备承担招标项目能力，并且资信良好的特定法人或者其他组织发出的参加投标的邀请书。在性质和目的上，投标邀请书和招标公告是一样的，都是希望他人（法人或者其他组织）参加招标项目的投标。

2. 投标邀请书的内容

投标邀请书在内容上和招标公告相差无几，只是不需要对投标人或者供应商的资质等级、资格再做要求，因为投标邀请书的发出对象已经经过招标人对资质和资格的仔细审查。

2.4.3 资格预审文件

1. 资格预审文件的概念

资格预审，指招标人在招标开始之前或开始初期，对申请参加投标的潜在投标人的资质条件、业绩、信誉、技术、资金等多方面情况进行资格审查。资格预审文件就是对潜在投标人的资质条件、业绩、信誉、技术、资金等做出具体规定和要求，并且明确资格预审标准的文件。

只有通过资格预审的潜在投标人，才可以参加投标。资格预审的目的是为了排除那些不合格的潜在投标人，减少开标和评标阶段的工作时间，进而可以减少评标阶段费用，提高招标工作的效率；并排除将合同授予不合格投标人的风险，保证招标人的利益不受损害。

2. 资格预审文件的内容

资格预审文件的内容一般包括：

（1）项目概况，主要内容包括招标项目名称、招标范围、资金来源、实施地点、招标人名称等内容；

（2）对申请资格预审的投标人的要求；

（3）资格预审方法，采用合格制或有限数量制；

（4）对投标人近年（一般为3年）完成相似项目的业绩和能力的要求；

（5）对投标人拟投入技术和管理人员的要求；

（6）对投标人财务状况的要求；

（7）对投标人信誉的要求；

(8) 其他事项，包括获取资格预审文件的时间和地点、资格预审文件的递交截止日期和地点、发出资格预审合格通知书的时间等。

对于不同的招标采购项目，资格预审文件的内容可能不尽相同。因此，应根据招标项目的具体特点编写资格预审文件。

2.4.4 资格预审申请文件

1. 资格预审申请文件的内容

资格预审申请文件是潜在投标人用来向招标人或者是招标代理机构证明其具备完成该招标项目能力的一种文件。该文件表明潜在投标人希望参加招标项目的招标投标活动，进而获得完成项目的权利。

从潜在投标人角度而言，资格预审申请文件是展现企业自身能力，使招标人对自己产生更深刻的了解从而增加自身中标的机会。

从招标人角度而言，通过资格预审申请文件可以更加全面、详细地了解各个潜在投标人，为选择一家实力雄厚的中标人做铺垫。

2. 资格预审申请文件的内容

资格预审申请文件的内容一般包括：

（1）资格预审申请函

资格预审申请函是申请人响应招标、参加资格预审的申请函，通过递交资格预审申请函，表明投标人同意招标人或其依法组建的资格审查委员会对其申请文件进行审查，并对所递交的资格预审申请文件及有关资料内容的完整性、真实性和有效性做出声明。

（2）法定代表人身份证明或附有法定代表人身份证明的授权委托书

1）如果资格预审申请文件由委托代理人签署，则申请人需提交附有法定代表人身份证明的授权委托书。授权委托书应按规定的书面方式出具，并由法定代表人和委托代理人亲笔签名，不得使用印章、签名章或其他电子制版签名。

2）如果由申请人的法定代表人亲自签署资格预审申请文件，则不需提交授权委托书。

（3）联合体协议书（以联合体申请投标时）

以联合体形式申请资格预审的，应具有联合体各方联合声明共同参加资格预审和投标活动的联合体协议。联合体协议书中应明确牵头人、各方职责分工及协议期限，承诺对递交文件承担法律责任。

（4）申请人基本情况表

"申请人基本情况表"应附企业法人营业执照副本（全本）的复印件（并加盖单位章）、安全生产许可证副本（全本）的复印件（并加盖单位章）、基本账户开户许可证的复印件（并加盖单位章）。

（5）近年财务状况表

包括申请人在近五年经会计事务所或审计机构审计的财务报表，包括资产负债表、利润表、现金流量表等，用于招标人判断投标人的总体财务状况以及盈利能力和偿债能力，进而评估其承担招标项目的财务能力和抗风险能力。

（6）近年完成的类似项目情况表

包括申请人应提供近年已经完成与招标项目性质、类型、规模和标准类似的工程名称、地址，招标人名称、地址及联系电话，合同价格，申请人的职责定位、承担的工作内容、完成日期，实现的技术、经济和管理目标及使用情况，项目经理、技术负责人等。

（7）正在承接的项目情况表

填报信息内容与"近年完成的类似项目情况"的要求相同。

（8）近年发生的诉讼及仲裁情况

申请人应提供近年来在合同履行中，因争议或纠纷引起的诉讼、仲裁情况，以及有无违法违规行为而被处罚的相关情况，包括法院或仲裁机构做出的判决、裁决、行政处罚决定等法律文件复印件。

（9）拟投入招标项目的技术和管理人员状况

申请人拟投入招标项目的主要技术和管理人员的身份、资格、能力，包括岗位任职、工作经历、职业资格、技术或行政职务、职称，完成的主要类似项目业绩等证明资料。

（10）其他材料

其他材料包括投标人认为可以证明其实力和资格的其他文件，比如获奖证书、廉洁自律承诺书、信誉承诺书等。

2.4.5 招标文件

招标文件是招标人向投标人发出的旨在向其提供为编写投标文件所需的资料，招标文件向投标人通报了招标投标将依据的规则、标准、方法和程序等内容。

招标文件是投标人编制投标文件的主要依据，同时招标文件也是签订合同协议书的依据，招标文件中的大部分内容将写入最终双方签订的合同协议书中。因此，招标文件编制的质量，直接关系到下一步的招标工作，对整个招标过程具有全局性影响。

招标文件主要包括招标公告（投标邀请书）、投标人须知、评标方法、合同条件、合同格式、技术标准和要求、投标文件格式等。

招标公告或者投标邀请书在前文已做介绍，下面主要介绍其他文件的内容。

（1）投标人须知

投标人须知是招标投标活动应遵循的程序规则和对投标的要求。投标人须知不是合同文件的组成部分，希望有合同约束力的内容应在构成合同文件组成部分的合同条款、技术标准与要求等文件中界定。

（2）评标标准和方法

评标方法一般包括经评审的最低投标价法、综合评估法和法律、行政法规允许的其他评标方法。

根据经评审的最低投标价法，能够满足招标文件的实质性要求，并且经评审的最低投标价的投标人，应当推荐为中标候选人。经评审的最低投标价法一般适应于具有通用技术、性能标准或者招标人对其技术、性能没有特殊要求的招标项目。

根据综合评估法，最大限度地满足招标文件中规定的各项综合评价标准的投标人，应当推荐为中标候选人。采用此种评标方式时，应将投标文件中满足招标文件中规定的各项评标标准折算为货币、分数或其他，而这些需要量化的因素及其权重应当在招标文件中明确规定。

（3）主要合同条款

主要合同条款是对项目业主、承包商或供应商、工程师的权利、义务的具体规定。一般包括通用条款和专用条款两大部分。

通用条款，是指对同一类招标项目都适用的合同条款。专用条款，是招标人根据项目的具体特点和需要，对通用条款加以进一步修改和补充，以形成适用于特定招标项目的具体合同条件。其作用在于使通用条款中的某些原则性条款具体化。

（4）合同格式

合同格式包括合同协议书格式、银行履约保函格式、履约担保书格式、预付款银行保函格式等。

（5）技术标准和要求

技术标准和要求也是合同文件的组成部分。技术标准的内容主要包括各项工艺指标、材料检验标准以及各分部、分项工程完成后的检验手段和验收标准等。

（6）投标文件格式

投标文件格式的主要作用是为投标人编制投标文件提供固定的格式和编排顺序，以规范投标文件的编制，同时便于评标委员会评标。

对于具体的招标项目，招标文件的具体内容是不一样的。对于工程招标文件，除了上述几项内容之外，还应包括工程量清单、设计图纸等内容。而在货物招标文件中，对货物主要技术参数的要求更加严格、全面、具体和准确。

编制招标文件时应注意以下问题：

（1）招标文件应充分考虑招标项目的特点和管理需求

招标项目涉及的专业较为广泛，具有明显的多样性和个体差异性，编写一套适应于具体项目的招标文件，需要准确把握项目专业特点。为此，编制过程中，编写人员须认真研究与招标项目有关的设计文件、国家标准、规范、规程，了解招标项目的特点和管理需求，将这些特点和要求，结合招标采购实际，体现在招标文件中。

（2）实质性要求和条件是招标文件应重点考虑的，并需采用醒目方式标明其内容

投标人须按照招标文件的要求编写投标文件，并对招标文件中的实质性要求和条件做出响应。如果投标人对招标文件中的某一条实质性要求或条件没有响应，会直接导致其投标遭受废标处理，使投标失败。因此，招标文件应采用醒目的方式标明需投标人响应的所有实质性要求和条件，包括投标人投标过程中和中标人履行合同过程中必须响应的条件或要求，如项目完成期限、投标有效期、招标范围、工期、质量要求等。

（3）防范招标文件中的违法、歧视性条款

招标文件须遵守现行法律法规，如合同法、招标投标法等，坚持公开、公平、公正原则，防止违法条款，特别是霸王条款在招标文件中出现；不得提出与采购项目无关或过高的资质、业绩要求等歧视性条款。

（4）招标文件术语、合同条款等应规范统一

招标文件应采用规范的，或惯用术语，以保证在语义理解上一致；对于新引进的技术、设备或材料等国内没有统一定义的术语，招标文件中应给出解释，以确定其内涵和外延。

依法必须进行招标项目的招标文件，应采用国家发展改革部门会同有关行政监督部门制定的标准文本，其他项目的合同条款应尽量采用国家工商总局推行的标准合同文本，从而保证招标文件逻辑清晰、表达准确，避免产生歧义和争议。

2.4.6 投标文件

投标文件是投标人对拟完成招标项目投入的人力、物力、财力等履约方式、方法进行的具体描述，以及对招标项目价格、完成期和质量等目标按照招标文件要求编制的要约文件。

投标文件的主要目的是对招标文件中的实质性要求和条件做出响应，以期达到要约的作用。这里所指的实质性条件和要求，一般是指招标文件中有关招标项目的合同价款、质量、履行期限、违约责任及处理方法等关键性的条件和要求。

1. 投标文件的主要内容

（1）投标函与投标函附录

1）投标函

投标函的内容包括投标人告知招标人本次所投的项目具体名称和具体标段，以及本次投标的报价、承诺的完成期和达到的质量目标等。

2）投标函附录

投标函附录通常附于投标函之后，其和投标函都是合同文件的重要组成部分，主要内容是对投标文件中涉及关键性或实质性的内容条款进行说明或强调。

投标函附录所约定的合同重点条款应包括标的缺陷责任期、逾期完工违约金、履约担保金额、提前完工奖金、价格调整差额计算、工程预付款、材料和设备预付款等对于合同执行中需引起投标人重视的关键数据。

（2）法定代表人身份证明或授权委托书

1）法定代表人身份证明

法定代表人代表法人行使民事权利。招标投标活动中，法定代表人的身份证明，主要用以证明其投标的有效性。

法定代表人身份证明一般包括：投标人名称、单位性质、成立时间、注册地、经营期限等法人信息。招标投标活动中，一般还应包括法定代表人姓名、性别、年龄等有关法定代表人的相关信息，一般由投标人加盖法人印章证明。

2）授权委托书

法定代表人不能亲自签署投标文件，办理投标事宜时，一般需由法定代表人授权代理人全权代表其在投标文件、签订合同履约等有关事项中享有权利并承担义务。

授权委托书一般应写明投标人名称、法定代表人姓名、代理人姓名、身份证号码、授权权限、生效期限或条件等。法定代表人授权委托书应由法定代表人本人签署才有效。授权委托书一般规定代理人不能再次委托，即代理人无转移委托的权力。

（3）联合体协议书（以联合体申请投标时）

在招标投标过程中，几个投标人若要联合起来，作为一个联合体进行投标的话，这个时候每个投标人均应签署并提交联合体协议书，作为一个投标人进行投标。

联合体协议书的内容有：

1）联合体协议书中首先必须明确联合体成员，其成员资格符合招标文件中规定的相应资格条件，否则将视为不响应招标文件而作为废标。

2）牵头人和成员的职责、权利及义务。

3）联合体协议书中的一项重要内容是明确联合体各成员的职责分工和专业范围，以便招标人对联合体各成员专业资质进行审查，并防止中标后联合体成员之间产生纠纷。

4）联合体协议书应按照招标文件规定盖章、签字后方可生效。

（4）投标保证金

招标人为了防止投标人在投标有效期内采取撤销或者修改投标的不当行为，而设置的在缔约过程中可能用来弥补招标人损失的费用。投标保证金是投标文件的组成部分，投标人需按招标文件规定的形式和金额提交投标保证金。采用银行保函形式的，银行保函有效期应与投标有效期一致。

1）投标保证金的形式

投标保证金的形式一般有银行电汇、银行汇票、支票、现金、信用证、银行保函、担保机构担保或招标文件中规定的其他形式。

2）投标保证金金额

投标保证金金额一般有相对比例金额和固定金额两种方式。这里，相对比例金额指以投标总价作为计量基数，投标保证金金额与投标报价相关；固定金额指在招标文件中按照招标项目估算价的一定比例列出的投标人应提交的统一金额，一般不超过招标项目估算价的2%。

（5）招标文件中规定的其他情况

以上内容是各种投标文件都必须有的，对于具体的项目，投标文件的内容不尽相同，应视具体情况编制投标文件。

2. 工程投标文件中的其他内容

（1）已标价的工程量清单

工程量清单是根据招标项目具体特点和实际需要编制的，并与投标人须知、通用合同条款、专用合同条款、技术标准与要求、图纸等内容相衔接。工程量清单中的计量、计价规则以招标文件规定为依据，并符合有关国家和行业标准的规定。

投标人根据招标文件中工程量清单以及计价要求，结合施工现场实际情况及施工组织设计，按照企业工程施工定额，结合市场人工、材料、机械等要素价格信息进行投标报价。

（2）施工组织设计（包括管理机构、施工组织设计、拟分包单位情况等）

工程施工招标的技术、组织和管理方案一般称为施工组织设计，包括以下内容：

1）项目管理机构，包括企业为项目设立的管理机构和项目管理班子。

2）施工组织设计，主要包括以下内容：

①编制依据；

②工程概况及其重点难点分析；

③施工部署，包括主要施工方案的选择、施工程序、施工组织安排等重大事项；

④施工进度计划；

⑤主要施工方法；

⑥施工总平面规划；

⑦主要机械、材料、劳动力等资源计划；

⑧主要技术措施，包括质量保证措施、安全消防措施、环境保证措施、文明施工保证

措施、季节性施工措施（如冬、雨期施工措施、项目风险预测与防范措施，事故应急预案等）；

⑨附图表（如施工总平面图、施工技术设计的附图、附表等）。

(3) 拟分包工程及分包人情况

拟分包工程及分包人情况。如有分包工程，投标人应说明工程的内容、分包人的资质以及以往类似工程的业绩等。

3. 货物投标文件中的其他内容

(1) 货物投标一览表

货物投标文件必须有投标一览表，其主要内容包括货物名称、数量、规格和型号、制造商名称、投标报价、投标保证金、交货期等。

(2) 货物投标报价表

货物投标应该按照招标文件中规定的报价内容和格式进行报价。投标人应认真阅读招标文件中的报价范围，按照其规定的招标范围、备品备件、伴随服务，以及合同履约的其他条件（如交货条件、付款条件、质量保证、运输保险等），按照其生产成本并结合市场行情进行报价。投标报价需包含所需货物及其包装费、保险费、各种税费、运输费等招标人指定地点交货的全部费用和技术服务等费用，一般包括总价和分项报价，其中投标总价应与各分项报价汇总结果一致。

(3) 货物供应组织方案

货物投标文件的供应组织方案一般包括以下内容：

1) 投标货物技术说明及证明资料证明投标货物质量合格并在性能上满足招标文件技术规格要求。

2) 货物技术规格详细说明文件对招标文件技术规格书要求逐条做出应答。

2.4.7 评标报告

评标报告，指评标结束后，评标委员会根据全体评标成员签字的原始评标记录和评标结论编写的报告。评标报告的主要作用是如实记录整个评标过程的基本情况，以备之后相关部门或者招标人核查之用；另一个重要作用是为招标人推荐中标候选人。评标委员会向招标人推荐1~3名中标候选人，并在评标报告中写明排列顺序。

评标报告一般包括如下内容：

(1) 招标项目基本情况说明；

(2) 评标委员会成员名单；

(3) 购买招标文件的投标人名单

(4) 符合招标要求的投标人一览表；

(5) 开标记录和评标情况及说明，包括投标无效的投标人名单及原因；

(6) 评标标准、评标方法或者评标因素一览表；

(7) 评标结果；

(8) 推荐的中标候选人名单及签订合同前要处理的事宜；

(9) 其他事项。

对于不同的招标项目，评标报告所包含的内容基本相同，但是考虑到每个项目自身的特点，评标报告也有所差别。因此，应视项目具体情况编写评标报告。

2.4.8 中标通知书

中标通知书，指招标人按照评标委员会完成的评标报告和推荐的中标候选人确定中标人后，向中标人发出的承诺接受其投标的书面凭证。

确定中标人以后，招标人应尽快向中标的投标人发出中标通知书，同时向未中标的投标人发出中标结果通知。一旦中标，投标人将受投标文件拘束；投标文件的内容具有使合同成立的主要条件。招标人向中标人发出的中标通知书，说明招标人同意接受中标人投标条件，即同意接受该投标人要约的意思表示，属于承诺。因此，中标通知书的发出不单是将中标结果告知投标人，还将直接承诺合同成立。

中标通知书的内容应当简明扼要，中标通知书主要作用在于告知中标人中标，明确双方签订合同协议书的时间、地点等事项。

2.4.9 合同协议书

合同协议书，指在中标通知书中约定的时间和地点，招标人和中标人根据招标文件和中标人的投标文件，双方依法签订的书面文件。招标人和中标人签订合同协议书是为了明确双方的责任、权利、义务关系，并为在招标项目实施过程中，规范双方的行为提供一种保障。

合同协议书与构成合同的其他文件，是招标人和中标人履行合同的依据，以工程承发包合同为例，其合同构成一般包括：

（1）合同协议书；
（2）中标通知书；
（3）投标函及投标函附录；
（4）专用合同条款；
（5）通用合同条款；
（6）技术标准和要求；
（7）图纸；
（8）已标价工程量清单；
（9）其他文件。

一般来讲，各个合同文件应能相互解释，互为说明。发生前后含义不一致时，上述合同文件的优先解释顺序为从前至后效力依次降低。

货物和服务招标采购项目的合同协议、履约担保以及合同文件的构成等，与工程承发包合同协议基本相似，但是货物、服务项目也有其特殊性或者具体规定，因此签订合同协议时，应充分视招标项目具体情况而定。

思考题

（1）什么是招标采购项目？招标采购项目分为哪几类？举例说明。
（2）招标采购项目实施需要具备哪些前提条件？依法招标项目满足什么条件就必须进行招标？
（3）什么是标段/标包？招标采购项目划分标段/标包有哪些益处？

(4) 什么叫公开招标，什么叫邀请招标？各有哪些优点、缺点？

(5) 什么叫自行招标，什么叫委托招标？各有哪些优点、缺点？

(6) 一个完整的招标采购过程包括哪些环节？写出招标采购流程。

(7) 什么是招标、投标、开标、评标和中标？

(8) 什么叫招标采购计划？它包括哪些内容？

(9) 招标采购项目存在哪些风险？怎样规避或转移招标采购风险？

(10) 分别写出完整的公开招标资格预审及公开招标资格后审流程。

(11) 写出完整的邀请招标流程。

(12) 什么是招标公告？招标公告有哪些特点？招标公告有哪些内容？投标邀请书有哪些内容？

(13) 资格审查有哪些基本内容？

(14) 评标委员会由哪些人组成？有关技术、经济专家要具备什么条件？怎样确定评标委员会成员中的技术、经济专家？

(15) 什么是资格预审文件？资格预审文件一般包括哪些内容？资格预审申请文件一般包括哪些内容？

(16) 什么是招标文件？招标文件一般包括哪些内容？编制招标文件应注意哪些问题？

(17) 投标文件一般包括哪些内容？工程施工组织设计一般包括哪些内容？

(18) 什么是评标报告？评标报告一般包括哪些内容？

(19) 什么是中标通知书？中标通知书在合同法意义上属于什么类别的文件？编制中标通知书应注意哪些问题？

(20) 什么是合同协议书？工程施工承发包合同一般由哪些内容组成？

第3章 其他采购基础

其他采购是相对于招标采购而言，指招标采购以外的采购方式。

3.1 其他采购方式

除了以招标方式进行采购外，其他采购方式也是经济建设中比较常用的。竞争性谈判、询价采购和单一来源采购等，是最常用的其他采购方式，每种采购方式均有一定的适用条件，其功用不完全一样。

首先看以下三个非招标采购方式进行采购的案例。

【案例 3-1】　竞争性谈判采购案例

某市政府采购中心受市政府采购管理办公室的委托，需要采购一批电脑、送稿器、一体机等设备，由于采购这批设备，时间比较紧迫，经过相关部门批准，采购中心对这批设备进行竞争性谈判的采购方式。采购中心发出竞争性谈判公告之后，经过谈判小组对参加谈判的供应商的资格证明、谈判保证金等进行审查，最终确定了5家供应商。

确定谈判供应商之后，谈判小组与各个供应商进行了两轮谈判。第一轮经过谈判，统一了技术规格和参数；第二轮为供应商最终报价。谈判小组通过谈判，最终选择了符合采购要求的供应商，之后，采购人与中标供应商签订了供应合同。

【案例 3-2】　询价采购案例

某招标公司受某市公安局交通巡逻大队委托，就该单位所需的警务通视频指挥调度终端设备——21台iphone4（黑色）32GWCDMA数字移动终端和25张USIM无线上网卡进行询价采购。在该招标公司发出询价通知书之后，共收到4家公司的询价响应文件。

经过询价小组的询价后，该市公安局确定了某供应商为成交供应商。随后，采购人与成交供应商签订了供货合同。

【案例 3-3】　单一来源采购案例

某市政府采购中心受市环境卫生管理局的委托，对其所需专用车进行单一来源采购谈判，特邀专门生产该种车辆的某公司参与谈判。谈判小组与供应商就采购项目的技术要求、市场价格、货物承诺等内容进行谈判。经过多轮谈判之后，谈判小组按照符合采购需求、质量和货物满足要求且报价合理的原则与供应商签订了采购合同。

从上面三个例子可以看出，这三种非招标采购方式在程序上与招标采购有着明显的区别，相互间也各不相同，适用于不同特征的项目和不同的竞争情况。目前，在我国政府采购中，除了招标采购外，上述三种方式都得到了广泛的应用。

3.2 竞争性谈判

竞争性谈判，指采购人通过与多家供应商（一般不少于三家）逐一讨价还价，就谈判标的制造、技术规格以及供应、运输、安装、调试和售后服务、价格等交易条件达成共识，最后从中确定成交供应商的一种采购方式。

3.2.1 竞争性谈判性质和特点

竞争性谈判采购对象的特点通常具有特别的设计或者特殊的竞争状况，需要就采购项目的技术条件、标准等先行达成共识，进而确定采购项目的价格。特别是，当采购人或采购代理机构与供应商就采购对象的制造、供应、服务的成本存在不同的技术要求或估价时，就不可避免地要采用这种谈判方法。而在多家供应商参与的情况下，采用竞争的方式，通过多轮谈判，多轮报价，对各种采购因素及细节在谈判过程中均充分讨论，使总体方案报价更容易接近实际的价格，并能常常调整，以取得价格上的共同利益。

3.2.2 竞争性谈判程序

竞争性谈判应该遵循一定的程序进行，才能保证采购的效果（详见图3-1），分述如下：

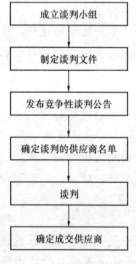

图 3-1 竞争性谈判程序

（1）成立谈判小组

谈判小组是代表采购人与供应商进行谈判的主体，是代表采购人利益，反映采购人需求，具有一定专业技术水平和谈判技巧的组织。谈判小组所起的作用是由竞争性谈判采购方式的特点决定的。按照这种采购方式，采购人要与被邀请参加谈判的供应商分别进行面对面的谈判，以明确采购对象的详细技术规格和性能标准，了解采购对象性质或附带的风险，并在此基础上提出比较接近实际的价格。

谈判小组应当包括采购人的代表和有关技术、经济等方面的专家，人数为3人以上的单数，其中专家的人数不得少于成员总数的2/3，同时，采购人代表应当是具备相应采购专业知识和技能，具有较为丰富的采购实践经验，并且经采购人授权能够代表其从事采购活动的自然人。有关专家是采购人根据采购对象的技术要求和特点而邀请的，他们都是熟悉谈判业务和采购对象，从事相关领域工作8年以上，且具有本科及以上学历、高级技术职称或有同等专业水平的人员。

（2）制定谈判文件

谈判文件应当明确谈判程序、谈判内容、主要合同条款以及评定成交标准等事项。具体内容在下一节做详细介绍。

（3）发布竞争性谈判公告

谈判文件准备好后，采购代理机构在主管部门指定的媒介上发布竞争性谈判公告，公布谈判项目需求、响应供应商资格条件、资格审查内容、日期、地点等，公告的时间一般不少于5个工作日。

（4）确定邀请参加谈判的供应商名单

谈判小组应依据法律法规和谈判文件的规定，对参加谈判供应商的资格证明等进行审查，以确定供应商是否具备参加谈判的资格，从而确定参加谈判的供应商名单。

（5）谈判

谈判小组按谈判文件中规定的时间、地点，逐一与参加谈判的供应商进行谈判，采购监督管理部门及有关部门可以视情况到现场监督谈判活动。

一般可以采用抽签或按递交谈判文件时间的先后顺序等方式，确定供应商谈判顺序。围绕谈判要点，谈判小组集中与单一供应商进行谈判，谈判一次为一个轮次。谈判轮次由谈判小组在谈判文件中确定并向供应商事先公布。

谈判的任何一方不得透露与谈判有关的其他供应商的技术资料、价格和其他依法需要保密的信息和资料。

（6）确定成交供应商

谈判结束后，谈判小组应当要求所有参加谈判的供应商在规定时间内进行最后报价，采购人从谈判小组提出的成交候选人中，根据符合采购需求、质量和服务的情况，确定成交供应商，一般采用符合采购需求、质量和服务相等且报价最低的原则确定成交供应商。竞争性谈判结束后，采购人应将确定的成交供应商结果及时通知所有参加谈判的未成交供应商。

3.2.3 竞争性谈判文件

竞争性谈判文件，指竞争性谈判中由谈判小组提出的与供应商谈判时使用的文件。从性质上讲，竞争性谈判文件属于竞争性谈判公告的细化和补充，与竞争性谈判公告一起同属于要约邀请文件。

谈判文件应至少包括以下内容：

（1）谈判邀请函

谈判邀请函包含的内容主要有：采购项目名称、采购内容、供应商资格条件、采购项目技术参数及要求、递交谈判文件的截止时间、地点等。

（2）谈判供应商须知

谈判供应商须知主要包括对谈判程序、谈判过程、谈判时间等一些程序和形式的规定。

（3）报价要求、谈判文件编制要求及谈判保证金递交方式

谈判文件需要对供应商递交的响应文件的编写格式、内容等做出详细规定，并规定供应商采用何种方式递交谈判保证金等。

（4）谈判供应商应当提交的资格、资信证明

谈判供应商应当提交法定代表人授权委托书、营业执照、生产和销售许可证等。

（5）谈判项目的技术规格、要求和数量，包括附件、图纸等。

（6）合同主要条款、交货时间与伴随服务，以及合同签订方式等。

（7）其他事项。

3.2.4 竞争性谈判适用范围

竞争性谈判适用于那些依法必须进行招标项目以外的项目，特别是：

（1）技术复杂或者性质特殊，不能确定详细规格或者具体要求的项目

此类项目是指由于采购对象的技术或者性质特殊，采购人不能事先确定采购货物的详细规格与技术要求，或者不能确定服务具体要求的采购项目，如一些特殊用途的医疗设备、特殊用途的软件设计与开发等。

（2）时间比较紧迫的项目

此类项目是指出现不可预见因素需要紧急采购，否则会造成国家利益、社会公共利益或他人合法权益受到侵害，且其他采购方式不能满足时间紧迫需求的采购项目。

（3）价格不能事先计算出来的项目

此类项目是指缺乏成本信息或使用经验，不能事先计算出项目价格总额的采购项目。

3.2.5 竞争性谈判优缺点

竞争性谈判是一种常用的非招标竞争采购方式，与招标采购相比其主要的优缺点如下：

（1）优点

1）具有特殊规格的项目，供应商数目少，采用竞争性谈判便于与供应商就合同履行细节，按采购项目实际需要逐一谈判确定，有利于合同履约；

2）有利于采购急需的货物或服务；

3）选择供应商或服务提供者可以兼顾其以往的业绩和信誉，从而防范采购风险；

4）有利于国家有关政策和采购人、供应商互惠互利的目标实现。

（2）缺点

1）谈判在保密情况下进行，易给采购双方提供串通舞弊的机会；

2）参与谈判供应商数量较少时，易造成供应商提价或串谋，采购成本控制目标较难实现。

3.3 询价采购

询价采购，是指采购人向国内外有关供应商（一般不少于3家）发出询价单让其一次性报价，然后在报价基础上进行比较并确定成交供应商的一种采购方式。

3.3.1 询价采购特点

询价采购有以下特点：

（1）邀请报价的供应商数量一般不少于3个。当供应商数量少于3家时，供应商之间的竞争程度降低，对采购人不利，起不到控制采购成本的目标。

（2）供应商报价时，只能报出一个有效价格，而且一经报出不许修改。这种采购方式类似于招标采购，但时间上相对灵活。

（3）采购合同一般授予符合采购实质性要求且报价最低的供应商或承包商。

3.3.2 询价采购程序

采取询价方式采购的,应当遵循一定程序,以确保采购目标的实现,详见图3-2。

(1) 成立询价小组

询价小组由采购人代表和有关技术、经济专家组成,人数为3人以上单数,且专家人数不少于成员总数的2/3。询价小组应当对采购项目的价格构成和评定成交标准等事项做出规定。

(2) 发出询价公告

在指定媒介上发布询价公告,根据询价项目设定合理的供应商资格条件,考虑到充分竞争,一般应尽可能多地让供应商参与询价。

询价公告基本内容有:采购项目编号;采购项目名称;采购内容;供应商资格和采购项目技术规格和参数;获取询价文件的时间、地点和方法;递交报价文件的截止时间、地点;采购项目联系人的姓名、地址和通讯方式等。

图3-2 询价采购程序

(3) 确定被询价的供应商名单

询价小组根据采购需求,从符合相应资格条件的供应商名单中确定不少于3家的供应商,并向其发出询价通知书让其报价。

(4) 询价

询价小组要求被询价供应商一次性报出不得更改的价格。

(5) 确定成交供应商

询价小组完成询价工作后,形成询价报告提交给采购人,由采购人确定成交供应商。采购人确定成交供应商后,需将结果通知所有被询价的未成交供应商。

3.3.3 询价采购文件

询价采购文件是在询价采购过程中,采购人向供应商发出的文件。询价采购文件与询价采购公告一起,构成要约邀请文件。

询价文件的主要内容一般有:

(1) 采购项目名称、数量、技术参数要求;
(2) 履约期限及交货地点;
(3) 供应商、承包商应携带的资格证明资料;
(4) 递交报价单的方法、地点和截止时间;
(5) 其他事项。

3.3.4 询价采购适用范围

询价采购方式,主要适用于那些依法必须进行招标项目以外的项目,特别是现货货源充足且标准、规格统一的工程、货物或服务的采购项目。对于采购的货物规格、标准统一、现货货源充足,价格变化幅度小的采购项目,当并非按采购人的特定规格专门制造、提供货物或服务时,采用询价采购方式往往可以实现采购人的采购目标。

3.3.5 询价采购优缺点

询价采购是一种较为常用的采购方式，与招标采购方式相比，其优缺点主要表现在：

(1) 优点

1) 询价采购不是面向整个社会所有的供应商，而是在对供应商充分调查的基础上，筛选出产品质量好、价格低、企业实力强、信誉度高的供应商，从而保证合同顺利履约；

2) 询价采购过程相对简单，时间灵活，从而在控制采购成本较低的同时保证较高的效率。

(2) 缺点

询价采购过于倾向报价，忽视审查和确认供应商履约能力，不易实现优中选优的竞争结果。

3.4 单一来源采购

单一来源采购也称直接采购，指采购人向供应商直接购买的采购方式，是一种非竞争性采购，仅适用于依法必须进行招标项目以外的项目。

3.4.1 单一来源采购性质

单一来源采购是一种没有竞争的采购方式，是采购人在适当的条件下，依法向单一的供应商或服务商采购货物、工程或服务的行为，适用于所购商品来源渠道单一，或属专利、合同追加、原有项目的后续补充等特殊情况，一般只能由一家供应商供货或原服务商提供服务。

3.4.2 单一来源采购程序

单一来源采购程序见图 3-3。

(1) 确定采购方式

采购项目满足单一来源采购适用条件时，经采购管理部门批准，可以采用单一来源采购方式。确定采购方式之后，在谈判小组的协助下，采购人就可以向单一来源的供应商或服务商采购货物、工程或者服务。

(2) 成立合同谈判小组

谈判小组由采购人的代表和有关专家组成。谈判小组应当对采购项目合同履行事项、价格构成、谈判策略、谈判程序等事项进行事先规划或准备。

(3) 制定谈判计划

谈判计划是采购人提出的供谈判双方使用的程序性文件。谈判计划应明确规定谈判程序、谈判内容、谈判时间、参与人等。制定科学、周密而翔实的谈判计划是采购人实现其预期目标的关键性步骤。

(4) 谈判

谈判，即采购人与供应商或服务商，按照谈判计划就合同实质性内容，以及履约细节进行协商的交易过程，这是整个单一来源采购程序的主要过程。

(5) 签订合同

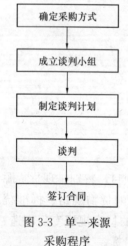

图 3-3 单一来源采购程序

谈判结束后，采购人根据双方谈判结果和达成的共识，拟定合同条款并与供应商签订采购合同。

3.4.3 单一来源采购适用范围

单一来源采购一般适用于以下情形：

（1）只能从唯一供应商处采购的项目

此类项目是指由于专有技术、工艺或专利保护等原因，采购标的只能由特定的供应商或服务商提供，且不存在任何其他合理的选择或替代。在这种情况下，不可能采用竞争采购方式寻找更多的供应商，只能采用单一来源采购方式。

（2）紧急需要采购的项目

当不可预见事件导致出现异常紧急情况，竞争采购方式程序相对复杂，不可能在很短的时间内完成采购，单一来源采购方式由于程序相对简单，往往可以满足紧急采购的要求，所以单一来源采购方式经常被用于紧急采购项目。

（3）必须保证原有采购项目的一致性或服务配套的要求，需要继续从原供应商处添购的项目，例如，政府采购项目要求添购资金总额不超过原合同采购金额10%的。

3.4.4 单一来源采购优缺点

单一来源采购与招标采购相比，其优缺点主要表现在如下几个方面：

（1）优点

1）采购货物来源途径单一，只能与唯一的供应商签订合同，从而采购环节相对较少，手续相对简单，过程也较为简化。

2）采购程序简单，使得单一来源采购具有很强的时效性，特别是在紧急采购时，这种方式可以发挥较好的作用。

（2）缺点

1）单一来源采购缺乏必要的竞争，所以就其竞争态势而言采购人往往会处于不利地位。单一供应商有可能会凭借无人与其竞争的优势，提高采购价格，或者提出其他各种附加条件或要求，造成采购标的成本增加。

2）为了获得更多利益，易发生供应商在谈判过程中贿赂采购人代表的行为。

思考题

（1）什么是非招标采购方式？常见的非招标采购方式有哪些？
（2）怎样组织竞争性谈判？它有哪些特点？哪些采购项目适用竞争性谈判？
（3）竞争性谈判文件包含哪些内容？
（4）竞争性谈判与招标采购比，有哪些优点，有哪些缺点？
（5）怎样组织询价采购？它有哪些特点？哪些项目适合询价采购？
（6）询价采购文件包含哪些内容？
（7）询价采购与竞争性谈判相比有哪些相同点，哪些不同点？
（8）询价采购与招标采购相比，有哪些优点，哪些缺点？
（9）什么是单一来源采购？怎样组织单一来源采购？
（10）什么样的采购项目适合单一来源采购，与招标采购相比，它有哪些优点，哪些缺点？

第4章 采购经济选择理论

采购经济选择理论,即人们从采购实践推演中抽象概括出来的关于采购选择的基本原则、原理和规律的认识。这种理论体系是建立在微观经济学和运筹学基础上的,同时兼顾采购特色,是实际招标采购选择目标,确定中标人或成交供应商的基本准则。

4.1 选择经济收益

4.1.1 经济选择问题

怎样选择或合理分配有限资源,以使其服务于人类社会的功用得到最大程度的发挥,这是经济建设与管理中需要解决的一类核心问题。这类问题一般可以归结为在给定条件下,寻找分配或选择的最优方案,数学表示为在一定约束条件下寻求目标函数的最优值问题。

【案例 4-1】 产品规划问题

某电冰箱厂生产Ⅰ、Ⅱ、Ⅲ三种型号的电冰箱,这三种电冰箱的市场需求量分别为Ⅰ型电冰箱160台,Ⅱ型电冰箱200台,Ⅲ型电冰箱120台。该厂每天有效工时为900个时间单位,可用原材料每天1800个单位。生产一台不同型号的电冰箱所需工时及原材料单位数量见表4-1。

生产一台不同型号的电冰箱所需工时及原材料单位数量　　　　表4-1

型号	原材料	工时	最低需求量(台)	利润(元)
Ⅰ	2.0	4.0	160	25
Ⅱ	2.5	3.0	200	30
Ⅲ	4.0	3.5	120	28
资源利用量	1800	900		

现在的问题是,不同型号的电冰箱每天应生产多少台才能使该厂获取最大利润。

假设 x_i, $i=1,2,3$ 分别为每天Ⅰ、Ⅱ和Ⅲ型电冰箱的生产数量,则表4-1给出的约束条件为

$$\begin{cases} 2x_1 + 2.5x_2 + 4x_3 \leqslant 1800 \\ 4x_1 + 3x_2 + 3.5x_3 \leqslant 900 \\ x_1 \geqslant 160, x_2 \geqslant 200, x_3 \geqslant 120 \end{cases} \quad (4-1)$$

而获取最大利润,即目标函数为 $\max f(x_1,x_2,x_3)$,这里,

$$f(x_1,x_2,x_3) = 25x_1 + 30x_2 + 28x_3 \quad (4-2)$$

这个例子仅追求一个目标,即利润最大化。在实际经济中,追求多目标效益,进而实

现多种收益是经济管理的一种较普遍现象，例如下面这个例子。

【案例 4-2】 农场种植规划问题

某国有农场有 2.4 万亩良田，准备种植玉米、大豆和小麦三种农作物。多年的实践表明，每亩需施化肥量：玉米 0.14t/亩，大豆 0.12t/亩，小麦 0.18t/亩，预计秋收后每亩产量：玉米 300kg，大豆 250kg，小麦 400kg，售价分别为：玉米 0.30 元/kg，大豆 1.30 元/kg，小麦 0.80 元/kg。该农场年初计划如下：

(1) 年终农场收益不少于 400 万元；
(2) 年总产量不低于 1.4 万 t；
(3) 小麦产量以 0.6 万 t 为宜；
(4) 大豆产量不低于 0.2 万 t；
(5) 玉米产量最多 0.55 万 t；
(6) 农场去年底签订的化肥量 5000t。实施过程中若不够可在市场上购买，但价格远远高于上年合同价，所以希望新购买化肥量越少越好。

假设选择种植玉米 x_1 亩，大豆 x_2 亩，小麦 x_3 亩，年终总收益 $f_1(x)$，总产量 $f_2(x)$，新购化肥量 $f_3(x)$，则上述问题化为：

$\max f_1(x_1,x_2,x_3)$，$\max f_2(x_1,x_2,x_3)$ 和 $\min f_3(x_1,x_2,x_3)$，这里

$$f_1(x_1,x_2,x_3) = 90x_1 + 325x_2 + 320x_3 \geqslant 3.5 \times 10^6$$
$$f_2(x_1,x_2,x_3) = 300x_1 + 250x_2 + 400x_3 \geqslant 1.25 \times 10^7 \quad (4\text{-}3)$$
$$f_3(x_1,x_2,x_3) = 0.14x_1 + 0.12x_2 + 0.18x_3 - 5000$$

需要满足的约束条件为：

$$\begin{cases} x_1 + x_2 + x_3 \leqslant 24000 \\ 300x_1 \leqslant 0.55 \times 10^4 \\ 250x_1 \geqslant 0.2 \times 10^4 \\ 400x_3 = 0.6 \times 10^4 \\ x_1 \geqslant 0, x_2 \geqslant 0, x_3 \geqslant 0 \end{cases}$$

注意，这里追求的最优为 $\max f_1(x_1,x_2,x_3)$，$\max f_2(x_1,x_2,x_3)$ 和 $\min f_3(x_1,x_2,x_3)$ 三个目标，即多目标优化。

在经济决策过程中，还有一类活动与进程有关，其决策过程可以分成若干个互相联系的阶段，且对每一阶段做出决策形成决策序列，以使整个过程获得最佳收益，这种过程称为多阶段决策过程，对应的问题称为多阶段决策问题。

【案例 4-3】 最短线路问题

物流规划中，常需在国家公路网上寻求出发地到目的地之间的最短道路，以节省运输成本。图 4-1 即是一个公路路网，其中所标数字为各节点间的公路里程。

现在，要将订购的两台 10kV 变压器从 A 点运抵 O 点，每台变压器重 6t，运费为 0.5 元/km。怎样选择一条从 A 点到 O 点的最短行车路线以使运费最少？这就是最短线路问题。

4.1.2 商品效用

商品效用即商品满足消费者某种需求的功能，经济学中定义商品的效用为消费者消费

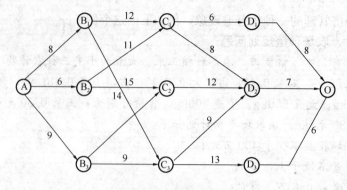

图 4-1 公路路网

物品和服务时所获得的综合满足程度。商品效用的大小因人而异，因具体情况而不同，依赖于消费者特定情境下的主观评价。消费者购买商品就是购买其效用，以满足自己的各方面需求，因此，是否做出购买的决定在于其个人对商品效用大小的评价。

效用概念体现出理性消费者的消费决策本质上并不取决于商品本身和他人的评价，而是取决于自己的评价，取决于这些商品在多大程度上能有效满足自己的欲望。因此，一个理性消费者应该是依据自己的欲望和可支配收入，选择对自己最优的方案，从而使自己获得满足或使效用最大化。

既然效用基于消费者的主观心理评价，对效用的度量就遇到了困难。一些经济学家认为效用无法直接度量，但是可以间接度量，即可以通过消费者所愿支付的价格来间接度量效用。这种理论称为基数效用理论，基数效用是指效用可以用数字价格表示其度量单位，并比较其大小，而且可以加总求和。例如 1kg 苹果，消费者愿意支付 15 元的价格，那就表示消费者对 1kg 苹果效用的评价值为 15 元或 15 个效用单位。此时如果以 20 元价格出售，消费者就不会购买；1 套服装，消费者愿支付 500 元，那就表示这套服装给消费者带来的效用值为 500 元（或 500 个效用单位），二者的总效用是 15+500=515（效用单位）。因此，基数效用论者认为，可以用价格间接度量效用，并比较效用的大小。一般地，商品效用可以简单理解为定义其上的一个序函数 $\mu: X \to [0, +\infty]$，即如果商品 A 的效用比商品 B 好，即 A>B，则有一定有 $\mu(A) > \mu(B)$。相对于基数效用理论，另一些经济学家认为消费者在市场上所做的并不是权衡商品效用的大小，而只是在不同的商品之间进行排序，称为序数效用理论。

4.1.3 采购收益

采购当事人，即需方（采购人）和供方（中标人或供应商），这里的中标人或供应商是采购人依据采购需求，以追求采购经济效益、保证项目质量为目标，通过市场竞争优化的选择结果。

采购收益表现在两个方面：一是采购经济收益，即采购标的带给采购主体的直接收益，如购买某一设备带来的使用价值；二是供应商提供服务的能力，即履行合同的能力，如工程承包商依合同完成工程施工的能力。实际采购过程中，往往并不能片面追求一个方面，而是这两者的有机结合。如工程施工发包中，不能片面追求低的投标报价，而是综合考虑报价、施工组织设计和施工企业商誉等多个方面。

采购收益的两个方面内容可以统一称之为采购经济效益，指在市场采购过程中投入资金，与它所产生的社会经济效用，包括微观经济效益与宏观经济效益两种，其中，采购微观经济效益是从采购人个体获得的直接经济效益，而采购宏观经济效益则是指采购行为在社会经济体系中起的作用以及由此产生的经济效益。所以，采购消耗的社会资源越少，采购效益越高，同时，采购结果的社会需求满足程度越高，采购效益也越好。

采购微观经济效益和宏观经济效益可以用下面两个公式计算：

$$C_W = C_B - C_S - C_P, \tag{4-4}$$

$$C_H = (C_B + \sum_i C_i) - (C_S + C_P + \sum_{i=1}^n C_{Ti}) \tag{4-5}$$

式中，C_W——货币化的采购微观经济效益；

C_H——货币化的宏观经济效益；

C_B——采购预算额；

C_S——采购成本费；

C_P——合同价格；

C_i——货币化的第 i 项社会收益；

C_{Ti}——第 i 个投标人或竞争人的直接成本费。

采购人的目的是实现采购微观经济效益和宏观经济效益最大化，即确定满足 $\max C_W$ 和 $\max C_H$ 的投标人或供应商为中标人或成交供应商。

4.1.4 招标采购条件

招标采购作为市场经济中优化资源配置的一种竞争机制，除满足一般采购中供给与需求关系外，从当事人和招标投标市场运行机制看，还需要满足以下三个假设条件：

条件1：招标采购行为符合经济学中理性选择准则

经济学中假设人的经济行为是理性的，即人的经济行为是在综合了自身价值判断、估计了别人看法和综合考虑社会规范后，经过理性思考做出的决定。一般包括：（1）行为，即在一定时间和环境中采取的有指向性行动；（2）意向，决定采取某种行为的直接因素；（3）态度，对某种行为积极的或消极的感觉；（4）信念，对特定行为的认识和后果的主观估计；（5）模式，对他人评价的看法等。与理性行为相对应的，是非理性行为，即人在非理性状态下的行为。

招标采购理性选择准则，实质上要求在对两对影响因子 $(x_1, x_2, \cdots\cdots, x_n)$ 和 $(y_1, y_2, \cdots\cdots, y_n)$ 和面前的选择行为：

如果 $\mu(x_1, x_2, \cdots\cdots, x_n) < \mu(y_1, y_2, \cdots\cdots, y_n)$，则选择 $(y_1, y_2, \cdots\cdots, y_n)$；否则选择 $(x_1, x_2, \cdots\cdots, x_n)$。

即其选择的目标偏好为 $(x_1, x_2, \cdots\cdots, x_n) < (y_1, y_2, \cdots\cdots, y_n)$，以使目标效用函数达到最优。

条件2：满足采购需求的目标数不少于最低竞争数

这一条件是招标投标制度能够实施的市场供应条件，即在市场上存在多个满足需求的目标，进而能够形成有效竞争的基础。在我国，招标投标法规定的最低竞争数量为3个。相反，如果市场上只有一个供应商，"独此一家，别无分店"，则不可能形成竞争，这就是完全垄断市场。例如一些城市基础设施建设,由于自然垄断的原因,如城市燃气、热力、供电、供水、公共交通等一般都只有一个供应主体。

条件3:投标行为是完全竞争而不是合作竞争

竞争是社会主义市场经济的基本特征之一。完全竞争是招标投标制度在资源配置中基础性作用的市场条件。这一条件要求投标人按照其自身能力,结合其发展战略,优先考虑其经济收益最大化。投标人之间在具体项目的投标上是完全竞争关系,不存在合作。如果存在合作,就会围标,从而损害招标人利益。

4.2 边际效用分析

4.2.1 总效用和边际效用

1. 效用关系

总效用,指消费者消费一定量的某种物品时所得到的总的满足程度;边际效用,指每增加一个单位物品的消费量时所增加的满足程度。边际的含义是表示一单位的自变量的变化量所引起的因变量的变化量。在边际效用中,自变量是某物品的消费量,而因变量则是满足程度即效用。消费量变动所引起的效用变动即为边际效用。可以用某商品效用表(见表4-2)来说明总效用和边际效用的关系。

某商品效用　　　　　　　　　　　　表4-2

商品数量(Q)	总效用(TU)	边际效用(MU)
0	0	
1	20	20
2	36	16
3	48	12
4	56	8
5	60	4
6	60	0
7	56	−4

根据表4-2,可以制成总效用图和边际效用与商品数量关系图4-2。

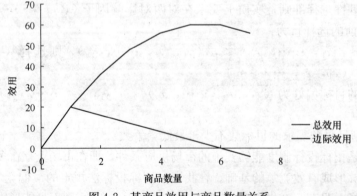

图4-2 某商品效用与商品数量关系

图 4-2 中，横轴代表商品的消费量，纵轴代表效用，曲线为总效用曲线，表示总效用与商品数量的关系；向下倾斜的直线为边际效用曲线，表示边际效用与商品数量的关系。

2. 效用变化规律

从表 4-2 和图 4-2 中可以看出，当消费 1 个单位的商品时，总效用为 20 个效用单位。这时，消费量增加了 1 个单位，效用增加了 20 个效用单位，所以，边际效用是 20 个效用单位。当消费 2 个单位的商品时，总效用从 20 个单位增加到 36 个效用单位，所以边际效用为 16 个效用单位。依次类推，当消费 7 个单位的商品时，总效用为 56 个效用单位，而边际效用为 -4 个效用单位，即消费第 7 个单位的商品所带来的是负效用。

由此可以看出，边际效用是呈现出递减的特征，这种情形是普遍存在的，因此被称为边际效用递减规律。这一规律可以表述如下：在一定时间内，在其他商品的消费数量保持不变的条件下，随着消费者对某种商品消费量的增加，消费者从该商品连续增加的每一消费单元中所得到的效用增量，即边际效用，是递减的。例如：一个人饥饿的时候，吃第 1 个面包会给他带来相当大的满足，即效用是很大的，随着这个人所吃面包数量的连续增加，虽然总效用开始时是增加的，但每一个面包给他所带来的效用增量即边际效用是递减的。当他完全吃饱的时候，面包的总效用达到最大值，而边际效用却降为零。如果他还继续吃面包，就会感到不适，这意味着面包的边际效用进一步降为负值，总效用也开始下降。

边际效用递减的原因，可以用以下两个理由来解释：

（1）生理或心理的原因，消费一种物品的数量越多，即某种刺激的反复使人生理上的满足或心理上的反应减少，从而满足程度就会减少。连续消费同一种物品时，就会有这种感觉。

（2）物品本身用途的多样性，这些用途的重要性不同。物品数量很少时，人们通常把有限的物品用于最重要的方面，随着该商品数量的增加，人们会将它们用于其他次重要性的用途，因此总效用下降。例如，在水资源匮乏的地区，人们首先把水用于饮水，然后是洗澡、洗衣，而饮用、洗澡、洗衣对人们的重要性是依次递减的。

消费者用货币购买商品，实际上是用货币的效用去交换商品的效用。商品的边际效用递减规律对于货币同样适用。对于一个消费者来说，随着其货币收入量不断增加，货币的边际效用是递减的，这就是说，随着某消费者货币收入的逐步增加，每增加 1 元钱给该消费者所带来的边际效用是越来越小的。一般在分析边际消费者行为时，假定货币的边际效用是不变的。通常情况下，单位商品的价格只占消费者总货币收入量中的很小部分，所以，当消费者对某种商品的购买量发生很小变化时，其所支出货币的边际效用变化是非常小的，对于这种微小的货币边际效用的变化，可以略去不计，因此，货币的边际效用通水简略认为是一个不变的常数。

4.2.2 无差异曲线分析

1. 消费者偏好假定

当消费者需要多种商品时，消费者面临选择不同商品数量进行组合的问题。消费者偏好的差异决定了消费者对不同商品组合的效用评价是不同的。具体地讲，对于 A、B 两个商品组合，若某消费者对 A 组合的偏好程度大于对 B 组合的偏好程度，则可以说 A 组合的效用水平大于 B 组合。

一般地，对消费者偏好有以下三个基本的假设条件：

（1）完全性。对于任何两个商品组合 A 和 B，消费者总是可以做出，而且也只能做出以下三种判断中的一种：对 A 的偏好大于对 B 的偏好，对 A 的偏好小于对 B 的偏好，对 A 和 B 的偏好相同。对 A 和 B 具有相同的偏好，也被称为 A 和 B 是无差异的。

（2）可传递性。对于任何三个商品组合 A、B 和 C，如果消费者的偏好是 A>B，B>C，则必定有 A>C。

（3）非饱和性。如果两个商品组合的区别仅在于其中一种商品数量的不同，那么，消费者总是偏好于含有这种商品数量较多的那个组合。例如，对于商品组合 A：2X+5Y 和商品组合 B：4X+5Y，消费者对 B 组合的偏好要大于对 A 组合的偏好。

2. 无差异曲线及其特点

无差异曲线和偏好是联系在一起的。无差异曲线用来表示消费者偏好相同的两种商品的不同数量的各种组合。或者说，它是表示能给消费者带来相同的效用水平或满足程度的两种商品的不同数量的各种组合。在研究两种商品组合的情况下，与无差异曲线相对应的效用函数为：

$$u = f(X_1, X_2) \tag{4-6}$$

其中，X_1 和 X_2 分别为商品 1 和商品 2 的数量；u 为常数，表示某个效用水平。

由于无差异曲线体现的是序数效用理论，所以，这里的 u 只需表示某一个效用水平，而不在乎其具体数值。表 4-3 是由某消费者关于商品 X 和商品 Y 的不同组合所构成的无差异表。

某消费者关于商品 X 和 Y 的不同无差异组合　　　　　　表 4-3

商品组合	无差异组合	
	X	Y
Ⅰ	4	24
Ⅱ	8	12
Ⅲ	12	8
Ⅳ	16	6

这里的 Ⅰ、Ⅱ、Ⅲ、Ⅳ四种组合带给消费者的效用都是相等的，把各种不同组合的点连接起来就生成了一条无差异曲线图 4-3。

需要注意的是，无差异曲线上的每一点都代表一种组合，且每种组合带给消费者的效用水平是相同的。显然，无差异曲线是消费者偏好相同的两种商品的各种不同组合的集合。每一条无差异曲线代表一个效用水平，不同的无差异曲线代表不同的效用水平。

无差异曲线具有以下特点：

（1）在同一坐标平面上存在着无数条无差异曲线，分别代表不同的效用水平。离原点越近的无差异曲线代表的效用水平越低，离原点越远的无差异曲线代表的效用水平越高。

（2）在同一坐标平面上的任意两条无差异曲线不会相交。如果相交，就违背了消费者偏好的第一个假定。

（3）无差异曲线是凸向原点的。从图 4-3 可见，无差异曲线不仅是向右下方倾斜的，即无差异曲线的斜率是负值，而且，无差异曲线是凸向原点的，即随着商品 X 的数量连续增加，无差异曲线斜率的绝对值是递减的。无差异曲线的这一特点是由商品的边际替代率递减规律所决定的。

3. 商品边际替代率及变化规律

当沿着一条既定的无差异曲线上下滑动时，两种商品数量的组合会发生变化，但消费者所得到的效用水平却是不变的。也就是说，在维持效用水平不变的条件下，增加其中一种商品消费量的同时，必然会减少另一种商品的消费量。由此可以得到商品边际替代率的概念：在维持效用水平或满足程度不变的条件

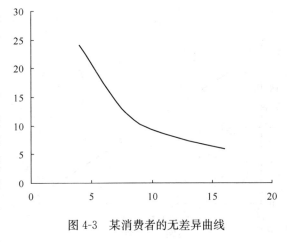

图 4-3 某消费者的无差异曲线

下，消费者增加一种商品的消费量与减少另一种商品的消费数量之比。

以 RCS 代表商品边际替代率，则商品 1 对商品 2 的边际替代率公式为：

$$RCS_{12} = -\frac{\Delta X_2}{\Delta X_1} \tag{4-7}$$

这里，ΔX_1 和 ΔX_2 分别为商品 1 和商品 2 的变化量。由于 ΔX_1 和 ΔX_2 的符号肯定是相反的，为了使商品的边际替代率取正值以便于比较，所以，在公式中加了一个"—"号。

商品边际替代率呈现递减规律，指在维持效用水平不变的前提下，随着一种商品消费数量的连续增加，消费者为得到每一单位的这种商品所需放弃的另一种商品的消费数量是递减的。

商品边际替代率递减的原因在于：随着一种商品消费数量的逐步增加，消费者想要获得更多该商品的愿望就会递减，相应地他为了多获得一单位的这种商品而愿意放弃的另一商品的数量就会越来越少。

4.2.3 消费预算线

需求不等于欲望，任何消费者在购买商品时总要受到其货币收入水平的限制，因此，在分析消费者行为时需建立消费者的预算约束线。

1. 消费预算线

消费预算线又称为预算约束线，表示在消费者收入和商品价格既定的条件下，消费者的全部收入所能购买的两种商品不同数量的各种组合。可以用下面的例子说明：假定某消费者有一笔 1000 元的收入，全部用来购买商品 1 和商品 2，商品 1 的价格为 40 元，商品 2 的价格为 50 元。那么，他将全部收入用来购买商品 1 可得 25 单位，全部收入都用来购买商品 2 可得 20 单位。由此做出的预算线为图 4-4 中的 AB 线段。

预算线 AB 把平面坐标图划分为三个区域：预算线 AB 上方区域中的任何一点，如 C 点，是消费者利用全部收入不可能实现的商品购买的组合点。预算线 AB 下方区域中的任何一点，如 D 点，表示消费者的全部收入在购买该点的商品组合以后还有剩余。唯有预算线 AB 上的任何一点，才是消费者的全部收入刚好花完所能购买到的商品组合点。

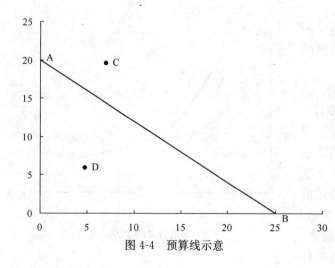

如果以 I 表示消费者的既定收入，以 P_1 和 P_2 分别表示已知的商品 1 和商品 2 的价格，以 X_1 和 X_2 分别表示商品 1 和商品 2 的数量，那么，预算线的方程为：

$$I = P_1 X_1 + P_2 X_2 \quad (4\text{-}8)$$

该式表示，消费者的全部收入 I 等于他购买商品 1 的支出与购买商品 2 的支出的总和。由此可知，消费者全部收入购买商品 1 的数量为 I/P_1，它是预算线在

图 4-4 预算线示意

横轴的截距，即图 4-4 中的 OB 段。消费者全部收入购买商品 2 的数量为 I/P_2，它是预算线在纵轴的截距，即图 4-4 中的 OA 段。预算线的斜率计算公式为：

$$-\frac{OA}{OB} = -\frac{\dfrac{1}{P_2}}{\dfrac{I}{P_1}} = -\frac{P_1}{P_2} \quad (4\text{-}9)$$

这说明预算线的斜率可以表示为两商品价格之比的负值，因此预算线又称价格线。

2. 预算线变化

由于预算线是由消费者的收入和商品价格水平所决定的，因此收入或商品价格的变动必然会引起预算线的变动。

预算线变化可归纳为以下四种情况：

(1) 两种商品的价格不变而消费者收入发生变化时，预算线会发生平行移动。这是因为，商品的价格不变，则预算线的斜率 $-P_1/P_2$ 不变。于是，收入的变化只能引起预算线的截距 I/P_1 和 I/P_2 的变化。

(2) 消费者的收入不变而两种商品的价格同比例同方向变化时，预算线也会发生平行移动。这是因为，两种商品价格同比例同方向的变化并不影响预算线的斜率 $-P_1/P_2$，而只能引起预算线截距的变化。

(3) 消费者收入不变，一种商品的价格不变而另一种商品的价格发生变化时，不仅预算线的斜率 $-P_1/P_2$ 会发生变化，而且预算线的截距也会发生变化。

(4) 当消费者的收入和两种商品的价格都同比例同方向变化时，预算线不会发生变化。这是因为此时预算线的斜率 $-P_1/P_2$ 不会发生变化，预算线的截距 I/P_1 和 I/P_2 也不会发生变化。

4.3 消费选择理论

4.3.1 消费选择优化模型

消费选择问题实际上是预算约束下的一种优化选择，表示为其效用函数的优化问题：

$$\max u(\overline{x}) \tag{4-10}$$
s. t. $\overline{p}\,\overline{x} \leqslant M,$

式中，$u(\overline{x})$ 为消费者的效用函数；$\overline{x}=(x_1,x_2,\cdots\cdots,x_n)$ 是消费者选择的商品需求向量；$\overline{p}=(p_1,p_2,\cdots\cdots,p_n)$，$p_i$ 为商品 i 的价格；M 为收入。

采用微积分中的拉格朗日方法，引入拉格朗日函数

$$L = u(\overline{x}) + \lambda(M - \sum_i p_i x_i) \tag{4-11}$$

其一阶条件为

$$\frac{\partial L}{\partial x_i} = u_i - \lambda p_i = 0, i = 1,2,\cdots\cdots,n,$$

$$\frac{\partial L}{\partial \lambda} = M - \sum_i p_i x_i = 0.$$

故有

$$\frac{u_1}{p_1} = \frac{u_2}{p_2} = \cdots = \frac{u_n}{p_n} = \lambda$$

$$\lambda = \frac{\partial u*}{\partial M} \tag{4-12}$$

这表明达到最优时，消费者花在每一种商品上的最后单位货币的边际效用相等，即最优时收入 M 的边际效用。

上述优化问题的最优解为

$$x_i^* = D_i(p_1, p_2, \cdots, p_n, M), \tag{4-13}$$

即消费者对商品 i 的需求量 x_i^*，$i=1, 2, \cdots, n$ 与商品的价格（p_1, p_2, $\cdots\cdots$, p_n）及收入 M 有关，记 $\overline{p}=(p_1, p_2, \cdots, p_n)$，称 $x_i^*=D_i(\overline{p}, M)$ 为马歇尔需求函数。

关于一般优化问题

$$\max f(\overline{x}, \overline{\alpha}) \tag{4-14}$$
s. t $\quad g(\overline{x}, \overline{\alpha}) = 0,$

式中，选择变量 $\overline{x}$ 为 n 维向量；参数 $\overline{\alpha}$ 为 m 维向量。

定义最大值函数

$$V(\overline{\alpha}) = \max\{f(\overline{x},\overline{\alpha}) \mid g(\overline{x},\overline{\alpha}) = 0\} = f(\overline{x}(\overline{\alpha}),\overline{\alpha}), \tag{4-15}$$

式中，$\overline{x} = \overline{x}(\overline{\alpha})$ 为参数 $\overline{\alpha}$ 的最优解。

同时，构造拉格朗日函数

$$L(\overline{x},\overline{\alpha},\lambda) = f(\overline{x},\overline{\alpha}) - \lambda g(\overline{x},\overline{\alpha}), \tag{4-16}$$

则有下述包络定理。

定理 4-1（包络定理） 对于最优化问题

$$\max f(\overline{x}, \overline{\alpha}) \tag{4-17}$$
s. t. $\quad g(\overline{x},\overline{\alpha}) = 0,$

式中，$\overline{x}$ 为 n 维向量；参数 $\overline{\alpha}$ 为 m 维向量。则有

$$\frac{\partial V}{\partial \alpha_i} = \frac{\partial L}{\partial \alpha_i}\Big|_{x=\overline{x}}, i = 1, 2, \cdots, n \tag{4-18}$$

包络定理表明，参数 α_i 对最大值函数 $V(\overline{\alpha})$ 的影响，就等于拉格朗日函数直接对 α_i

求偏导数，并在最优解$\bar{x}$处取值。

4.3.2 线性优化模型

线性规划是优化理论中最成熟，同时又是经济活动中应用最普遍的一种方法，特点是其约束条件和目标函数均为线性函数，这为人们寻求最优解提供了便利条件。

1. 线性规划的数学模型

设 x_1，x_2，……，x_n 为决定目标函数的一组变量，即目标函数为

$$S = c_1 x_1 + c_2 x_2 + \cdots + c_n x_n, \tag{4-19}$$

式中，c_1，c_2，……，c_n 为常数，则线性规划问题是：

寻求目标函数 S 在满足约束条件

$$\begin{cases} a_{11}x_1 + a_{12}x_2 + \cdots + a_{1n}x_n \leqslant b_1 \\ a_{12}x_1 + a_{22}x_2 + \cdots + a_{2n}x_n \leqslant b_2 \\ \cdots\cdots\cdots\cdots\cdots\cdots\cdots\cdots\cdots \\ a_{m1}x_1 + a_{m2}x_2 + \cdots + a_{mn}x_n \leqslant b_m \\ x_i \geqslant 0, 1 \leqslant i \leqslant n \end{cases} \tag{4-20}$$

下的最优值，即 $\min S$ 或 $\max S$。

式中，a_{ij}，$1 \leqslant i \leqslant m$，$1 \leqslant j \leqslant n$ 为常数。

注意，通过引入新变量 $x_{n+1}, x_{n+2}, \cdots\cdots, x_{n+m}$，上述约束条件中的不等号均可以变成等号，即

$$\begin{cases} a_{11}x_1 + a_{12}x_2 + \cdots + a_{1n}x_n + x_{n+1} = b_1 \\ a_{21}x_1 + a_{22}x_2 + \cdots + a_{2n}x_n + x_{n+2} = b_2 \\ \cdots\cdots\cdots\cdots\cdots\cdots\cdots\cdots\cdots \\ a_{m1}x_1 + a_{m2}x_2 + \cdots + a_{mn}x_n + x_{n+m} = b_m \end{cases} \tag{4-21}$$

此时的目标函数为

$$S = c_1 x_1 + c_2 x_2 + \cdots + c_n x_n + 0 x_{n+1} + 0 x_{n+2} + \cdots + 0 x_{n+m} \tag{4-22}$$

定义向量 $\bar{X} = (x_1, x_2, \cdots, x_n)^T, \bar{B} = (b_1, b_2, \cdots, b_n), \bar{C} = (c_1, c_2, \cdots, c_n)$ 和矩阵

$$A = \begin{bmatrix} a_{11} & a_{12} & \cdots & a_{1n} \\ a_{21} & a_{2n} & \cdots & a_{2n} \\ \cdots & \cdots & \cdots & \cdots \\ a_{m1} & a_{m2} & \cdots & a_{mn} \end{bmatrix}$$

则一个线性规划问题（简记为LP）可以表示成：

$$\min S = CX \tag{4-23}$$

s.t. $\quad AX = B, X \geqslant 0.$

或

$$\max S = CX \tag{4-24}$$

s.t. $\quad AX = B, X \geqslant 0.$

这两个问题实际上是等价的，我们仅讨论目标函数为 $\min S = CX$ 的情形。

2. 线性规划求解基础

一般称满足 $AX = B$ 的向量 X 为可行解，其中使得目标函数 S 最优的 X 称为最优解。

这样，假定 $m \leqslant n, m \times n$ 矩阵 A 由 $P_1, P_2, \cdots, P_n$ 个列组成，其秩为 $rank(A) = m$，则存在 m 个线性无关的列 $P_1, P_2, \cdots, P_m$ 组成一个 $m \times m$ 可逆方阵 B。记

$$B = (P_1, P_2, \cdots, P_m), N = (P_{m+1}, P_{m+2}, \cdots, P_n) \tag{4-25}$$

这样，就把矩阵 A 分解为 B, N 两块，即 $A = [B, N]$。相应地，X 也分解为两块，即

$X = \begin{pmatrix} X_B \\ X_N \end{pmatrix}$，这里，$X_B = (x_1, x_2, \cdots, x_m)^T$，$X_N = (x_{m+1}, x_{m+2}, \cdots, x_n)^T$。$B$ 的列称为基列，对应地，X_B 的分量称为基变量；N 的列称为非基列，X_N 的分量称为非基变量。这样，一个线性规划的约束条件就可以表示为

$$AX = [B, N] \begin{pmatrix} X_B \\ X_N \end{pmatrix} = BX_B + NX_N = \overline{B}$$

由于 B 是可逆矩阵，故有

$$X_B = B^{-1}\overline{B} - B^{-1}NX_N \tag{4-26}$$

特别地，令 $X_N = 0 = (0, 0, \cdots, 0)$，则有 $X = \begin{pmatrix} X_B \\ 0 \end{pmatrix} = \begin{pmatrix} B^{-1}\overline{B} \\ 0 \end{pmatrix}$，称为（LP）式关于基 B 的基本解。此时如有 $B^{-1}\overline{B} \geqslant 0$，则 $X = \begin{pmatrix} B^{-1}\overline{B} \\ 0 \end{pmatrix}$ 称为基本可行解。

我们将向量 C 分解为 $C = (C_R, C_N)$，这里，$C_B = (c_1, c_2, \cdots, c_m)$，$C_N = (c_{m+1}, c_{m+2}, \cdots, c_n)$，则目标函数 S 可以表示为

$$\begin{aligned} S = CX &= (C_B, C_N) \begin{pmatrix} X_B \\ X_N \end{pmatrix} = C_B X_B + C_N X_N \\ &= C_B(B^{-1}\overline{B} - B^{-1}NX_N) + C_N X_N \\ &= C_B B^{-1}\overline{B} + (C_N - C_B B^{-1}N)X_N \end{aligned} \tag{4-27}$$

当 $B^{-1}\overline{B} \geqslant 0$ 且 $C - C_B B^{-1}A \geqslant 0$ 时，可以证明，此时 $X = \begin{pmatrix} B^{-1}\overline{B} \\ 0 \end{pmatrix}$ 为最优解，称为最优基本可行解。

设 $X_1, X_2, \cdots, X_k$ 是 n 维欧氏空间 R^n 中的 k 个给定点。称点集

$$D = \{\lambda_1 X_1 + \lambda_2 X_2 + \cdots + \lambda_k X_k \mid \lambda_1 + \lambda_2 + \cdots + \lambda_k = 1, \lambda_i \geqslant 0, 1 \leqslant i \leqslant k\}$$

为点 $X_1, X_2, \cdots, X_k$ 的凸集。如点 X 不能表示成 D 中两个不同点的线性组合，则称 X 为 D 的极点。

下面几个定理是线性规划问题（LP）求解的基础。

定理 4-2 对于线性规划问题（LP）：

（1）若存在一个可行解，则必存在一个最优解。

（2）若存在一个最优解，则必存在一个最优基本可行解。

定理 4-3 点 X 为 D 的极点的充分必要条件是 X 线性规划（4-24）式的基本可行解。

定理 4-4 线性规划问题（LP）的目标函数 S 一定可以在非空有界集 D 的某一极点处达到最优。

3. 单纯形法求解线性规划

单纯形法由美国数学家 Dantzig 在 1947 年提出，至今仍是求解线性规划问题的主要

方法。单纯形法一般分为两个步骤：①求（LP）的一个初始基本可行解；②从一个基本可行解出发，通过迭代求（LP）的最优解。

首先，$X_B = B^{-1}\overline{B} - B^{-1}NX_N$ 和 $S = C_B B^{-1}\overline{B} + (C_N - C_B B^{-1}N)X_N$，这样，我们得到与（LP）等价的线性规划如下：

$$\min S = \min\{\overline{C}_B[B]^{-1}\overline{B} + (\overline{C}_N - \overline{C}_B[B]^{-1}[N])\overline{X}_N\}$$

s.t. $\quad X_B = B^{-1}\overline{B} - B^{-1}NX_N$

$\qquad X_B \geqslant 0, X_N \geqslant 0$ (4-28)

记

$$C_B B^{-1}\overline{B} = y_{00}$$

$$C_N - C_B B^{-1}N = (y_{0m+1}, y_{0m+2}, \cdots, y_{0n})$$

$$B^{-1}N = \begin{bmatrix} y_{1m+1} & y_{1m+2} & \cdots & y_{1m+n} \\ y_{2m+1} & y_{2m+2} & \cdots & y_{2m+n} \\ \cdots & \cdots & \cdots & \cdots \\ y_{mm+1} & y_{mm+2} & \cdots & y_{mn} \end{bmatrix}$$

$$B^{-1}\overline{B} = (y_{10}, y_{20}, \cdots, y_{m0})^T$$

代入（4-28）式，则有

$$\min S = \min\{y_{00} + y_{0m+1}x_{m+1} + y_{0m+2}x_{m+2} + \cdots + y_{0n}x_n\} \quad (4\text{-}29)$$

s.t. $\begin{cases} x_1 + y_{1m+1}x_{m+1} + y_{1m+2}x_{m+2} + \cdots + y_{1n}x_n = y_{10} \\ x_2 + y_{2m+1}x_{m+1} + y_{2m+2}x_{m+2} + \cdots + y_{2n}x_n = y_{20} \\ \cdots\cdots\cdots\cdots\cdots\cdots\cdots\cdots\cdots\cdots\cdots\cdots\cdots\cdots \\ x_m + y_{mm+1}x_{m+1} + y_{mm+2}x_{m+2} + \cdots + y_{mn}x_n = y_{m0} \\ x_i \geqslant 0, 1 \leqslant i \leqslant n. \end{cases}$

这里，基本可行解是 $X_0 = (y_{10}, y_{20}, \cdots, y_{m0}, 0, \cdots, 0)$，对应的目标函数值为 $S = y_{00}$。

单纯形法的计算步骤如下：

步骤 1：设 $B = (P_{J_1}, P_{J_2}, \cdots, P_{J_n})$ 为一个可行基，这里 $J_1, J_2, \cdots, J_n \in \{1, 2, \cdots, n\}$ 两两互异，若 $y_{0j} \geqslant 0$，则依据定理 4-2 得到最优解：$x_{J_i} = y_{i0}, 1 \leqslant i \leqslant m$，其余 $x_i = 0$，计算终止；否则，转步骤 2。

步骤 2：设 $q = \min\{j \mid y_{0j} < 0, j = 1, 2, \cdots, n\}$，若对所有的 $i = 1, 2, \cdots, m$ 均有 $y_{iq} \leqslant 0$，则原线性规划无有限的最优解，计算终止；否则，转步骤 3。

步骤 3：求最小值 $\theta = \min\left\{\dfrac{y_{i0}}{y_{iq}} \mid y_{iq} > 0, 1 \leqslant i \leqslant m\right\}$，记 $J_p = \min\left\{J_i \mid \dfrac{y_{i0}}{y_{iq}} = \theta\right\}$。

步骤 4：定义新变量 y'_{pj}, y'_{ij} 如下：

$$\begin{cases} y'_{pj} = \dfrac{y_{pj}}{y_{pq}}, j = 0, 1, 2, \cdots, n \\ y'_{ij} = y_{ij} - \dfrac{y_{pj}}{y_{pq}}y_{iq}, i \neq p, j = 0, 1, 2, \cdots, n \end{cases} \quad (4\text{-}30)$$

同时，采用 $B_1 = (P_{J_1}, \cdots, P_{J_{p-1}}, P_q, P_{J_{p+1}}, \cdots, P_{J_n})$ 代替 B，得到新的基本可行解，返回步骤 1。

下述定理保证了单纯性算法的有效性。

定理 4-5 对任何线性规划问题（LP），算法步骤 1～步骤 4 可以得到最优解或确定该问题无解。

4. 线性规划求解示例

对于一个线性规划问题，可以有唯一最优解、有限多个最优解或无解三种情形，当只有两个变量时，我们可以采用一种直观的方法，即图解法求解线性规划。

【案例 4-4】 求解线性规划：

$$\min S = \min\{-x_1 - 3x_2\} \tag{4-31}$$

其约束条件为：$\begin{cases} -x_1 + 2x_2 \leqslant 6 \\ 3x_1 + 2x_2 \leqslant 12 \\ x_1 \geqslant 0, x_2 \geqslant 0 \end{cases}$

解 将 (x_1, x_2) 看作坐标系 Ox_1x_2 平面上的点，则约束条件确定的可行解域为图 4-5 中四边形 OABC 上的点。

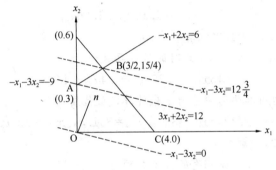

图 4-5 可行域图示

这里，虚线表示直线族 $-x_1 - 3x_2 = C$ 容易看出，沿着直线族的法方向 n，目标函数值 S 越来越小，故在点 B 达到最小，为

$$\min S = -3/2 - 3 \times 15/4 = 12\frac{3}{4} \tag{4-32}$$

【案例 4-5】 某企业在五年内投资以下四个项目，投资期间及对应的投资回报如下：

项目 1：投资期间为第 1 年初～第 4 年初，于次年末收回本利 115%；

项目 2：第 3 年初投资，第五年末收回本利 125%，同时，该项目最大投资额不超过 400 万元；

项目 3：第 2 年初投资，第五年末收回本利 140%，同时，该项目最大投资额不超过 300 万元；

项目 4：五年内每年初可购买公债，于当年末归还，利息 6%。

该企业现有 1000 万元，如不考虑货币升值及贬值影响，应如何确定这些项目每年的投资额，以便到第五年末拥有的资金本利总额最大？

假设该企业每年初对四个项目的投资额为 $x_{i1}, x_{i2}, x_{i3}, x_{i4}$，这里 $i = 1, 2, 3, 4, 5$，如表 4-4 所示。

四个项目投资额　　　　　　　　　　　　　　　　表 4-4

年份	1	2	3	4	5
项目 1	x_{11}	x_{21}	x_{31}	x_{41}	0
项目 2	0	0	x_{32}	0	0
项目 3	0	x_{23}	0	0	0
项目 4	x_{14}	x_{24}	x_{34}	x_{44}	x_{54}

年投资额应等于企业年初所拥有的资金额，分别讨论如下。

第 1 年：年初拥有 1000 万元，所以 $x_{11}+x_{14}=1000$

第 2 年：年初拥有资金额仅为项目 4 在第 1 年期末收回的本息 $x_{14}(1+6\%)$，所以有
$$x_{21}+x_{23}+x_{24}=1.06x_{14}$$

第 3 年：年初拥有资金额为 $x_{11}(1+15\%)+x_{24}(1+6\%)$，所以有
$$x_{31}+x_{32}+x_{34}=1.15x_{11}+1.06x_{24}$$

第 4 年：年初拥有资金额为 $x_{21}(1+15\%)+x_{34}(1+6\%)$，所以有
$$x_{41}+x_{44}=1.15x_{21}+1.06x_{34}$$

第 5 年：$x_{54}=1.15x_{31}+1.06x_{44}$

由题设，$x_{32}\leqslant 400$，$x_{23}\leqslant 300$。此时的目标函数为
$$S=1.15x_{41}+1.25x_{32}+1.4x_{23}+1.06x_{54}$$

采用上一小节介绍的单纯形法进行迭代计算，最优解为

$x_{11}=347.83$，$x_{14}=652.17$，$x_{23}=300$，$x_{21}=391.3$，$x_{24}=0$，$x_{32}=400$，$x_{31}=0$，$x_{34}=0$，$x_{44}=0$，$x_{41}=450$，$x_{54}=0$，

这样，到第 5 年末，该企业拥有的资金总额为

$1.15x_{41}+1.25x_{32}+1.4x_{23}+1.06x_{54}$
$=1.15\times 450+1.25\times 400+1.4\times 300+1.06\times 0=1437.5$

即 1437.5 万元。

4.3.3 网络优化

网络图，实际上是公路网、供电、供水网等实际点线结构的数学抽象。所谓网络规划，即可以用网络一些特有方法求解的优化问题，这种方法已经成为系统工程中系统分析组件关系，解决优化问题不可或缺的方法，也是招标采购择优选择的基础性工具。

1. 有向图

有向图是集合元及其相互关系的一种数学抽象，也是网络基础结构。设 V 为一个集合，定义其笛卡尔积 $V\times V=\{(a,b)\mid a,b\in V\}$。取 $X\subset V\times V$ 为笛卡尔积的一个子集，称为 V 上的关系集。则称二元集合对 (V,X) 为一个有向图，记为 $G=(V,X)$，其中 V 称为有向图 G 的顶点集，X 称为 G 的弧集。为方便起见，有向图 G 的顶点集和弧集也记为 $V(G)$，$X(G)$，以强调有向图 G。

给定一个有向图 G，对任意一个顶点 $v\in V(G)$，在平面上选择一个点 $p(v)$，且规定存在一条从 $p(u)$ 到 $p(v)$ 的有向弧，当且仅当 $(u,v)\in X$。这样得到有向图 G 在平面上的表示 $p(G)$，称为其图解。如果一个有向图 G 满足条件：$(u,v)\in X(G)$ 当

且仅当 $(v, u) \in X(G)$，

则称为图，表明 G 中同时存在 u 到 v 和 v 到 u 的两条弧，一般表示为 $uv \in X(G)$，对应的图解则用连接 u 到 v 的一条无向线段表示。图 4-6 中给出了两个 4 顶点的有向图示例。

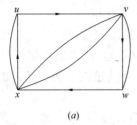 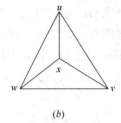

图 4-6　有向图示例

其中图 4-6 (a) 为有向图，对应的顶点集和弧集分别为

$V(G) = \{u, v, w, x\}$;

$X(G) = \{(u, v), (u, w), (w, x), (x, u), (u, x), (v, w), (x, y), (v, x)\}$

图 4-6 (b) 为一个图，其顶点集和弧集分别为

$V(G) = \{u, v, w, x\}$;

$X(G) = \{(u, v), (v, u), (v, w), (w, v), (w, u), (u, w), (u, x), (x, u), (w, x), (x, w), (x, v), (v, x)\}$

一个赋权的有向图 G，即在 G 的每条弧上赋予一个数值：$\omega: X(G) \to R$，则称 G 为一个网络图，简称网络。图 4-7 中给出了一个网络图示例。

网络图中一部分点和弧构成的点弧结构也是一个图，称为子网络。这当中，一条首尾相连且顶点、弧均不重复的点弧序列称为路，其上的权值的和称为该路的权值；更进一步，首尾相接的路称为圈。如果对应的路或圈上的弧在网络图中只有一个方向，则称为有向路或有向圈。例如图 4-7 中，$AB_1C_2D_1E$ 为一条有向路，其对应的权值为 $6+16+8+7=37$；这个图中没有有向圈，因为任何一个圈上，例如 $B_1B_2C_2C_1B_1$ 其上存在两个方向。

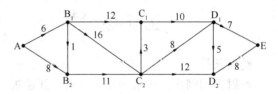

图 4-7　网络图示例

网络图中，一个没有圈的子网络称为树。更进一步，包括网络图 G 所有顶点的树称为支撑树。如果一棵树上存在一个顶点，使得任何一条弧上的方向均与由这个顶点到该弧的方向一致，则称为有根树，例如，图 4-8 中的树就是图 4-7 网络图的一棵根点为 B_2 的有根树。

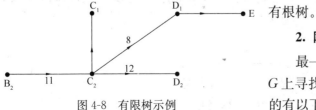

图 4-8　有限树示例

2. 网络优化问题

最一般的网络优化问题，是在网络图 G 上寻找具有某一性质的子网络 N，常见的有以下几种：

问题1（最短、最长路问题）：

给定一个网络图 G 和其上任意两点 $u,v \in V(G)$，寻找 u 到 v 之间权值最小或最大的路。

问题2（最优支撑树问题）：

给定一个网络图 G，寻求 G 上一棵权值最小的支撑树。

给定一个网络图 G，如果其上存在一个顶点 O（一个顶点 P），与其关联的弧均离开 O（均指向 P），则称顶点 O（顶点 P）为 G 的源（汇），这样的网络图称为运输网络。运输网络 G 上的一个流，定义为弧集 $X(G)$ 上的一个满足以下两个条件的函数 $f: X(G) \rightarrow R$：

(1) 对任意一条弧 $(i,j) \in X(G)$，$0 \leqslant f(i,j) \leqslant c_{ij}$，这里 c_{ij} 是弧 (i,j) 的最大容量；

(2) 任意一个顶点 $i \in V(G) - \{O,P\}$ 是流平衡的，即

$$\sum_{k \in S(i)} f(i,k) = \sum_{T(i)} f(k,i) \tag{4-33}$$

这里，$S(i) = \{j \mid (i,j) \in X(G)\}$，$T(i) = \{j \mid (j,i) \in X(G)\}$，$f(i,j)$ 为弧 (i,j) 上的流量。则由 S 流出的净流量定义为

$$v(f) = \sum_{k \in S(O)} f(i,k) - \sum_{T(O)} f(k,i) = \sum_{k \in T(P)} f(k,P) - \sum_{k \in S(P)} f(P,k) \tag{4-34}$$

问题3（最大流问题）：

给定一个运输网络 G，求解其上的最大流 $\max v(f)$。

最大流问题可以归结为下列线性规划问题：

目标函数：$\max v(f)$

$$\sum_{k \in S(i)} (i,k) - \sum_{T(i)} f(k,i) = \begin{cases} v, i = O; \\ 0, i \in V(G) - \{O,P\}; \\ -v, i = P \end{cases} \tag{4-35}$$

约束条件：

可以采用网络方法求解而无须求解线性规划问题。

3. 求解算法及示例

(1) 最短路 Dijkstra 算法

设 G 是一个运输网络，采用整数 $1, 2, \cdots, n$ 标记 G 的顶点，其源点和汇点分别为 1、n，且弧 (I,j) 的赋权为 ω_{ij}，则 Dijkstra 最短路算法如下：

步骤0 置初始值 $0 \leftarrow \{1\}$，$P \leftarrow \{2,3,\cdots,n\}$，$R = \{J_1, J_2, \cdots, J_n\}$，对一切 $i=1,2,\cdots,n$，$J_i = 1$，

$u_{11} = 0$ 并且对一切 $j \in P$，$u_{1j} = w_{1j}$。

步骤1 在 P 中寻找一个节点 v_1，使得 $u_{1k} = \min_{j \in P}\{u_{1j}\}$。置 $O \leftarrow O \cup \{k\}$，$P \leftarrow P - \{k\}$，若 $P = \Phi$ 转步骤3，其中 Φ 为空集。

步骤2 对一切 $j \in P$ 修正 u_{1j} 如下：

如果 $u_{1j} > u_{1k} + \omega_{kj}$，则置 $u_{1j} \leftarrow u_{1k} + \omega_{kj}$，$J_j \leftarrow k$；

如果 $u_{1j} \leqslant u_{1k} + \omega_{kj}$，则置 u_{1j}，R 不变；返回步骤1。

步骤3 重复步骤1～步骤2，直至 $P = \Phi$ 计算终止。

由 J_i 的定义逆推，则 Dijkstra 算法实际上给出了从网络源点到所有顶点 i 的最短道路。

【案例 4-6】 假定图 4-7 中标记两点之间的数值单位为 km，确定 A～E 点之间最短道路。

采用 Dijkstra 算法，我们可以确定源点 A 至其他所有点的最短道路值如图 4-9 所示。

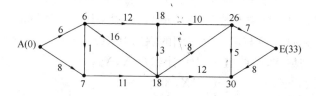

图 4-9 最短道路标号

从中得到 A～E 之间的最短路程为 $u_{AE}=33$km，同时 A～E 之间的最短道路为 $AB_1B_2C_2D_1E$。

(2) 最优支撑树 Dijkstra 算法

设网络图 G 的顶点为 $V(G)=\{1,2,\cdots,n\}$，弧 (i,j) 上的权值为 ω_{ij}，则最短路的 Dijkstra 算法稍加改进就可用于求解最优支撑树，对应的算法如下：

步骤 0 置初始值 $O \leftarrow \{1\}, P \leftarrow \{2,3,\cdots,n\}, R=\{r_1,r_2,\cdots,r_n\}$，对一切 $i=1,2,\cdots,n$，$r_j=1, u_{11}=0$ 并且对一切 $j\in P, u_j=w_{1j}$。

步骤 1 在 P 中寻找一个节点 v_1，使得 $u_k = \min\limits_{j\in P}\{u_j\}$，置 $O \leftarrow O \cup \{k\}, P \leftarrow P - \{k\}$，若 $P=\Phi$，则弧集 $\{(2,r_2),(3,r_3),\cdots,(n,r_n)\}$ 构成 G 的最小支撑树，算法终止；否则转入步骤 2。

步骤 2 对任一 $j\in P$，修正 u_j 如下：

如果 $u_j > \omega_{kj}$，则置 $u_j \leftarrow \omega_{kj}, r_j \leftarrow k$；

如果 $u_j \leqslant \omega_{kj}$，则置 u_j, R 不变，返回步骤 1。

对于弧数比较少的网络，还可以采用以下破圈法求解最小支撑树。这种方法适用于手工计算。

设 G 是一个网路，置初始值 $T \leftarrow E(G)$。

步骤 1 若 T 中不含圈，则 T 为 G 的最小支撑树的弧集，算法中止；否则进入步骤 2。

步骤 2 找出 T 中任意一个圈 C 及 C 上权最大的弧 e。置 $T \leftarrow T \leftarrow \{e\}$，返回步骤 1。

【案例 4-7】 设图 4-7 中标记两点之间的数值单位为 km，确定其最小支撑树及其权值。

采用破圈法，很容易确定 G 的最小支撑树见图 4-10：

其最小支撑树权值为 35km。

(3) 最大流-最小割算法

设 G 是一个网络，$X \subset V(G), s \in X$，$t \notin X, \overline{X} = V(G) - X$，定义弧集 $(\overline{X},X) = \{(i,j) \in E(G) \mid i \in X, j \in \overline{X}\}$

为分离顶点 s 和 t 的割集，该割集的

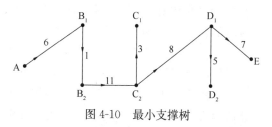

图 4-10 最小支撑树

割量定义为

$$C(\overline{X},X) = \sum_{(i,j)\in(X,\overline{X})} \omega_{ij}$$

现在,设 Π 为 G 上分离顶点 s 和 t 的所有割集构成的集合,Ω 为 G 上所有流 $v(f)$ 构成的集合,网络流规划中有一个著名的结果,通称为最大流-最小割定理如下:

定理 4-6(Ford-Fulkerson 定理)$\max\limits_{f\in\Omega}(f) = \min\limits_{(X,\overline{X})\in\Pi} C(X,\overline{X})$ (4-36)

根据这个结果,对一些定点数不多的网络,可以采用手工计算最大流如下:

步骤 1 确定分离源点 O 与汇点 P 之间的割集 Π(O,P);

步骤 2 对任意割集 $X,\overline{X} \in \Pi(O,P)$,计算 $C(\overline{X},X)$;

步骤 3 最大流 $\max\limits_{f\in\Omega}(f) = \min\limits_{(X,\overline{X})\in\Pi} C(X,\overline{X})$。

例如,图 4-9 中分离顶点 A、E 的割集为:

$(A,E)_1 = \{AB_1,AB_2\}, (A,E)_2 = \{D_1E,D_2E\}, (A,E)_3 = \{B_1C_1,B_1C_2,B_2C_2\}$;

$(A,E)_4 = \{C_1D_1,C_2D_1,C_2D_2\}, (A,E)_5 = \{AB_2,B_1B_2,B_1C_2,B_1C_1\}$;

$(A,E)_6 = \{AB_2,B_1B_2,B_1C_2,C_1C_2,C_1D_1\}$;

$(A,E)_7 = \{AB_2,B_1B_2,B_1C_2,C_1C_2,C_2D_1,D_1D_2,D_1E\}$;

$(A,E)_8 = \{AB_1,B_1B_2,B_2,C_2\}$;

$(A,E)_9 = \{AB_1,B_1B_2,B_1C_2,C_1C_2,C_2D_1,C_2D_2\}$;

$(A,E)_{10} = \{AB_1,B_1B_2,B_1C_2,C_1C_2,C_2D_1,D_1D_2,D_2E\}$。

计算上述割集的割量如下:

$C(A,E)_1 = 14, C(A,E)_2 = 15, C(A,E)_3 = 39, C(A,E)_4 = 30, C(A,E)_5 = 39$

$C(A,E)_6 = 38, C(A,E)_7 = 48, C(A,E)_8 = 18, C(A,E)_9 = 46, C(A,E)_{10} = 47$

其中的最小值为 14km,故该网络的最大流 $\max\limits_{f\in\Omega}v(f) = 14$km。

对于顶点数较多,从而其割集比较复杂的情况,可以采用程序搜索其割集,进而求得其最大流,也可以借助 Dijkstra 算法等,采用迭代方法重新分配弧的权值设计算法进行计算。

4.4 跨期选择理论

4.4.1 资金时间价值

采购选择,特别是需要分不同付款期进行选择时,需要考虑资金支付的时间价值,即资金先后支付占用的初期资金额度,其计算基础来源于银行存款复利计算。

1. 资金折现计算

在银行存款利率为 i 的条件下存入一笔资金 P,则期数为 n 时,考虑银行存款复利计算,对应的存款值 F 为 $F=P(1+i)^n$,故有

$$P = F \times (1+i)^{-n}$$ (4-37)

一般地,将 $(1+i)^{-n}$ 记为 $(P/F,i,n)$,称为一次偿付现值系数,即 $P=F\times(P/F,i,n)$。图 4-11 中表示了 P、F 与期数 n 的关系,这里 $n=5$。

在此基础上,如果每期期末有一笔数值相等的支出或收入 A,利率为 i,则到了第 n

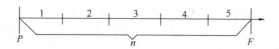

图 4-11 P、F 与 n 的关系

期结束,计算存款复利得到最终存款额为:

$$F = A(1+i)^n + A(1+i)^{n-1} + \cdots + A(1+i) = A \times \frac{(1+i)^n - 1}{i} \quad (4\text{-}38)$$

从而,所有支出或收入与初期相等的现值为

$$P = A \times \frac{(1+i)^n - 1}{i(1+i)^n} \quad (4\text{-}39)$$

一般地,记系数

$$\frac{(1+i)^n - 1}{i(1+i)^n} = (P/A, i, n) \quad (4\text{-}40)$$

称为年金现值系数,即 $P = A \times (P/A, i, n)$。图 4-12 中表示了 P、A 与期数 n 的关系,这里 $n=5$。

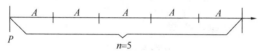

图 4-12 P、A 与 n 的关系

2. 等额支付模型

采购人在每个付款期需等额支付一笔款项 A,假定银行每个付款期利率为 i,考虑资金时间价值进行选择时,需考虑占用的初期资金额度大小进行选择,此时可以直接采用资金折现模型,计算对应的资金现值比较,进行选择。

【案例 4-8】 已知银行利率为 1%,期数为 4 时的一次偿付现值系数 $(P/F, 1\%, 4)$ = 0.961。现有 A、B 两种选择,A 要求 4 个月后一次性付款 100 万元,B 要求 4 个月后一次性付款 120 万元,则对应的资金现值分别为:

A:$100 \times 0.961 = 96.1$ 万元;B:$120 \times 0.961 = 115.32$ 万元。

由于 A 的现值小于 B 的现值,故应优先选择 A。

【案例 4-9】 已知银行利率为 1%,期数为 2、4 时的一次偿付现值系数分别为 $(P/F, 1\%, 4) = 0.961$,年金现值系数 $(P/A, 1\%, 2) = 1.970$。现 A、B 两种选择,A 要求每两个月支付 50 万元,总数也是 100 万元,B 要求 4 个月后一次性付款 100 万元。此时对应的资金现值分别为:

A:$50 \times 1.970 = 98.5$ 万元;B:$100 \times 0.961 = 96.1$ 万元。

由于 A 的现值大于 B 的现值,故应优先选择 B。

4.4.2 两期消费选择*

假定一个消费者的生命分为时期 1 和时期 2 两个时期,他需要在每一期上做出消费选择,假定他在这两期的消费支出分别为 x_1 和 x_2,消费收入分别为 $x_1^\#$ 和 $x_2^\#$。同时,消费者可采用在资本市场储蓄和借贷的消费模式,且资本市场的利率水平 r 保持不变。

消费者在时期1没消费完的货币收入可以直接储蓄，同样，如果消费者在时期1的消费支出 x_1 大于其收入 $x_1^\#$，他也可以通过资本市场借贷，储蓄和借贷的机会成本都是 r。这表明，如果消费者现在储蓄 S 的货币资本，将来他能获得 $S(1+r)$ 的收入，相应地，如果他现在在资本市场借贷了 D，他需在贷款期满偿还 $D(1+r)$。进一步，假定消费者的货币收入完全用于两期的消费支出，即储蓄或者借贷的机会成本实际体现在对将来消费的衡量，即消费者在时期1消费 y 的机会成本是时期2的消费 $y(1+r)$。这样，如果时期1的消费价格为1，那么时期2消费的价格就是 $1/(1+r)$；或者，如果将来消费的价格为1，则现在消费的价格就是 $(1+r)$。

从利率的另一个角度看，消费者的货币总收入 I 可以定义为在这两个时期的收入 $x_1^\#$ 和 $x_2^\#$ 的现值的和。一般地，可以得到如下的消费者预算约束：

$$x_1 + \frac{x_2}{1+r} = x_1^\# + \frac{x_2^\#}{1+r} = I$$

类似于经典的消费者选择理论，消费者在时期1和时期2的消费之间具有一个偏好关系，并且可以用效用函数 $u(x_1, x_2)$ 来表示它，即满足

$$(x_1, x_2) \geqslant (y_1, y_2) \Leftrightarrow u(x_1, x_2) \geqslant u(y_1, y_2)$$

这样，消费者的优化选择就是求解

$$\max_{x_1, x_2} u(x_1, x_2)$$

s.t. $$x_1 + \frac{x_2}{1+r} = x_1^\# + \frac{x_2^\#}{1+r}$$

构造拉格朗日函数

$$L = u(x_1, x_2) + \lambda \left\{ (x_1^\# - x_1) + \frac{1}{1+r}(x_2^\# - x_2) \right\}$$

此时一阶条件为

$$L_1 = u_1(x_1, x_2) - \lambda = 0$$

$$L_2 = u_2(x_1, x_2) - \frac{\lambda}{1+r} = 0$$

$$L_\lambda = (x_1^\# - x_1) + \frac{1}{1+r}(x_2^\# - x_2) = 0$$

计算知

$$\frac{u_1(x_1, x_2)}{u_2(x_1, x_2)} = 1 + r$$

即消费者在当前消费和将来消费之间的边际决策。

如果时期1的消费支出价格为1，则时期2的价格就是 $P = 1/(1+r)$。此时，如果效用函数 u 具有足够良好的性质，即满足最优问题的二阶条件，则得到在马歇尔意义上的消费需求函数：

$$x_i^M = x_i^M(\overline{p}, x_x^\#, x_2^\#), i = 1, 2$$

那么，$u^* = u^*(p, x_1^M(p, x_1^\#, x_2^\#), x_2^M(p, x_1^\#, x_2^\#))$，则根据包络定理，有

$$\frac{\partial u^*}{\partial p} = \lambda(x_2^\# - x_2^M)$$

如果消费者在时期1借贷消费即 $x_1^\# - x_1^M < 0$，就有 $x_2^\# - x_2^M > 0$，从而 $\partial u^*/\partial p > 0$。

这说明，若利率 r 提高，价格 p 下降，则消费者在给定的偏好状态下，需要更多未来消费来满足当前的消费，他的生活状况会变差。反之，如果 $x_1^\# - x_1^M > 0$，对于在第 1 期是储蓄的消费者而言，利率提高对其而言意味着生活更美好。

再考察一下该消费者所面临的对偶问题，即在给定效用水平下的支出最小化问题，我们可以对任意一期的收入或者最小化问题

$$\min_{x_1,x_2} x_1^\# = x_1 + p(x_2 - x_2^\#)$$

s.t. $\quad u(x_1, x_2) = u^0$

构造其对应的拉格朗日函数

$$F = x_1 + p(x_2 - x_2^\#) + \mu(u^0 - u(x_1, x_2))$$

类似地，有相应的一阶条件和二阶条件，以及相应的希克斯需求函数

$$x_i^H = x_i^H(P, u^0)$$

那么，最小支出函数就是

$$x_1^\# = x_1^\#(P, u^0) = x_1^H(P, u^0) + P(x_2^H(P, u^0) - x_2^\#)$$

根据马歇尔意义和希克斯意义下需求函数的等价性我们可以得到如下的恒等式：

$$x_i^H(P, u^0) = x_i^M(P, x_1^\#(P, u^0, x_2^\#))$$

对 P 求微分，得到斯拉茨基方程：

$$\frac{\partial x_i^M}{\partial P} = \frac{\partial x_i^H}{\partial P} + (x_2^\# - x_2^H) \frac{\partial x_i^M}{\partial x_1^\#}$$

现在，我们分析利率的变化对消费者需求的影响。若利率上升，即时期 2 的价格下降，在希克斯需求意义下，存在纯粹的替代效用使时期 2 的消费支出增加，即 $\partial x_i^H / \partial P < 0$；此外，还需要考虑收入效用，如果进入效用的两期消费支出正常，即 $\partial x_i^M / \partial x_i^\# > 0$，那么，斯拉茨基方程中的收入效用取决于 $(x_2^\# - x_2^H)$ 数值的正负。如果消费者在时期 1 储蓄，则 $x_2^\# - x_2^H < 0$，此时收入效用为负值，替代效用和收入效用加在一起就得到一个加强的负的价格效应，即利率上升或价格下降可使得消费者在时期 2 的消费增加。类似的，如果消费者在时期 1 借贷，则 $x_2^\# - x_2^H > 0$。这时的收入效用为正，与替代效用符号相反，总效用则是不确定的。

上述结论还可做进一步推广。首先，我们把消费者的效用函数表示为：

$$u(x_1, x_2) = v(x_1) + \frac{v(x_2)}{1 + \rho}$$

则对应的一阶条件为

$$\frac{v'(x_1)}{v'(x_2)} = \frac{1 + \gamma}{1 + \rho}$$

从上式可以看出，消费者对于未来的耐心程度和市场利率的水平共同决定了对消费模式的选择。如果消费者对于未来完全有耐心，即 $\rho = 0$，由于 $1 + r > 1$，则根据一般效用函数 $v(x)$ 的凹性，可知 $x_1^M < x_2^M$。随着 ρ 的增大，当前消费的权重随之增大，当 $\rho = r$ 时，消费者在两期的消费支出完全平均，即 $x_1^M = x_2^M$；而当 $\rho > r$ 时，消费者则更加倾向于在第 1 期进行消费，即有 $x_1^M > x_2^M$。

4.4.3 效用贴现模型*

两期消费模型中的消费者具有效用函数 $u(x_1, x_2)$，其等值线可以看成是在代际间

的无差异曲线。现在，对于消费选择 $c=(c_1, c_2, \cdots\cdots c_t)$，其效用可用下面的效用函数表示：

$$U(c_1,c_2,\cdots,c_r) = \sum_{t=1}^{r} \delta^{t-1} u(c_t)$$

式中，$u(c_t)$ 表示消费者在第 t 期的即期效用函数，δ 表示贴现因子，$\delta \in (0, 1)$，$u(\cdot)$ 作为效用函数，满足 $u'(c)>0$，$u''(c)<0$。通过这种效用表达，消费者可比较不同的消费流作为其实现的效用值进行选择。

在连续情形下，贴现因子的变化是通过指数 e 来度量的。此时，假定消费者的消费是一个连续紧致序列 $c=[c(t): t \in (0, T)]$，则一般地，其效用函数可以表示为：

$$U(c) = \int_0^T e^{-\mu} u[c(t)]dt$$

此时，需要满足独立性假设，即如果 $(x_1, x_2, \cdots, x_m) \sim (y_1, y_2, \cdots, y_m)$ 并且对于任意的 $j=1, 2, \cdots, m-1$ 都有 $x_j \geqslant y_j$，则 $x_m \geqslant y_m$ 对 $m=2, 3, \cdots$ 都成立，同时由于每一期的即期效用函数都是相同的，这说明消费者在时序上的偏好具有稳定性的特征，单期的效用并不依赖于过去历史的消费或将来的消费可能。

思考题

(1) 什么是商品的效用？举例说明。
(2) 什么是理性选择行为，什么是非理性行为？举例说明。
(3) 招标采购需要具备哪些条件？
(4) 采购宏观收益和微观收益指什么？写出其数学表达式。
(5) 什么是商品总效用和边际效用？边际效用分析在选择中有哪些作用？
(6) 什么是无差异曲线？无差异曲线有哪些特点？
(7) 什么是商品边际替代率？它有哪些变化规律？
(8) 消费预算线由什么作用？消费预算线有哪几种变化？
(9) 写出消费选择的优化模型及其最优条件。
(10) 什么是资金的时间价值？什么是跨期选择？给出货币效用函数的一般表达式。
(11) 给出线性规划和非线性规划问题的一般数学模型。简述图解法的适用条件和理论依据。
(12) 求解下列线性规划问题：

①目标函数：$f=x_1+2x_2$

约束条件：$\begin{cases} x_1+x_2 \leqslant 2 \\ x_2 \leqslant 1 \\ x_1 \geqslant 0, x_2 \geqslant 0 \end{cases}$，求解 $\max f(x_1, x_2)$。

②目标函数：$f=x_1-2x_2$

约束条件：$\begin{cases} x_1+x_2 \geqslant 1 \\ -5x_1+x_2 \leqslant 0 \\ -5x_1+5x_2 \geqslant 0 \\ x_1+x_2 \leqslant 4 \\ x_1 \geqslant 0, x_2 \geqslant 0 \end{cases}$，求解 $\min f(x_1, x_2)$。

(13) 用单纯形法求解下列线性规划问题：

目标函数：$f=x_1-x_2+x_3+x_4+x_5-x_6$

约束条件：$\begin{cases} x_1+x_4+6x_6=9 \\ 3x_1+x_2-4x_3+2x_6=2 \\ x_1+3x_3+x_5+2x_6=6 \\ x_i \geq 0, 1 \leq i \leq 6 \end{cases}$，求解 $\min f(x_1, x_2, x_3, x_4, x_5, x_6)$。

(14) 什么是网络图？什么是支撑树？什么是有根树和有向圈？

(15) 确定网络图 4-9 的所有支撑树和有向圈，以及从始点到所有顶点的最长道路。

(16) 调整图 4-9 中顶点间的距离如下 $B_1 \to C_2$ 由 16 改为 9，$B_2 \to C_2$ 由 11 改为 10，$C_1 \to D_2$ 由 10 改为 8，$C_2 \to D_2$ 由 12 改为 9，计算调整后的网络图 $A \to E$ 的最短道路，确定其最小支撑树以及最大流。

第 5 章　招标采购目标因素分析

招标采购目标由多种因素构成。确定招标采购目标及其因素，是制定招标采购策略、决定招标采购结果的先决条件。所以，准确把握采购目标，科学分析各项因素需求是招标采购策划中的一项重要工作。

5.1　招标采购需求分析

基于经济学中的选择理论，招标采购过程实质上是合同实质性内容的缔约过程，并通过当事人诚信履约而最终实现招标采购标的。《合同法》中规定：合同标的、数量、质量、价款或者报酬、履行期限、履行地点和方式、违约责任和解决争议方法等内容为合同的实质性内容，而招标采购是先由招标人发出要约邀请，要求投标人按照要求向其递交格式要约，进而选择最优要约进行承诺的过程，其标的、数量、履行地点、方式和解决争议方法等内容由招标人在招标文件中事先明确，需要竞争的实质上仅有价款、履行期限和质量等实质性内容。所以，招标采购的目标集中在合同价款、履行期限和质量三个方面。招标采购需求，即招标人提出的对应于招标采购标的各项需求因素或指标，一般包括功能、价格以及其他需求。

5.1.1　功能需求

商品及其伴随服务中满足人们使用的属性称为功能。商品及其服务功能是否满足需求是招标采购需要着重研究的内容。一般包括以下几个方面：

（1）使用条件，即商品使用的外部条件。这当中既包括国家政策，又包括商品的使用环境，例如电梯，其电梯井尺寸、层数、载重量等直接影响电梯的选择及其功能；再比如空调主机，其安置地点、环境温度、保温措施等外部条件直接影响空调主机的选择和功能；另外，电梯按参数和类别分为 A、B、C 三级，国家对电梯产品实行生产许可证管理制度等。

（2）使用要求，即商品及其伴随服务应满足哪些使用要求、具备哪些功能，这是招标采购进行功能需求分析的主要工作，也是招标采购标的需要最终实现的结果。

【案例 5-1】　某办公楼综合布线系统招标采购前，招标人提出以下 6 个方面的使用要求：

1）类型为综合型，能支持语言、数据、图像、多媒体信号传输的要求；
2）结构形式为开放式，易于扩展和变更；
3）具有良好的安全性和可靠性；
4）具有良好的经济性和适应未来的先进性；
5）桌面可以支持 ATM、千兆以太网应用；

6）系统还应考虑与下述应用与系统连接：
① 计算机网络系统；
② 电话通信系统；
③ 多媒体会议系统；
④ 其他可能应用弱电系统等。

(3) 技术标准，指重复性的技术事项在一定范围内的统一规定，包括基础技术标准、产品标准、工艺标准、检测试验方法标准以及安全、卫生、环保标准等。《产品质量法》第13和第14条规定，可能危及人体健康和人身、财产安全的工业产品，必须符合保障人体健康和人身、财产安全的国家标准、行业标准；未制定国家标准、行业标准的，必须符合保障人体健康和人身、财产安全的要求；同时，国家参照国际先进的产品标准和技术要求，推行产品质量认证制度。经认证合格的，由认证机构颁发产品质量认证证书，准许企业在产品或者其包装上使用产品质量认证标志。

招标采购的大多数商品及其伴随服务，可以通过国家、行业设置的统一技术标准来保证，此外，招标人还可以依据招标采购项目的特点和需要，进一步提出优于国家、行业标准的技术要求，这是功能需求进一步量化的体现。

(4) 可靠性，即商品及其伴随服务可信赖或可信任的程度。对产品而言，可靠性越高的产品可以无故障工作的时间就越长；而对于服务而言，其可靠性则是通过履约方以往诚信履约记录和当事人自律约束来保障，更与市场诚信体系建设有着密切关系。

5.1.2 价格需求

价格是产品或服务与货币交换比例的指数，即价值的货币表现形式，是产品或服务所订立的价值数字。招标采购过程中，价格是衡量产品或服务的一项重要因素。

这里，产品价格包括有形产品、无形资产的价格；服务价格包括各类有偿服务的收费，其中，有形产品是指有实物形态和物质载体的产品，包括各类建筑产品、农副产品、工业生产资料和消费品等；无形资产是指长期使用而没有实物形态的资产，比如专利权、商标权、国有土地使用权等。

服务价格分为两类，一类是经营性收费，即企业、事业单位以营利为目的，借助一定的场所、设备和工具提供生产、经营服务收取的费用，如：咨询服务费、中介代理服务费、企业管理费等；另一类是事业性收费，即一些事业单位在向社会提供公共服务过程中，按照国家有关规定而收取的费用，如鉴证费、公证费、检验费等。

《价格法》规定，我国要实行并逐步完善宏观经济调控下主要由市场形成价格的机制，它要求价格通过市场竞争形成。在市场竞争中，经营者受市场价格支配，不能主观地决定市场价格，只能接受由市场供求关系决定的价格，并参照这一价格不断调整生产经营方向和规模，进而引起生产要素在不同部门、不同商品之间的合理流动，以使价格趋向合理。

按照《价格法》规定，产品或服务的价格有三种形式，分别是市场调节价、政府指导价和政府定价，其中市场调节价在市场价格机制中占主导地位。这里的市场调节价，是指由经营者自主制定，并通过市场竞争形成的价格；政府指导价，指政府价格主管部门或者其他有关部门，按照其定价权限和范围规定的商品及其伴随服务的基准价及其浮动幅度，用于指导经营者制定价格；而政府定价，则是指政府价格主管部门或者其他有关部门按照定价权限和范围制定的商品及其伴随服务价格。

招标采购过程中，价格是投标人之间竞争的主要因素之一，既包括有形产品价格，无形资产价格，也包括服务价格，主要涉及市场调节价和政府指导价两类。

价格需求目标直接受以下两个因素的制约：

(1) 采购预算，即准备花多少钱采购标的。

(2) 市场价格水平，即标的的市场价位。

招标采购价格需求要满足标的价格小于或等于采购预算的原则。值得注意的是，对有形产品，其市场价格可以通过市场调查得到，而对于无形产品，或是需要一段时间进行加工、制造、安装的有形产品，其市场价格只有在当事人履行完合同，提供了合格产品后才能确定标的价格。所以，其招标采购的价格仅是一种预期价格，比如工程施工投标价就是预算价格。

【案例 5-2】 经市场调查，联想、戴尔和清华同方台式电脑的市场报价如表 5-1 所示。

台式电脑市场价格　　　　　　　　　表 5-1

品牌	联想			戴尔		清华同方	
型号	i4060	i4160	iR608	I56050-558	S8300D-168	T600-B002	V9000-B004
报价（元）	4550	4500	4100	4099	5999	4999	5999

如果采购预算是 5000 元人民币，则只能在联想 i4060、i4160、iR608，戴尔 I56050-558 和清华同方 T600-B002 五个型号中选择电脑。

【案例 5-3】 招标人委托招标代理机构采购一批生产设备，预算金额为 2500 万元人民币。

委托代理协议中，规定招标代理服务费按照《招标代理服务收费管理暂行办法》（原国家发展计划委员会计价格 [2002] 1980 号）规定的计费标准收取招标代理服务费。采购结束后，中标价格为 2100 万元。则该招标代理委托协议的预期价格为

$$100\times1.5\%+(500-100)\times1.1\%$$
$$+(1000-500)\times0.8\%+(2500-1000)\times0.5\%=17.4 \text{万元}$$

而该委托招标代理协议实际价格为

$$100\times1.5\%+(500-100)\times1.1\%$$
$$+(1000-500)\times0.8\%+(2100-1000)\times0.5\%=15.4 \text{万元}$$

即采购招标代理机构的标的价格为 15.4 万元人民币。

5.1.3 数量需求

数量需求，即按照使用要求确定的标的数量。对于产品，直接表现为多少个计量单位，例如 5 个锅炉、2 部电梯、直径 800mm、壁厚 12mm 的 200m 钢管、1 栋办公楼；而对于服务性商品，通常表现为在约定时间内提供的服务。

招标采购需求数量多少直接影响到采购标的价格，一般采购数量越多，单位价格相对

越便宜。

5.1.4 其他需求

从人的需求层次来说,首先是生存需求,包括对基本生活资料、歇息、健康、安定的需求;其次是享用需求,体现为吃好、穿美、住得舒服、用得豪华、有富余的文娱生活;再其次是发展需求,表现为学习文化、增进智力、提高修养、在某一领域获得突出成绩等。所以,招标采购除上述功能、数量、价格等基本需求外,还需要按照消费者需求,考虑商品及其伴随服务的其他需求。

1. 审美需求

审美需求是消费者享用需求在审美能力方面的具体体现。许多消费者采购时,在满足功能和价格的基础上,首选商品外观,甚至在一定的价格幅度内,即消费者采购预算之内,外观需求可以优先于价格需求,成为决定采购品种的首选因素。

2. 发展需求

发展需求主要体现在要求标的的功能在一定时间内不落后,或是可以通过产品升级换代,提高标的的技术性能。这在招标采购一些技术进步节奏快、产品更新换代频繁的商品及其服务时尤其重要,比如计算机系统或是应用软件的购买等,一般会约定购买后一定年期产品免费或仅支付一定比例费用进行升级换代。

5.2 施工招标目标因素

工程,指科学的一种综合应用,以使自然界物质和能源特性能够通过各种结构、机器、产品、系统和过程,以最短的时间和人力、物力做出高效、可靠,且对人类适应自然、促进人类社会发展有利的结构或体系。例如,系统工程、知识创新工程、菜篮子工程和土木工程等。建设工程,是指通过组合社会资源,即社会上的人、财、物,通过工程投资策划与决策、工程勘察、设计、施工和设备、材料采购等,完成工程建设的全过程,包括土木工程、建筑工程、线路管道工程、设备安装工程及装修装饰工程的新建、扩建和改建工程等。

5.2.1 施工合同目标

工程施工当事人签订的合同,一般称为建设工程承包合同,主要约定发包人和承包人的权利与义务,其中的实质性内容即是工程施工招标的目标因素。

建设工程施工承包合同一般由下述文件构成:

(1) 合同协议书;
(2) 中标通知书;
(3) 投标函及投标函附录;
(4) 专用合同条款;
(5) 通用合同条款;
(6) 技术标准和要求;
(7) 图纸;

(8) 已标价工程量清单；

(9) 其他合同文件。

分别载明工程施工承包合同的承包范围、工程量、质量标准、工程价款、工期、建设地点、违约责任和解决争议方法等实质性内容，这当中，承包范围、工程量、建设地点、违约责任和解决争议方法等内容，由招标人在招标文件中直接规定，要求投标人必须响应。为此，需要在功能需求和管理特征基础上，确定招标范围、质量标准、工程造价、工期等合同事项，进行招标目标需求分析。

5.2.2 施工需求分析

工程用途即工程功能，例如水坝工程的功能是挡水，住房的功能是满足人类居住，而水库的功能在于蓄水，并依据人类生产、生活需要进行水量调节等。

工程各项使用功能，需要根据国民经济的发展、国家和地方中长期规划、产业政策、生产力布局、国内外市场、所在地的内外部条件等，进行投资机会研究，对拟建项目的市场需求状况、建设规模、产品方案、生产工艺、设备选型、工程建设方案、建设条件、投资估算、融资方案、财务和经济评价、环境和社会影响评价以及可能产生的风险等方面进行全面深入的调查、研究和论证，通过设计优化，依据国家标准、规范和规程完成建设工程设计图纸的确定。工程设计的完成，标志着该工程各项使用功能论证，以及按照国家建设标准、规范、规程计划工程各项功能实现途径的终结。

工程施工，是具体实现工程功能，组合社会人力、物力和财力，依照工程设计完成工程建设，进而实现工程功能的过程。为圆满实现建设工程的各项功能，国家对工程施工过程中涉及的人、财、物通过市场准入条件和产品质量管理进行规范和约束。

1. 企业及人员市场准入条件

(1) 企业市场准入条件。《建筑业企业资质管理标准》依据工程类别划分，将建筑施工企业资质分为房屋建筑工程、公路工程、铁路工程、港口与航道工程、水利水电工程、电力工程、冶炼工程、化工工程、市政公用工程、通信工程和机电安装工程等 12 个总承包专业类别；地基与基础工程、土石方工程等 60 个专业承包和木工、砌筑、抹灰、石制作、油漆、钢筋、混凝土、脚手架、模板、焊接、水暖电、钣金、架线等 13 个劳务作业分包类别；建筑智能化工程设计与施工、消防设施工程设计与施工、建筑装饰装修工程设计与施工和建筑幕墙工程设计与施工一体化 4 个专业等，同时又采用分级管理，比如施工总承包级别，分成特级、一级、二级和三级 4 个级别。不同级别的企业，只能在许可的业务范围内开展业务。所以，施工招标采购应结合国家对施工企业的市场准入管理，依据工程专业特性和需要确定中标人的企业资质。

(2) 企业安全生产许可证。国家对矿山企业、建筑施工企业和危险化学品、烟花爆竹、民用爆破器材生产企业实行安全生产许可制度。企业未取得安全生产许可证的，不得在市场上从事生产经营活动。

(3) 项目经理市场准入条件。项目经理，是指受企业法定代表人委托对工程项目施工过程全面负责的项目管理者，是建筑施工企业法定代表人在工程项目上的代表。大中型工程项目的项目经理必须由取得建造师执业资格的建造师担任，即建造师在所承担的具体工程项目中行使项目经理职权。这里的建造师，是指通过考核认定或考试合格取得建造师资格证书，并按照规定注册，取得建造师注册证书和执业印章的专业技术人员。

按照专业的划分，建造师分为房屋建筑工程、公路工程、铁路工程、民航机场工程、港口与航道工程、水利水电工程、电力工程、矿山工程、冶炼工程、石油化工工程、市政公用工程、通信与广电工程、机电安装工程、装饰装修工程14个专业，按照一级和二级进行建造师级别管理，其中铁路工程和民航机场工程两个专业仅有一级资质。

（4）施工现场管理人员。施工现场管理实行岗位证书制，即要求施工员、预算员、质检员、安全员、材料员、试验员、测量员、资料员持证上岗，对具有中级技术职称以上人员可以直接担任对应岗位，例如，施工员、预算员、安全员可分别由工程师、造价工程师和安全工程师担任。

工程施工投标报价，须由注册造价工程师签字并加盖其执业印章才有约束效力。这里，注册造价工程师是指通过造价工程师执业资格考试或者认定，取得造价工程师执业资格、造价工程师注册执业证书和执业印章的工程造价专业人员。

（5）劳动力市场准入条件。国家对劳动力实行职业资格制度，分为初级（国家职业资格五级）、中级（国家职业资格四级）、高级（国家职业资格三级）、技师（国家职业资格二级）和高级技师（国家职业资格一级）5个级别，包括木工、架子工、钢筋工、抹灰工、油漆工、混凝土工、砌筑工、防水工、电工、电焊工、管工、模板工、安装钳工、安装起重工、管道工、通风工、净水工、水质检验工、机泵运行工、水井工、供水调度工、供水营销员、供水设备电工、供水仪表工、变配电运行工、筑路工、道路养护工、下水道工、泵站操作工、绿化工、花卉工、植保工、育苗工、盆景工、花街工、石雕工、木雕工、草坪工、苗圃工、养护工、假山工、水景工、起重机驾驶员、挖掘机驾驶员、塔式起重机驾驶员、推土机驾驶员、筑炉工、桩工、燃气压力容器焊工、燃气管道工、热力司炉工、古建木工、古建瓦工、假山工、古建油漆工等104个工种。

2. 设备、材料的市场准入条件

（1）企业工业产品生产许可证。国家对一些重要的工业产品，例如压力锅、燃气热水器、电力铁塔、卫星地面接收、无线电发射设备等列入国家统一监督管理产品目录中的产品实行生产许可证管理制度，未取得生产许可证的企业不得生产列入管理目录中的产品。

（2）产品强制性认证。国家对涉及人身健康和安全、动植物生命和健康，以及环境保护和公共安全的产品，例如电线电缆、低压电器、电焊机、汽车、摩托车等产品实行强制性认证制度，通称3C认证。凡列入国家《实行强制性产品认证的产品目录》中的产品，必须取得认证才允许在市场上销售。

（3）特种设备安全生产监察证。国家对涉及生命安全、危险性较大的锅炉、压力容器（含气瓶，下同）、压力管道、电梯、起重机械、客运索道、大型游乐设施和场（厂）内专用机动车辆等列入《特种设备目录》的产品实行安全监察。特种设备出厂时，应当附有安全技术规范要求的设计文件、产品质量合格证明、安装及使用维修说明、监督检验证明等文件；锅炉、压力容器、起重机械、客运索道、大型游乐设施的安装、改造、维修，必须由取得许可证的单位进行，同时应当有与特种设备维修相适应的专业技术人员和技术工人以及必要的检测手段。

（4）其他设备及材料。国家对不属于上述类别的其他产品，要求其必须符合保障人体健康和人身、财产安全的国家标准、行业标准，推行产品质量认证。这里，产品质量认证是依据产品标准和相应技术要求,经认证机构确认并通过颁发认证证书和认证标志来证明某一产品符合相应标准和相应技术要求的活动。对关系人身安全、健康和其他法律法规有特殊规定者进行强制性认证,其他产品则实行自愿认证制度。对经过认证合格的产品颁发认证证书,并准许其使用认证标志。证书持有者可将标志标示在其产品、产品铭牌、包装物、产品使用说明书及合格证上。使用标志时,在标志上方或下方标出认证委员会代码、证书编号、认证依据的标准编号等。

3. 建设工程产品质量评定

工程施工最终形成满足功能需求的工程产品。国家对工程产品质量实行检验与评定制度,推行企业质量管理体系认证,按照过程控制、检验和试验、不合格品控制、竣工交付等环节进行建设质量管理。

(1) 建设工程质量评定标准

依据工程类别划分,国家颁布了不同类别工程的质量检验评定标准,例如,《建筑工程质量检验评定标准》、《公路工程质量检验评定标准》、《港口工程质量检验评定标准》、《市政道路工程质量检验评定标准》、《火电施工质量检验及评定标准》、《水运工程质量检验评定标准》、《铁路工程质量检验评定标准》等,分别明确工程质量检验与评定的内容、程序和方法,例如,《建筑工程质量检验评定标准》规定对建筑工程按照分项、分部和单位工程进行检验与评定,其中分项工程的质量检验评定是建筑工程质量等级评定的基础,其质量检验评定内容包括保证项目和基本项目两个方面;另外,还对分项、分部和单位工程的评定程序及组织作了明确规定;规定了各项目的质量指标,对检测手段、评定方法提出了具体要求。

【案例 5-4】 《建筑工程质量检验评定标准》第 4.3 节对地下卷材防水工程的规定如下:

4.3.1 本节适用于以沥青胶结材料铺贴的地下卷材防水层工程

检查数量:每 100m² 抽查 1 处,但不少于 3 处。

1)保证项目

4.3.2 卷材与胶结材料必须符合设计要求和施工规范规定

检验方法:观察检查和检查产品出厂合格证、试验报告,现场取样试验记录。

4.3.3 卷材防水层及其变形缝、预埋管件等细部做法必须符合设计要求和施工规范规定

检验方法:观察检查和检查隐蔽工程验收记录。

2)基本项目

4.3.4 卷材防水层的基层应符合以下规定

合格:基层牢固、表面洁净,阴阳角处呈圆弧形或钝角,冷底子油涂布均匀。

优良:基层牢固、表面洁净,平整,阴阳角处呈圆弧形或钝角,冷底子油涂布均匀,无漏涂。

检验方法:观察检查和检查隐蔽工程验收记录。

4.3.5 卷材防水层的铺贴质量应符合以下规定

合格:铺贴方法和搭接、收头符合施工规范规定、粘结牢固紧密,接缝封严,无损伤。

优良：铺贴方法和搭接、收头符合施工规范规定，粘结牢固紧密，接缝封严，无损伤、空鼓等缺陷。

检验方法：观察检查和检查隐蔽工程验收记录。

4.3.6 卷材防水层的保护层应符合以下规定

合格：保护层与防水层结合紧密。

优良：保护层与防水层粘结牢固，结合紧密，厚度均匀一致。

检验方法：观察检查。

(2) 工程施工过程质量管理

在建设工程质量检验评定标准基础上，针对不同类别建设工程、分部工程以及特种结构，国家颁布了工程施工质量验收规范、规程，与建设工程质量检验评定标准配套使用。例如，配套《建筑工程质量检验评定标准》的规范、规程有：《建筑地基处理技术规范》、《混凝土结构工程施工质量验收规范》、《钢筋混凝土高层建筑结构设计与施工规程》、《网架结构设计与施工规程》、《混凝土泵送施工技术规程》、《混凝土砂浆配合比设计规程》等，按照工程部位划分检验批次和验收内容。

【案例 5-5】 《混凝土结构工程施工质量验收规范》第 3.0 节规定按工作班、楼层、结构缝或施工段划分若干检验批，并确定了质量验收内容和合格标准如下：

3.0.4 分项工程的质量验收应在所含检验批验收合格的基础上，进行质量验收记录检查

3.0.5 检验批的质量验收应包括如下内容

1) 实物检查，按下列方式进行：

① 对原材料、构配件和器具等产品的进场复验，应按进场的批次和产品的抽样检验方案执行；

② 对混凝土强度、预制构件结构性能等，应按国家现行有关标准和本规范规定的抽样方案执行；

③ 对本规范中采用计数检验的项目，应按抽查总点数的合格点率进行检查。

2) 资料检查，包括原材料、构配件和器具等的产品合格证（中文质量合格证明文件、规格、型号及性能检测报告等）及进场复验报告、施工过程中重要工序的自检和交接检记录、抽样检验报告、见证检测报告、隐蔽工程验收记录等。

3.0.6 检验批合格质量应符合下列规定

1) 主控项目的质量经抽样检验合格；

2) 一般项目的质量经抽样检验合格；当采用计数检验时，除有专门要求外，一般项目的合格点率达到 80% 及以上，且不得有严重缺陷；

3) 具有完整的施工操作依据和质量验收记录。

对验收合格的检验批，宜做出合格标志。

(3) 工程施工质量计划

企业将工程合同约定的质量目标，按照项目管理技术中的 WBS (Work Breakdown Structure, WBS, 工作分解结构) 方法进行指标分解，承诺工程质量管理方针、目标及其实现方法、手段和措施，而编制出的质量管理文件，称为质量计划。质量计划一般包括以下内容：工程特点、施工条件分析、工程质量目标及其分解、质量管理组织机构、人员

及对应的资源配备计划、主要施工技术措施、程序和方法、材料、设备采购和使用质量控制措施、工程质量检测项目、检测方法等。

5.2.3 施工招标范围

招标范围依据项目的功能需求确定，对应于中标人的承包范围（即合同的标的），是对工程施工项目招标内容的具体界定。需依据工程设计图纸，按照工程管理特征划分标段并着重考虑具体因素，确定工程招标范围。

1. 招标范围的影响因素

（1）工程建设组织模式

工程建设组织模式有以下几种：

1）平行发包模式（DBB模式）——即工程设计、施工和货物分别由不同的主体实施。

2）"设计＋施工"一体化模式——典型模式有"设计＋施工（DB）"、"设计＋采购＋建造（EPC模式）"。

3）设计＋管理模式（DM模式）等。

按照角色的不同，工程建设参与人由项目业主（项目法人）、设计人、监理人、施工人、货物供应商以及其他服务提供人组成。不同的管理模式，管理指令及下达方式、管理效率不同，其工程项目质量、造价、进度和安全、环境管理也有所不同，需要依据工程性质进行选择。

（2）施工合同类型

依据计价方式，工程承包合同可以分为三大类，即固定价格合同、可调价格合同和成本加酬金合同，其中固定价格合同又分为固定单价合同和固定总价合同两类，前者由发包人承担工程量风险，承包人承担单价风险；后者直接由承包人承担工程量和价格风险，适用于工程技术要求明确、物价波动不大的项目。

（3）施工条件

工程施工条件涉及以下几方面的内容：

1）设计深度及其质量水平。工程设计分为方案设计、初步设计（或称扩大初步设计）和施工图设计三个阶段，不同阶段完成的设计成果深度不同，直接制约着工程建设。

工程的功能需求由工程设计确定。因此，工程施工招标范围需要依据工程设计结果确定。但设计深度不同，其功能界定的准确度大不相同。一般性功能在初步设计中就可以明确，但一些细微功能，特别是需要明确其技术参数、指标的功能，只有到施工图设计时才能确定下来，有的则一直要到工程施工过程中，项目法人和设计人结合市场和工程实际情况才能具体确定。类似地，工程设计质量直接影响工程各项功能需求的界定，设计质量越高，其功能定位越准确。

2）施工现场平面及空间。施工现场平面及空间布局，是划分工程标段、组织流水作业、进行工程建设管理的依托。施工场地越开阔，承包人在组织施工时可利用的平面、空间资源就越丰富，可采取的施工组织方法就越灵活和多样，反之，则受到平面和空间的约束，施工组织方法就越独特或单一。比如，城市老城区改造过程中，既需要保护原有建筑物、构筑物，又需要组织改造，其场地可用平面和空间一般就受到局限；而在城市远郊进行工程建设，受到的这类约束相对就较小。

3）工程地形、地质和水文条件。工程基础选择、设计和实施受工程地形、地质条件和水文条件的直接影响，它们是工程建设的前提条件。为此，需要先行组织工程地质、水文勘察，完成有关承载力等试验。

4）地下、地上障碍物，包括地下、地上需要保护的通讯电缆、管道、文物、古树等。

5）工程外部条件，包括工程相邻建筑物、构筑物、交通条件、水、电、通信条件、气象、潮汐、风俗习惯等。

6）建设工期。招标范围确定，与建设工期以及工程管理模式密切相关。建设工期紧且场地条件许可时，可以采取划分多个标段的方法，组织"平行发包"，进而减少每个标段的工作量，由此带来的是管理工作量加大和管理成本的增加。

（4）市场条件

施工市场条件包括以下几方面内容：

1）市场准入条件。工程施工招标采购应结合国家对施工企业的市场准入管理，依据招标项目特点和需要确定投标人的资格条件。

2）具备承担项目能力企业分布情况。市场上具备承担招标项目能力的企业越多，能够提供服务的潜在投标人就越多，就越有利于招标采购选择服务提供商。

3）市场材料、设备供应情况。工程建设直接受市场材料、设备和劳动力供给情况的制约，同时，工程造价直接与市场材料、设备和人工费的物价水平有关，因为工程建设过程实际上是按照工程项目技术要求进行市场人员、材料和设备的集约过程。

4）其他方面，比如工程建设政策、工程建设对提高人民群众物质文化生活水平的功用和影响等。

2. 招标范围表现形式

工程施工招标范围的表现形式有两种，一种是采用工程量清单；另一种是依据工程设计图纸，对招标范围进行界定，分别介绍如下：

（1）工程量清单

工程量清单是表现拟建工程分部分项工程项目和非实体性项目（如措施项目、其他项目、规费、税金等项目的名称和相应数量）的明细清单，由分部分项工程量清单、措施项目清单、其他项目清单、规费项目清单、税金项目清单等组成，并由招标人按照统一的项目编码、项目名称、计量单位和工程量计算规则进行编制，是工程量清单计价和编制招标控制价、投标报价、计算工程量、支付工程款、调整合同价款、办理竣工结算以及工程索赔等的依据。

《建设工程工程量清单计价规范》规定，采用工程量清单方式招标，工程量清单作为招标文件的组成部分，其准确性和完整性由招标人负责。招标文件工程量清单一般有9部分内容：①封面；②总说明；③分部分项工程量清单与计价表、工程量清单综合单价分析表；④措施项目清单与计价表（一）；⑤措施项目清单与计价表（二）；⑥其他项目清单与计价表；⑦暂列金额明细表；⑧材料暂估价表、专业工程暂估价表、计日工表、总承包服务费计价表；⑨规费、税金项目清单与计价表。

分部分项工程量清单包括项目编码、项目名称、项目特征、计量单位和工程量计算规则等内容，如表 5-2 所示：

分部分项工程清单与计价 表 5-2

工程名称： 标段： 第 页 共 页

序号	项目编码	项目名称	项目特征描述	计量单位	工程量	综合单价	合价	其中：暂估价
合计								

《建设工程工程量清单计价规范》中明确的措施项目，见表 5-3，由招标人根据工程施工需要进行选择。

措施项目清单与计价（一） 表 5-3

工程名称： 标段： 第 页 共 页

序号	项目名称	计算基础	费率（%）	金额（元）
1	安全文明施工费			
2	夜间施工费			
3	二次搬运费			
4	冬雨季施工			
5	大型机械设备进出场及安拆费			
6	施工排水			
7	施工降水			
8	地上、地下设施、建筑物的临时设施保护费			
9	已完工程及设备保护			
10	各专业工程措施项目			
合计				

由招标人根据项目特点和需要编制的其他措施项目，内容见表 5-4。

其他措施项目清单与计价（二） 表 5-4

工程名称： 标段： 第 页 共 页

序号	项目编码	项目名称	项目特征描述	计量单位	工程量	综合单价	金额（元）
合计							

其他项目清单与计价汇总表中，包括暂列金额、材料暂估价、专业工程暂估价、计日

工和总承包服务费等内容。其中暂列金额明细表见表 5-5，材料暂估价表见表 5-6，专业工程暂估价表见表 5-7。

暂列金额明细 表 5-5

工程名称： 标段： 第 页 共 页

序号	项目名称	计量单位	暂定金额（元）	备注
	合计			

材料暂估价 表 5-6

工程名称： 标段： 第 页 共 页

序号	材料名称、规格、型号	计量单位	单价（元）	备注
	合计			

专业工程暂估价 表 5-7

工程名称： 标段： 第 页 共 页

序号	工程名称	计量单位	单价（元）	备注
	合计			

此外，针对一些专业工程，比如公路工程、铁路工程、水利工程等，国家分别颁布了《公路工程工程量清单计量规范》、《铁路工程工程量清单计价指南》、《水利工程工程量清单计价规范》等，在对这些专业工程确定招标范围时必须遵守。

招标人依据工程设计和技术条件编制准确、完整的工程量清单，是确定招标范围，保证合同顺利履约、减少合同范围争议的一项重要工作。

【案例 5-6】 某混凝土灌注桩工程采用工程量清单计价，其招标文件中提供的工程量清单由①封面；②总说明；③分部分项工程量清单与计价表、工程量清单综合单价分析表；④措施项目清单与计价表（一）；⑤措施项目清单与计价表（二）；⑥其他项目清单与计价表；⑦暂列金额明细表；⑧材料暂估价表、总承包服务费计价表；⑨规费、税金项目清单与计价表等 9 部分组。其中分部分项工程量清单表、措施项目清单与计价表（一）、其他项目清单与计价表、暂列金额明细表、材料暂估价表、规费、税金项目清单与计价表内容见表 5-8～表 5-13。

分部分项工程量清单 表 5-8

工程名称： 标段： 第 1 页共 1 页

序号	编码	子目名称	子目特征	计量单位	工程量	金额（元）		
						综合单价	合价	其中：暂估价
	010201003	混凝土灌注桩	土壤级别：二级土 桩单根设计长度：25m 桩根数：120 根 桩径：φ800 混凝土强度等级：C30 泥浆运输 5km 内	m	3000.00			

续表

序号	编码	子目名称	子目特征	计量单位	工程量	金额（元）		
						综合单价	合价	其中：暂估价
	010416004	钢筋笼	钢筋强度等级：HRB335 钢筋直径： 主筋：$\phi=25mm$ 箍筋：$\phi=6mm$	t	186.80			

措施项目清单与计价（一）　　　　　　　　　　　　　　　表 5-9

工程名称：　　　　　　　　标段：　　　　　　　　第 1 页共 1 页

序号	项目名称	计算基础	费率（%）	金额（元）
1	安全文明施工费	直接费		
2	夜间施工费	直接费		
3	冬雨季施工	直接费		
4	大型机械设备进出场及安拆费	直接费		
5	施工排水	直接费		
6	施工降水	直接费		
7	地上、地下设施、建筑物的临时设施保护费	直接费		
8	已完工程及设备保护	直接费		
9	各专业工程措施项目	直接费		
	合计			

其他项目清单与计价汇总　　　　　　　　　　　　　　　表 5-10

工程名称：　　　　　　　　标段：　　　　　　　　第 1 页共 1 页

序号	项目名称	计量单位	金额（元）	备注
1	暂列金额	元	800000.00	
2	材料暂估价	元	896640.00	
	合计			

暂列金额明细　　　　　　　　　　　　　　　　　　　　表 5-11

工程名称：　　　　　　　　标段：　　　　　　　　第 1 页共 1 页

序号	项目名称	计量单位	暂定金额（元）	备注
1	设计变更及突发事件处理	项	800000.00	
	合计			

材料暂估价　　　　　　　　　　　　　表 5-12

工程名称：　　　　　　　　　　标段：　　　　　　　　　　第 1 页共 1 页

序号	材料名称、规格、型号	计量单位	单价（元）	备注
1	钢筋	t	4800.00	
	合计			

规费、税金项目清单与计价　　　　　　　　表 5-13

工程名称：　　　　　　　　　　标段：　　　　　　　　　　第 1 页共 1 页

序号	项目名称	计算基础	费率（%）	金额（元）
1	规费	直接费		
1.1	工程排污费	直接费		
1.2	社会保障费	直接费		
(1)	养老保险费	直接费		
(2)	失业保险费	直接费		
(3)	医疗保险费	直接费		
1.3	住房公积金	直接费		
1.4	危险作业意外伤害保险	直接费		
2	税金	分部分项工程费＋措施项目费＋其他项目费＋规费		
	合计			

(2) 工程设计图纸

对工程设计资料完备且施工工艺简单的小型工程施工项目，招标范围也可以采用语言文字明确。这时，需要明确工程设计中实体工程涉及的分部分项工程，以及工程设计包括但招标范围不包括的分部分项工程，同时对一些特殊材料、设备给出暂估价表。

采用这种方法确定招标范围的前提是工程设计质量高，分部分项工程量计算涉及的数值准确，理解上不会存在歧义，否则，就需要采用工程量清单确定标的范围和数量。

【案例 5-7】　某服装厂制衣车间建筑工程施工招标，其招标文件在施工图基础上确定的招标范围如下：

工程施工图外墙轴线外 2.5m 内的降水、基坑支护工程、地基与基础工程、结构工程、装修装饰工程、给水、排水工程、暖通工程、消防工程、电气（包括动力、强、弱电）工程和电梯工程，其中，电气工程不包括 10kV 变电站设备安装工程，投标由 10kV 变电站低压盘接线端起报价。

本次招标不包括施工图中涉及的制衣流水线设备及安装工程以及活动家具。

5.2.4 技术标准和要求

技术标准和要求，是针对招标范围中的工程内容，依据国家标准、规范、规程以及工程建设需求，提出的工程施工时需要遵循的国家标准、规范、规程和要求。技术标准和要求是衡量合同履约，实现工程功能，解决当事人双方对工程施工质量争议的一项重要内容。

确定工程施工技术标准和要求，一般采用以下原则：

（1）按工程施工内容明确国家标准、规范、规程编号及条文内容，特别是分部分项工程质量以及施工现场管理要求。

（2）按工程质量目标，提出分部分项工程质量要求。分部分项工程质量优于国家标准、规范、规程的，要进一步明确需满足的技术指标、参数和要求。

【案例5-8】 某办公楼工程施工招标项目，其依据施工内容提出的技术标准和要求如下：

依据设计文件的要求，本招标工程项目的材料、设备、施工须达到现行中华人民共和国以及省、自治区、直辖市或行业的工程建设标准、规范的要求，包括但不限于：《工程测量规范》GB 50026—93，《建筑地基基础工程施工质量验收规范》GB 50202—2002，《砌体工程施工质量验收规范》GBJ 203—2002，《混凝土结构工程施工质量验收规范》GB 50204—2002，《钢结构工程施工质量验收规范》GB 50205—2002，《木结构工程施工质量验收规范》GB 50206—2002，《屋面工程质量验收规范》GB 50207—2002，《地下防水工程质量验收规范》GB 50208—2002，《建筑地面工程施工及验收规范》GB 50209—2002，《建筑装饰装修工程施工质量验收规范》GB 50210—2001，《建筑给水排水及采暖工程施工质量验收规范》GB 50242—2002，《通风与空调工程施工质量验收规范》GB 50243—2002，《建筑电气工程施工质量验收规范》GB 50303—2002，《现场设备安装、工业管道、焊接工程施工及验收规范》GBJ 50236—98，《电气装置安装工程电气照明装置施工及验收规范》GB 50259—96，《电气装置安装工程母线装置施工及验收规范》GBJ 149—90，《电气装置安装工程电缆线路施工及验收规范》GB 50169—92，《电气装置安装工程接地装置施工及验收规范》GB 50170—92，《电气装置安装工程盘、柜及二次回路结线施工及验收规范》GB 50171—92、《电气装置安装工程低压电器施工及验收规范》GB 50254—96，《电气装置安装工程1kV及以下配线施工及验收规范》GB 50258—96，《建筑工程施工质量验收统一标准》GB 50300—2001等，以及设计图中涉及的规范、规程和标准及相关技术要求。

5.2.5 合同价格

当事人签订合同时确定的价格称为签约合同价。工程合同价格，是指发包人、承包人双方依据国家有关法律、法规和标准规定，按照合同约定确定的竣工工程价格，即："合同价格＝签约合同价＋合同变更价格"，这一价格最终应不大于投资概算中工程施工价格。从合同价格管理角度看，工程施工招标采购实质上是确定签约合同价以及合同价格变更条件及确认方法。

合同价格控制基本原则是工程施工图预算不大于工程设计概算。工程设计概算是指工程设计人在初步设计阶段，为确定拟建基本建设项目所需的投资额或费用而编制的一种文件，是考核设计方案和建设成本是否经济合理的依据，也是施工价格控制的依据。

招标采购时，确定合同价格主要涉及中标价和合同价格变更。

1. 中标价

中标价即签约合同价，由投标人竞争产生。一般由人工费、材料费、设备费和管理费用等组成。签约合同价涉及市场以下四个方面的价格竞争：

（1）工程直接费

工程直接费由人工费、材料费和设备费组成。

1）人工费，指为直接从事工程施工生产和附属辅助生产单位的员工开支的各项劳务费，一般由以下几部分内容组成：

① 基本工资，即采用货币形式发放给生产工人的基本工资。

② 补贴工资，即按规定标准以货币形式发放的物价补贴，如煤、燃气补贴、交通补贴、住房补贴、流动津贴等。

③ 辅助工资，指生产工人年有效施工天数以外非作业天数工资（包括学习、培训、调动工作、探亲、休假期间的工资），六个月以内的病假工资以及产、婚、丧假期间工资和女工哺乳时间工资等。

④ 劳动保护费，即按国家规定标准发放的劳动保护用品购置费及修理费、防暑降温费，以及在有碍身体健康环境施工的保健费等。

⑤ 职工福利费，指按规定标准提取的职工福利费。

人工费属于市场指导价，所以招标采购时，既要执行市场人工费指导政策和人工工资最低标准，又要考虑政策变化因素以及市场人工费的价格波动。

2）材料费

材料费，指构成工程实体的设备、原材料、辅助材料、构配件、零件、半成品的费用以及材料周转使用的摊销或租赁费用，由市场供应价、包装费、手续费、装卸费、运输费、保管费等组成。

材料费为市场指导价，由企业结合市场自主定价，受市场政策及供需关系影响会有一定波动。招标采购时，需要充分考虑市场价格走势，结合建设工期，遵循发包人和承包人"合作共赢"的原则确定材料价格风险的分担范围。

3）设备费

工程设备分为两类，一种是列入永久工程的设备，另一种是施工辅助设备。这里的设备费，是指工程建设过程中设备使用所产生的费用，即施工机械费，包括设备原价、运杂费、运输保险费以及保管费等。施工机械费按照设备正常使用年限摊销，签约合同价中的设备费是在此基础上结合市场竞争由特定投标人确定结果。

（2）工程间接费

工程间接费由现场经费和管理费两部分组成，指企业为管理其生产经营活动而发生的各项费用，包括其生产一线以外人员费用、工会经费、职工教育经费、劳动保险费、待业保险费、董事会费、咨询费、审计费、业务招待费以及其他管理费用等。这里的现场经费，指为施工准备、组织施工生产和管理所需的费用，包括临时设施费和现场管理费两部分：其中临时设施费包括大型临时设施和过渡工程费、临时房屋及小型临时设施费；现场管理费则是指现场管理人员工资、办公费、差旅交通费、固定资产使用费、工具用具使用费、保险费、工程保修费、工程排污费以及其他费用等。

工程间接费与企业规模、生产效率，以及一线工人与管理人员之间的比例有着密切关系。精简企业管理机构和人员，提高工作效率，进而降低企业管理费，是市场优胜劣汰原则在推动企业发展方面的重要体现。

（3）企业利润

企业利润，指其营业收入减去施工成本和费用（包括施工成本、管理费用、销售费用及财务费用）再减去其营业收入应负担的税金后的数额。企业利润受工程造价、市场人工、材料和施工机械费用变动的影响，其中任何一个因素的变动都会引起企业利润的变动，甚至会使一个具体项目由盈变亏，也会使一个具体项目扭亏为盈。

获取最大利润是企业经营的经济动力，而招标采购中往往直接表现为投标企业降低管理费和利润进而实现竞争目的，因此企业需要在获取利润和横向竞争中寻找一种平衡，需要通过管理和技术的变革来降低成本，获得更大的竞争优势。

（4）规费

规费，指经法律法规授权由政府有关部门对公民、法人和其他组织依法收取的费用。

2. 合同价格变更

合同变更指当事人约定的合同内容发生变化和更改，这是一种权利和义务变化的民事法律行为。合同价格变更，即当事人在合同内容发生变化和更改时，依据合同约定确定合同变化后价格与原合同价格之间的差额。

引起工程施工承包合同价格变更的因素有以下几种：

（1）取消合同中任何一项工作。

（2）改变合同中任何一项工作的技术、质量或其他特性。

（3）改变合同工程的基线、标高、位置或尺寸。

（4）为完成工程需要追加的额外工作。

（5）合同主体变化或变更。

（6）不可抗力，如战争、地震、海啸、台风等自然因素以及人力无法避免的大自然情况等。

（7）合同中的暂估价及暂列金额。

（8）合同中约定的其他变更情形。

合同变更直接影响合同价格变化，所以招标采购时，需约定合同变更程序、合同价格调整原则和方法，从而最终确定合同价格。

5.2.6 合同工期

工期是指建设工程从正式开工到全部建成投产所需的时间，一般以建设工程投产年月日减去开工年月日计算。当事人签订合同时确定的工期称为签约工期，合同工期指发包人、承包人双方依据国家有关法律、法规和标准规定，按照合同约定确定的竣工工期，即："合同工期＝签约工期＋合同变更工期"，并以此确定承包人是否按期完成了工程施工任务。合同工期需要从签约工期和工期变更两个方面进行控制。

1. 签约工期

签约工期由投标人按照招标人计划工期竞争产生，包括总工期和里程碑工期。影响建设工程工期的因素分为客观因素和主观因素两大类。

（1）客观因素

1) 气候条件,如冬季,雨季等会对工期造成影响。
2) 地质条件,主要是地质条件和地下障碍物等对工期的影响。
3) 场地条件,主要是现场施工工作面、材料成品、半成品堆场、施工机械安置场等对工期的影响。

(2) 主观因素

1) 设计因素,主要指设计图质量、出图时间等对建设工期的影响。
2) 施工单位技术实力、采取的技术措施等对工期影响。
3) 劳动队伍素质及管理模式对工期影响。
4) 施工环境,即项目所处周边环境对施工组织的影响。
5) 工程款支付、甲供材料采购、现场指挥等因素对工期影响。

2. 计划工期确定

计划工期主要依据三个方面的因素确定:

(1) 工程所在地气候、气象条件影响的受年有效的施工时间,一般查阅当地《建设工程工期定额》可以确定该类参考数值。
(2) 批准的建设工程工期。
(3) 工程进度网络控制计划。

有两种方法约定计划工期,一种是约定开工日期和竣工日期;另一种是约定开工日期和工期日历天数。

【案例 5-9】 某地 A 工程施工招标,依据当地气候、气象条件和批准的建设工期确定的计划工期如下:

计划开工日期 2006 年 5 月 10 日,计划工期 368 日历天。

类似地,该地 B 工程施工招标确定的计划工期如下:

计划开工日期 2007 年 1 月 11 日,计划竣工日期 2007 年 12 月 5 日,工期 330 日历天。

3. 合同工期变更

合同工期变更,即当事人在合同内容发生变化和更改时,依据合同约定确定合同变化后工期与原合同工期之间的差额。引起工程施工承包合同工期变更的因素有以下几种:

(1) 增加合同工作内容;
(2) 改变合同中任何一项工作的质量要求或其他特性;
(3) 发包人迟延提供材料、工程设备或变更交货地点;
(4) 发包人原因导致的暂停施工;
(5) 发包人提供图纸延误;
(6) 发包人未按合同约定支付工程预付款或工程进度款;
(7) 不可抗力,如战争、地震、海啸、台风等自然因素造成的、人力无法避免的大自然情况等;
(8) 异常恶劣的气候条件;
(9) 非承包人原因造成工期延误等。

合同变更一般直接影响合同工期变化。招标采购时,需要细致约定合同工期变更条件、变更程序、合同工期调整原则和方法,从而才能最终确定招标采购合同工期。

5.2.7 其他

为保证建设工程合同目标因素实现,按照国家有关规定和工程项目的特点,还需要对下述目标因素进行需求分析:①项目经理部主要人员构成、人员素质;②特殊施工工艺;③特殊的专利产品;④主要施工机械等。通过对这些目标的分析可以全面准确地确定招标采购需求,按预期目标完成工程建设。

5.3 货物招标目标因素

货物是指各种形态和种类的物品以及附带服务,包括设备、产品、原材料、燃料等,例如电梯、预制混凝土构件、防水材料、柴油等。货物招标的目标,即按功能需求和国家技术标准确定的货物种类、数量、质量标准、价格和供货期等事项。

5.3.1 货物合同目标

货物合同一般由下述文件构成:
(1) 合同协议书;
(2) 中标通知书;
(3) 投标函及投标函附录;
(4) 专用合同条款;
(5) 通用合同条款;
(6) 质量验收标准;
(7) 图纸(如果有);
(8) 其他合同文件;
(9) 合同附件:
附件1—供货范围及分项报价表;
附件2—技术规格;
附件3—交货批次及交货时间;
附件4—履约保证金保函;
附件5—预付款银行保函;
附件6—信用证等。

上述文件分别载明供货范围、数量、质量标准、合同金额、供货期、交货地点、违约责任和解决争议方法等实质性内容。其中,供货范围、数量、质量标准、交货地点、违约责任和解决争议方法等内容,由招标人在招标文件中直接规定,要求投标人实质上响应。为此,需要在对功能需求和管理特征基础上,确定招标范围、数量、技术标准和要求、合同金额、供货期等事项,进行招标目标需求分析。

5.3.2 货物需求及技术要求

货物招标采购需要依据技术经济原则、货物功能需求和使用环境,确定货物种类、规格型号、数量以及对应的技术标准和要求等事项,方能进行采购。

1. 货物功能需求

货物功能是货物满足人们物质文化生活某种需求的一种属性。按特性不同，一是货物的使用功能与美观功能，这里，使用功能反映其使用属性，而美观功能是反映其艺术属性；二是基本功能与辅助功能，这里，基本功能是产品的主要功能，对实现产品的用途起着必要和最主要的作用，辅助功能是为实现基本功能而附加的功能。

对特定的货物而言，其功能只能满足人们的某一方面的需求。所以，确定货物功能需求需要考虑以下因素：

（1）基本功能

基本功能是招标采购货物能够直接实现的功能。分析基本功能需求，是确定货物种类的前提。对使用功能单一的货物而言，其功能确定相对简单。但对一些多功能需求的货物，则需要进一步确定其各项子功能需求后才能确定该货物的基本功能。一般在成成套机电产品、系统集成产品采购时，需进一步分析子功能及其组合功能。

（2）扩展功能

扩展功能是在现有功能基础上，通过添加一些配套产品或产品换代升级来实现某些具体功能，从而满足使用者对货物功能的进一步要求。这就要求在确定功能需求时，为产品的升级换代、扩展功能预留一定的发展空间。

（3）使用环境

货物的使用环境包括以下几个方面：

①货物安装所需平面及空间尺寸；②货物操作平面及空间尺寸；③货物使用动力，如电力、热力等要求；④货物所需环境温度、湿度、大气压等气象气候指标；⑤货物洁净要求；⑥使用环境及其他要求，如防干扰、防辐射、防电磁波等。

2. 货物技术要求

货物的技术要求，包括货物技术规格、参数与要求、设备工作条件、环境要求等事项，通过对应的技术文件、图纸等具体明确。

【案例 5-10】 某冷水机组招标采购，其技术要求如下：

（1）组合方式

3 台等冷量机组。投标厂商如有多机头机组可单独报价作为备选投标方案。

（2）技术指标

制冷剂：R22、R134a 或 R123。

蒸发器：进/出水温度：12℃/7℃，工作承压：大于 1.6MPa

冷凝器：进/出水温度：32℃/37℃，工作承压：大于 1.6MPa

电源：三相 380V，50Hz

电机启动屏、控制屏由厂家提供并与主机联体

除上述指标外，提供设备技术参数还应包含：①机房允许制冷剂浓度，如果制冷剂有毒性，应提供泄漏时检测通风等方面的安全要求；②设备输入功率、启动电流及满载电流；③设备能耗指标；④制冷剂充入量；⑤蒸发器、冷凝器污垢系数；⑥噪声指标；⑦冷量调节范围及调节方式；⑧设备重量及外形尺寸；⑨使用寿命及运转无故障时间等；⑩设备散热量。

（3）冷冻站 BAS 系统要求

1) 3台冷机在同一机房，3台冷机的自控作为本楼BAS系统的一个子系统，该分站设在冷冻机房内，由冷冻机供货厂家负责完成方案设计、供货、安装、调试，并提供标准接口、软件和协议，与楼内BAS系统相连，可远程操作也可就地操作；

2) 冷冻机房自控设计依据为"制冷系统自控原理图"；

3) 自控系统报价中要含与自控系统有关的传感器、阀门等元器件，并注明品牌、产地；

4) 监控内容

①冷水机手/自动状态、运行状态、故障报警、启/停控制、水流状态监测；②冷冻水泵/冷却水泵手/自动状态、运行状态、故障报警、启/停控制、水流状态监测；③冷却塔风机手/自动状态、运行状态、故障报警、启/停控制；④冷冻水供回水温度、供回水压差、回水流量监测、供回水压差旁通调节；⑤冷却水供回水温度监测，冷却水蝶阀开/关；⑥风机盘管干管及空调箱干管设置冷量计量装置。

5) 监控功能

①按正确顺序依次启/停外围设备（冷却塔风机、冷冻水泵、冷却水泵）；②根据冷冻水供回水温度及流量，计算实际制冷负荷，按机组额定制冷量，确定机组运行台数；③统计各设备运行时间，提示定时维修；④根据每台设备运行时间，自动确定运行主设备和备用设备；⑤根据冷冻水供、回水总管压差，调节旁通阀的开度，保持冷冻水供水压力的稳定；⑥根据冷却水温度自动控制冷却塔风机启/停台数，使冷却水温度控制在32～37℃范围内；⑦参数超限报警、设备故障报警；⑧在工作站彩色图形显示、记录各种参数、状态、报警、运行时间、趋势图、动态流程图；⑨主机控制屏及BAS系统工作站均需中文显示。

(4) 技术标准

产品质量须符合中华人民共和国有关技术标准、规范、规程等要求。

5.3.3 招标范围

货物招标范围，即货物采购合同标的，需要依据货物及其伴随服务的需求分析确定，一般包括货物名称、供货范围、数量、附件及零配件、备品备件、专用工具、包装要求、运输方式、考察及培训要求、安装调试及技术服务要求、交货地点、售后服务以及其他事项等。这里对其中一些主要事项说明如下：

1. 供货范围及数量

供货范围，指出现在合同或者技术协议里面的，需求方要求供方提供的货物范围，一般由货物名称、技术规格或型号及数量确定。例如，某变压器招标采购项目，规定的供货范围为：变压器设备本体、风机、测温元件、其他附件及售后服务；规定的采购数量为8台。

2. 附件及零配件、备品备件和专用工具

货物附件，指辅助货物运转的构件，需确定附件种类、数量。零配件、备品备件和专用工具一般针对机械设备而言，如零配件指组成机械和机器不可分拆的单个制件；备品备件则指维修所需要的易损、易耗件，比如机械轴承、齿轮等，一般需明确备品备件种类、数量和提供年限；专用工具则是为设备检修、拆装而配置的专门工具，需确定专用工具套数。

3. 包装及运输方式

包装是货物搬运过程中的承载物，它可以有效保护货物不受损害，而运输则是采用运载设备和工具，将物品从一个地点向另一地点运送的一种物流活动。

包装方式,按容器材质分为纸质包装、塑料包装、玻璃和陶瓷包装、金属包装和木质包装 5 类,按行业分为商业包装、工业包装、农产品包装、军用包装和电子电器产品包装 5 类;按被包装物分为食品包装、药品及保健品包装、化妆品包装、日用品包装、服装包装、化学物品包装、危险品包装 7 类;按功能分为手提袋、箱与盒、礼品包装、香烟包装、酒类包装、出口产品包装、功能性包装和装饰性包装 8 类。

货物包装,一方面需保护货物在特定运输方式下不受损害。现代运输方式有铁路运输、公路运输、水上运输、航空运输和管道运输 5 种方式。

4. 伴随服务

伴随服务内容丰富,分述如下:

(1) 货物考察,即招标采购人对货物加工生产过程、库存及运输等实地观察调查,伴随着交通、住宿、接待等事项;考察中还要确定是否需要供应商对货物的规范使用进行培训,培训的人数和次数等事项。

(2) 安装调试,指设备安装完成之后的调试检查,以检验设备能否正常投入运行。

(3) 技术服务,即供货商为招标采购人解决某一特定技术问题所提供的各种服务,例如进行非常规性的计算、设计、测量、分析、安装、调试,以及改进工艺流程、进行技术诊断等服务。

(4) 交货地点,即货物运抵地点,有运输船、港口或码头、车站、机场、施工现场以及招标采购人在合同中指定的其他地点等。

(5) 售后服务,指货物出售后所提供的各种服务活动,例如货物问题咨询、客户回访、产品维护和升级等服务。

综上,货物加工生产期间的考察、对操作人员的培训、货物的安装调试及技术服务、交货地点和货物售后服务等事项,会在合同履行中产生相应费用,一般只要招标采购时明示该项工作,其价格就应包含在货物合同价格中。

【案例 5-11】 某工程项目动力电缆招标采购,规定的采购需求见表 5-14。

某工厂项目动力电缆招标采购需求　　　　　　　表 5-14

品目号	货物名称	型号参数	单位	数量	供货范围	交货期	交货地点
一	电缆	1 车间					
1	电缆	ZRYJV-T-0.6/1kV4×185+95	m	1350	电缆及售后服务等合同规定的内容	支付预付款后 45 天交货	建设地点
2	电缆	ZRYJV-T-0.6/1kV4×150+70	m	2600			
3	电缆	ZRYJV-T-0.6/1kV4×120+70	m	680			
4	电缆	ZRYJV-T-0.6/1kV4×150+70	m	720			
二	电缆	2 车间					
5	电缆	ZRYJV-T-0.6/1kV4×185+95	m	7260	电缆及售后服务等合同规定的内容		
6	电缆	ZRYJV-T-0.6/1kV4×150+70	m	2160			
7	电缆	ZRYJV-T-0.6/1kV4×120+70	m	4840			
8	电缆	ZRYJV-T-0.6/1kV4×185+95	m	560			
9	电缆	ZRYJV-T-0.6/1kV4×150+70	m	1280			
10	电缆	ZRYJV-T-0.6/1kV4×120+70	m	880			

其招标文件中,对货物及其服务的约定如下:

这里,货物系指供货商按合同约定向招标采购人提供的符合招标文件要求的相关的货物;服务,指合同规定的供货商须承担的与其提供货物有关的辅助服务,如运输、保险、安装、调试、技术培训、售后服务以及其他类似的义务。

5.3.4 合同价格

货物合同价格,即货物按合同约定运到指定地点后的货款支付价格。国外货物费用一般包括交货价、运费、保险费、进口税费和国内费用等;国内货物一般包括货物出厂价、装卸费、运输费和采购保管费等费用。

1. 货物进口成本

按照国际贸易惯例,进口货物价格情形见表 5-15。

货物进口情形分类　　　　　　　　　　表 5-15

代码	价格术语	交货地点	风险分配	租船订舱	保险办理人	进口税
EXW	Ex Work	出口国工厂	货交买方	买方	买方	买方
FOB	Free on Board	出口国装运港船上	越过船舷	买方	买方	买方
CFR	Cost and Freight	出口国装运港船上	越过船舷	卖方	买方	买方
CIF	Cost Insurance and Freight	出口国装运港船上	越过船舷	卖方	卖方	买方
CIP	Carriage and Insurance Paid	出口国某地货交承运人	货交承运人	卖方	卖方	买方
DDP	Delivery Duty Paid	进口国指定地点	指定地点货交买方	卖方	卖方	卖方

货物国际招标采购时,常用 FOB、CFR 和 CIF 三种交货价格。这样,依据表 5-14 中的风险、责任划分,其成本组成分别为:

"FOB 货物成本=FOB 进口合同价+运费+保险费+国内费用+进口关税+消费税+增值税"

"CFR 货物成本=CFR 进口合同价+保险费+国内总费用+进口关税+消费税+增值税"

"CIF 进口货物成本=CIF 进口合同价+国内总费用+进口关税+消费税+增值税"

这当中:

(1) 进口合同价,指供方按合同约定交付买方后,买方支付的货款数额。

(2) 运费,指货物海上运输费用。

(3) 保险费,指货物国际运输保险费用。

(4) 进口国内费用,指货物下船,直到运抵目的地的费用,一般包括:①卸货费、驳船费、码头建设费、码头仓租费等费用;②进口商品的检验费和其他公证费用;③银行费用,如开证费及其他手续费;④报关提货费;⑤国内运费、仓租费;⑥从开证付款至收回货款之间所发生的利息支出；⑦其他费用等。

(5) 进口关税，即海关征收的海关税，按货物进口合同价、货物运抵中华人民共和国海关境内输入地点起卸前的运费和保费乘以规定的费率计算。一般以 CIF 为基础，采用 CFR 成交时，应加保险费计算税费计算货物完税价格；同时，货物在交易卖方付给买方正常的折扣，应在成交价格中扣除后计算进口税费。

$$\text{货物完税价格} = CFR/(1-\text{保险费率}) \tag{5-1}$$

$$\text{货物完税价格} = (FOB+\text{运费})/(1-\text{保险费率}) \tag{5-2}$$

(6) 消费税，指从国外进口应税消费品，海关要征收的消费税额。计算公式为：

$$\text{消费税} = (CIF+\text{关税}) \times \text{消费税税率}/(1-\text{消费税税率}) \tag{5-3}$$

(7) 增值税为价外税，由组成应纳增值税价格与适用的增值税税率计算所得。计算公式为：

$$\text{增值税} = (CIF+\text{进口关税}+\text{消费税}) \times \text{增值税税率} \tag{5-4}$$

(8) 国内运输保险费，即从国内港口码头运抵目的地的保险费用，计算公式为：

$$\text{国内运输保险费} = (CIF+\text{关税}+\text{增值税}+\text{消费税}) \times \text{运输保险费率} \tag{5-5}$$

【案例 5-12】 某国外货物的 CIF 为 100 万美元，其进口关税税率为 8%，进口增值税税率为 17%，国内运费 10 万元人民币，国内运输保险费率 2%，不计其他费用，免征消费税，现对该货物的完税价格计算如下：

CIF＝100 万美元；

进口关税＝100×8%＝8 万美元；

进口增值税＝(100＋8)×17%＝18.36 万美元；

国内费用＝运费＋运输保险费＝10＋(100＋8＋18.36)×2%＝12.5272 万美元。

2. 国内货物成本

招标采购国内货物成本，指货物出场到运抵交货地的全部价格，包括货物出厂价、装卸费、运费、采购保管费、其他杂费和国内运输保险费等费用，计算公式为：

$$\text{国内货物成本} = \text{货物出厂价} + \text{装卸费} + \text{运费} + \text{采购保管费} + \text{其他杂费} \tag{5-6}$$

$$\text{国内运输保险费} = \text{出厂价} \times \text{国内运输保险费率} \tag{5-7}$$

【案例 5-13】 某国内设备出厂价为 250000 元，采用公路零担运输的运输费为 6000 元，运输保险费率为设备出厂价的 0.1%，其他杂费为 4000 元人民币。则该设备的成本为：

250000＋250000×0.1%＋6000＋4000＝260250 元。

3. 合同价格变更

货物合同生效后，当事人双方根据客观情况的变化，依照法律规定的条件和程序对原合同内容进行修改、补充或者完善（如数量增减或履行条件的变化等，直接导致的合同价格变化），货物合同变更因素有以下几种：

(1) 增加或减少供货数量、质量标准或特性；

(2) 变更货物运输或包装方法；

(3) 变更交货地点；

(4) 变更卖方提供的伴随服务；

(5) 市场物价波动超出约定范围；

(6) 不可抗力，如战争、地震、海啸、台风等自然因素造成的、人力无法避免的大自然情况等；

（7）非卖方原因造成供货延误等。

上述合同变更使买方履行合同费用的增加或减少，应按照自愿、公平、等价有偿和诚实信用原则，调整合同价格，并按照约定由买方履行合同义务支付卖方相应费用。

5.3.5 交货期

国际贸易中的交货期，指卖方将货物装上运往目的地（港）的运输工具或交付承运人的日期；国内贸易中的交货期指卖方按合同约定将货物运抵目的地的日期。

交货期一般由以下5个因素所需时间构成：

（1）原材料采购时间，指卖方为完成货物生产，采购必要的原材料所用时间。

（2）生产时间，指卖方完成货物生产所需必要时间，包括生产准备、加工、出厂检验时间等。

（3）运输时间，指卖方将货物从供应商的生产地送到合同约定交货点所花时间，与货物生产地点和交货地点间的距离及运输方式有直接关系。

（4）验货时间，指卸货时，检查货物完整性、数量、外观是否有误，是否有瑕疵，是否有明显的包装损坏，确认交货物品是否与合同约定一致等所需时间。

（5）其他时间，指非卖方和买方因素所需时间，如合同需要政府备案或审批所需时间，办理货物装运手续所需必要时间等。

因此，确定的交货期需满足：

"交货期≥原材料采购时间＋生产时间＋运输时间＋验货时间＋其他时间"

常见的造成交货期变更的因素有以下几种：

（1）增加供货合同的品种或数量；

（2）改变货物质量要求或其他特性；

（3）买方原因导致的供货延误；

（4）不可抗力，如战争、地震、海啸、台风等自然因素造成的、人力无法避免的大自然情况等；

（5）非卖方原因造成供货延误等，如政府政策变更等。

5.3.6 货物使用寿命

货物使用寿命，指一种货物从进入消费领域被使用，到其失去其使用价值的时间间隔。一般产品均有使用寿命，例如，汽车平均使用寿命为10年，空调器的平均使用寿命为10~12年，电视机平均使用寿命为8年等。货物招标采购时，既要看合同价格，还需关注货物在单位时间（年）的成本支出情况，计算公式为：

"货物年成本支出＝（货物合同价格＋使用寿命内维修费用）/货物使用寿命（年）"

【案例5-14】 某国产42英寸电视机A售价4124元人民币，使用9年报废。使用期间进行1次维修，更换电子元件，花费205元，则该台电视机年成本支出为：

$$(4124+205)/9=481 元/年$$

而某国产42英寸电视机B售价5300元人民币，使用12年报废，使用中维修费244元，则其年成本支出为：

$$(5300+244)/12=462 \text{ 元/年}$$

所以,单从电视机售价看,电视机A优于B,但从年成本支出看,电视机B优于A。

5.3.7 其他事项

货物招标采购目标因素,除上述事项外,还包括一些其他需求事项,例如:
(1) 产品外观要求;
(2) 特殊功能,即超出正常功能外的一些要求等。

5.4 服务招标目标因素

服务,指服务提供商依据自身能力为他人做事,以使他人从中受益的一种有偿或无偿的活动,其特点是以活劳动形式满足他人某种需要。衡量服务水平高低的指标称为服务质量;指服务工作能够满足被服务者需求的程度。服务者增强服务意识,提高服务质量,是其市场竞争的必要条件。

5.4.1 服务合同目标

服务项目招标采购核心是服务提供商的能力,包括其技术素质、组织、管理与协调能力等。与工程施工和货物采购不同,服务招标采购重点选择专业素质高、管理能力强的服务人,确定提供服务的具体人员和设备、设施,而不是关注提供服务的价格。

工程咨询服务,如勘察、设计、监理等,其合同一般由:①合同协议书;②中标通知书;③投标函及投标函附录;④专用合同条件;⑤通用合同条件等组成,分别载明服务范围、服务方式、服务期、服务标准、服务价格等实质性内容。

其他服务项目,其合同各有特色,但一般均需包括服务范围、服务期、服务质量、费用及支付、双方权利与义务、合同变更、违约、索赔与争议等实质性内容。

5.4.2 服务目标需求

选择服务企业及其指派的服务人员,是服务项目招标采购的核心需求目标。

1. 工程咨询企业市场准入

国家对工程咨询类企业,如工程咨询、勘察、设计、监理、招标代理、造价咨询、质量检测机构等企业实行市场准入。工程咨询企业在其资质许可范围内开展相关咨询业务。

(1) 工程咨询

工程咨询单位专业资格,按照以下31个专业划分:①公路;②铁路;③城市轨道交通;④民航;⑤水电;⑥核电、核工业;⑦火电;⑧煤炭;⑨石油天然气;⑩石化;⑪化工、医药;⑫建筑材料;⑬机械;⑭电子;⑮轻工;⑯纺织、化纤;⑰钢铁;⑱有色冶金;⑲农业;⑳林业;㉑通信信息;㉒广播电影电视;㉓水文地质、工程测量、岩土工程;㉔水利工程;㉕港口河海工程;㉖生态建设和环境工程;㉗市政公用工程;㉘建筑;㉙城市规划;㉚综合经济(不受具体专业限制);㉛其他(按具体专业填写)。其企业资格等级分为甲级、乙级、丙级,各工程咨询企业按照国家有关规定依法开展工程咨询业务。

(2) 工程勘察

工程勘察资质分为工程勘察综合资质、工程勘察专业资质和工程勘察劳务资质 3 种。其中，工程勘察综合资质只设甲级；工程勘察专业资质设甲级、乙级，根据工程性质和技术特点，部分专业可以设丙级；工程勘察劳务资质不分等级。

取得工程勘察综合资质的企业，可以承接各专业（海洋工程勘察除外）、各等级工程勘察业务；取得工程勘察专业资质的企业，可以承接相应等级相应专业的工程勘察业务；取得工程勘察劳务资质的企业，可以承接岩土工程治理、工程钻探、凿井等工程勘察劳务业务。

(3) 工程设计

工程设计资质分为工程设计综合资质、工程设计行业资质、工程设计专业资质和工程设计专项资质。其中，工程设计综合资质只设甲级；工程设计行业资质、工程设计专业资质、工程设计专项资质设甲级、乙级，个别行业、专业、专项资质可以设丙级，建筑工程专业资质可以设丁级。

取得工程设计综合资质的企业，可以承接各行业、各等级的建设工程设计业务；取得工程设计行业资质的企业，可以承接相应行业相应等级的工程设计业务及本行业范围内同级别的相应专业、专项（设计施工一体化资质除外）工程设计业务；取得工程设计专业资质的企业，可以承接本专业相应等级的专业工程设计业务及同级别的相应专项工程设计业务（设计施工一体化资质除外）；取得工程设计专项资质的企业，可以承接本专项相应等级的专项工程设计业务。

(4) 工程监理

工程监理企业资质分为综合资质、专业资质和事务所资质。其中，专业资质按照工程性质和技术特点划分为若干工程类别。综合资质、事务所资质不分级别；专业资质分为甲级、乙级，其中，房屋建筑、水利水电、公路和市政公用专业资质可设立丙级。

取得综合资质的企业可以承担所有专业工程类别建设工程项目的工程监理业务；取得专业甲级资质的企业可承担相应专业工程类别建设工程项目的工程监理业务；取得专业乙级资质的企业可承担相应专业工程类别二级以下（含二级）建设工程项目的工程监理业务；取得专业丙级资质的企业可承担相应专业工程类别三级建设工程项目的工程监理业务。这里，一级、二级、三级建设工程指建设工程专业等级，不同类别的工程建设项目，由对应的专业等级划分标准。例如，房屋建筑工程的专业等级划分见表 5-16。

房屋建筑工程专业等级标准　　　　表 5-16

工程类别		一级	二级	三级
房屋建筑工程	一般公共建筑	28 层以上；36m 跨度以上（轻钢结构除外）；单项工程建筑面积 3 万 m² 以上	14~28 层；24~36m 跨度（轻钢结构除外）；单项工程建筑面积 1 万~3 万 m²	14 层以下；24m 跨度以下（轻钢结构除外）；单项工程建筑面积 1 万 m² 以下
	高耸构筑工程	高度 120m 以上	高度 70~120m	高度 70m 以下
	住宅工程	小区建筑面积 12 万 m² 以上；单项工程 28 层以上	建筑面积 6 万~12 万 m²；单项工程 14~28 层	建筑面积 6 万 m² 以下；单项工程 14 层以下

(5) 招标代理

工程招标代理机构可以跨省、自治区、直辖市承担工程招标代理业务，其招标代理机构资格分为甲级、乙级和暂定级 3 种。

甲级工程招标代理机构可以承担各类工程的招标代理业务；乙级工程招标代理机构只能承担工程总投资 1 亿元人民币以下的工程招标代理业务；暂定级工程招标代理机构，只能承担工程总投资 6000 万元人民币以下的工程招标代理业务。

(6) 造价咨询

工程造价咨询企业资质等级分为甲级、乙级 2 种。

工程造价咨询企业依法从事工程造价咨询活动，不受行政区域限制，其中甲级工程造价咨询企业可以从事各类建设项目的工程造价咨询业务；乙级工程造价咨询企业可以从事工程造价 5000 万元人民币以下的各类建设项目的工程造价咨询业务。

2. 工程咨询人员市场准入

对工程咨询类专业人员，国家实行职业资格注册登记管理制度。

国家对工程建设实施过程中涉及的咨询（投资）工程师、城市规划师、建筑师、勘察设计（土木、结构、公用设备、电气、机械、化工、电子工程、航空航天、农业、冶金、矿业/矿物、核工业、石油/天然气、造船、军工、海洋、环保）工程师、监理工程师、造价工程师等实行执业注册制度，对工程建设项目的投资策划与决策、勘察、设计、监理、造价咨询等成果文件，由相应注册工程师按规定签字盖章后方可生效。

3. 工程咨询企业及人员需求

工程咨询企业及相关人员业务素质和职业道德，是保证咨询服务质量的前提条件。

(1) 工程咨询企业需求

需要依据建设工程类别、对应的专业等级和咨询项目特点、需要，依法确定可以提供咨询服务的企业类别、等级，以及其他相关条件。

【案例 5-15】 总建筑面积为 20 万 m^2 的新建住宅小区，按照表 5-15 规定标准，其工程监理只能由具有房屋建筑工程专业资质甲级或工程监理综合资质的监理企业监理。

(2) 工程咨询人员需求

工程勘察、设计、监理等咨询服务，一般采用项目组（部）负责制，即服务提供商在工程建设过程中授权项目组（部）对外开展业务、承担法律责任。该项目组由项目负责人和专业工程师组成。需要由执业注册工程师担任的岗位（例如房屋建筑工程设计负责人）须由注册建筑师担任，该项目总监理工程师应由注册监理工程师担任。

1) 设计项目组

设计项目组由项目设计总负责人、有关专业设计人员组成。以房屋建筑工程设计为例，其项目组一般由下述人员构成：①设计总负责人；②建筑专业人员；③结构专业人员；④给水排水专业人员；⑤暖通专业人员；⑥电气专业人员；⑦其他特殊专业（如通信专业、防护专业、防化）专业人员等，视工程需要确定。

再以公路工程设计为例，其项目组一般由以下人员构成：①路线专业人员；②路基专业人员；③路面专业人员；④交通安全设施；⑤公路概预算；⑥工程地质专业人员；⑦动力专业人员；⑧其他专业（如桥梁专业、隧道专业、信息传输专业、公路收费系统等）视工程需要确定。

2) 项目监理部

项目监理部由总监理工程师、相关专业监理人员和监理旁站人员组成。以房屋建筑工程监理为例，项目监理部一般由下属人员构成：①总监理工程师；②结构工程监理；③装修装饰工程监理；④给水排水工程监理；⑤暖通工程监理；⑥电气工程监理；⑦造价工程师；⑧监理旁站；⑨其他特殊专业，如钢结构、特种结构监理等。

4. 非工程咨询服务需求

对非工程咨询服务项目提供服务的企业及人员实行市场准入的，要按国家或部门的相关规定和服务项目需要，对企业和人员提出要求。

例如物业管理项目，国家对物业管理企业实行市场准入制度，企业等级分为一级、二级和三级。物业管理企业在其等级许可范围内开展房屋修缮、设备维修、保养、车辆运行及照管、小区秩序维护、清洁环卫、绿化、消防管理等事项。对应地，其提供服务的物业专业人员应由具有物业管理师职业资格的人员担任。

对提供服务项目的企业没有实行市场准入的，应从企业服务硬件、软件两个方面，对企业及从业人员提出服务需求，其中，国家对服务人员执行市场准入的，按市场准入提出人员要求，例如注册会计师、执业药师（中）、注册资产评估师、注册税务师、企业法律顾问、价格鉴证师、矿业权评估师、矿产资源储量评估师、拍卖师、注册安全工程师、注册核安全工程师、注册设备监理师等。

5.4.3 服务范围

服务范围，即服务合同中的工作内容，用来界定服务企业提供的具体服务内容，并据此依据国家有关收费标准计取服务费。

【案例 5-16】 按照不同设计阶段，工程建设项目设计内容如下：

（1）方案设计

总体规划、建筑设计（艺术、造型）、街景布置、环境关系规划、交通组织、建筑模型和主要技术经济指标等。

（2）初步设计

①总体设计原则；②项目功能和工程建设标准；③设计方案，包括工艺流程、设备选型、生产运行组织、方法、总图运输、系统设施与配套工程、主要建筑物形式与结构体系、结构布置、主要材料、设备规格、尺度与标准、环保措施等；④施工组织设计大纲；⑤建设征地与移民安置；⑥建设投资等。

（3）施工图设计

经过详细计算后确定的工程及其组件具体定位、结构尺寸、构造分布与材料、质量与误差标准、技术细节要求等。

【案例 5-17】 按不同建设阶段，工程监理的工作内容如下：

（1）勘察阶段

①协助项目法人编写勘察任务书；②审查勘察单位的资质、信誉、技术水平、经验、设备条件等；③审查勘察单位的勘察方案；④勘察过程的质量、进度控制；⑤勘察合同管理；⑥勘察成果的审核；⑦完成勘察阶段的总结报告，报送项目法人等。

（2）设计阶段

①编制设计要求或设计任务书；②协助项目法人组织设计招标；③协助项目法人与设计单位签订设计委托合同；④督促并审查初步设计和概算文件；⑤督促并审查施工图设计和预算文件；⑥协助项目法人进行施工图外审工作；⑦签发设计费支付凭证；⑧编写设计阶段监理工作总结并报送项目法人等。

（3）施工阶段

①编制工程监理规划；②编制监理工作实施细则，月工作计划；③明确各方（项目法人、监理部、总包商、检测承包商、供应商等）工作接口；④建立监理文件管理系统，明确信息传递程序和方法；⑤提出施工过程中的风险防范措施，并监督实施；⑥对工程建设过程中的质量及安全进行控制；⑦主持或参加重大质量问题的处理；⑧建立工程进度控制管理体系，并监督实施；⑨建立工程造价控制管理体系，对支付证书签署意见；⑩对重大的变更和索赔提出处理意见；⑪制定工程安全、健康和环保管理体系，并监督实施；⑫组织对施工图进行会审，并提出建议；⑬协助业主编制工程、设备等招标所需要的文件；⑭审查材料、设备采办的技术规格书；⑮审查总承包商上报的施工组织设计和施工难点的技术方案；⑯在施工过程中，配合业主协调设计、施工、检测、供应各方的关系；⑰向业主提供工程周报、监理工作月报及专题报告；⑱参加工程的竣工验收和试运行；⑲提交监理工作总结报告；⑳对各项施工标准和验收规范提出建议；㉑对已完成竣工图进行审查；㉒完成《建设工程监理规范》GB 50319—2000 规定的其他工作等。

5.4.4 服务质量

服务质量首先可由服务标准来确定。服务标准，指服务合同各项服务应满足的需求以确保其适用性，进而检验服务提供者是否如约履行合同的标准。招标采购时，应按服务项目类别以及服务内容确定服务标准。

按领域划分，服务标准可划分为交通运输、仓储和邮政标准、信息传输、计算机服务和软件标准、批发和零售标准、住宿和餐饮标准、金融标准、房地产标准、租赁和商务服务标准、居民服务和相关服务标准、教育标准、卫生、社会保障和社会福利标准、文化、体育和娱乐标准、电力、燃气和水的供应标准以及其他服务标准等。

除了服务标准以外，一般还可以从以下 5 个方面评价服务质量[1]：

（1）感知性，指有形服务部分，如各种设施、设备、服务人员仪容仪表等。有形部分提供了有关服务质量的线索，直接影响客户对服务质量的感知。

（2）可靠性，指服务提供者要完成所承诺的服务。

（3）适应性，指反应能力，即为顾客提供快捷、有效的服务，表明企业的服务导向是否把顾客利益放在第一位，是否快捷、有效地响应顾客的需求。

（4）保证性，指服务态度和胜任能力。服务人员具有较高的知识技能和良好的服务态度，能增强顾客对服务质量的可信度和安全感。

（5）移情性，俗称换位思考，指企业和服务人员能设身处地为顾客着想，努力满足客户的各项需求。给予客户充分的关心和相应的体贴，使服务过程充满人情味是移情性的表现形式。

---

[1] 百度百科：服务标准：http//baike.baidu.com/view/197265.5htm。

5.4.5 服务价格

服务价格，指各类有偿服务的收费，包括工程咨询和非工程咨询服务收费两大类。

工程咨询服务收费，如勘察、设计、监理、招标代理、造价咨询等，执行政府指导价，仅允许在一定范围内浮动，例如监理、招标代理收费标准仅允许上下浮动20%。

非工程咨询服务价格一般分为4类：

(1) 公用事业收费。主要包括公共交通、邮政、电讯、城市供排水、热力、供电、供气等价格。

(2) 公益服务收费。公益服务收费也称为公益服务价格，主要包括教育收费、医疗服务收费等。

(3) 中介服务收费。包括信息咨询费、结算费、配送费、培训费、法律服务收费、公证服务收费、会计事务收费、律师事务收费、审计事务收费、价格事务收费、资产和资信评估机构服务收费、经纪人服务收费、典当行、拍卖行、职业介绍所、婚姻介绍所、人才交流中心等中介组织的服务收费、计量检查、质量检查、生产检验等检查认定机构的服务收费。

(4) 其他经营性服务收费。指企业、事业单位以营利为目的，借助一定场所、设备和工具提供服务所收取的费用。包括修理、餐饮、商业服务、洗浴、照相、理发、影视、体育比赛、文化娱乐、旅游、物业管理、广告、金融委托代理、运输收费等等。经营性服务收费是由市场竞争形成的，它由经营成本、税金、利润构成。

上述收益类型中，公用事业收费和公益事业服务费为政府定价，中介服务收费一般为政府指导价，经营性服务收费实行市场调节价。

5.4.6 服务期

服务期，指服务提供者按合同约定开始提供服务至服务终止之间的时间。服务期的长短，直接影响服务价格。合同履行过程中，非服务提供者原因延长服务期，一般需要追加服务费。因此，需要按照服务项目内容和需要，科学合理地确定合同服务期。

例如，设计服务期一般称为设计周期，指按设计标准完成设计文件所需要的时间。设计周期一般划分为方案设计、初步设计、施工图设计三个阶段，每个阶段的周期可在总设计周期的控制范围内进行调整。

【案例5-18】 某工程设计招标采购范围为：综合办公楼、交流中心、专家职工公寓及配套设施、用房初步设计；计划设计周期为90日历天。

【案例5-19】 某工程监理招标采购范围为：×××县—×××县公路，全长24.00km，按山岭重丘区四级公路标准进行建设，计算行车速度20km/h，路基路面宽5.5m，沥青表面处置路面，设计荷载汽—20，挂—100；计划监理服务期为："建设工期十缺陷责任期"，计540日历天。

对于非乙方责任的工期延长，增加延长工期费，这里：

"增加费＝监理服务费中标额/监理工作日期×延长日期"。

思考题

(1) 招标采购需求分析有哪几个方面？它与市场供给的关系是什么？为什么同样的标的物，在不同年份采购的价格会不一样？

（2）以笔记本电脑采购为例，分析电脑配置、显示屏大小以及品牌等需求与采购价格的关系，分别画出其函数图像。

（3）工程施工承包合同由哪些文件构成？工程施工的标的物是什么？怎样控制工程施工招标采购的质量和成本？以某校行政办公楼为例，分析该工程施工需求，确定该项目施工总承包资质，以及建造师最低等级（可查阅住房和城乡建设部关于建筑业企业资质管理标准和注册建造师执业资格管理的规定）。

（4）货物功能需求包括哪几方面内容？以高层建筑电梯采购为例，分析其采购需求。

（5）分析不同贸易价格形式的国际货物（如 CIF 价、CIP 价国际货物）以及国内货物的成本构成。

（6）服务需求包括哪几方面内容？以餐饮管理为例，分析餐饮管理的服务需求，同时以房屋建筑工程设计或监理为例，分析其采购需求（可查阅《建筑工程设计文件编制深度规定》和《建设工程监理规范》等）。

第6章 目标因素排序理论

目标因素,即采购目标的外源及内生因素、变量或指标,是确定采购需求的基础。而这些目标因素以定性者为多,即没有或未能确定其可准确测量的外显指标,只能对其特征近似测量或近似确定,需要兼顾数学优化及选择理论进行综合决策。这里的目标因素排序理论,就是一种从微观经济学出发,分析因素重要度以及因素关系而择优确定目标的方法,是招标采购的一种重要决策方法。

6.1 排序理论

6.1.1 采购因素

采购因素,指采购需求目标的外源及内生因素、变量或指标,主要涉及采购价格、功能需求、履行期限和履约能力等,是制定采购策略,择优选择采购目标的基础。

1. 施工采购

施工采购因素及指标一般包括:

(1) 施工价格

施工价格指完成项目的成本,包括其人工费、材料费、机械费、利润、税金、措施费、风险费等所有费用组成。招标采购时,施工价格表现在投标人提交的投标函及投标函附录中、已标价工程量清单或报价文件中,既有总价,又有分项报价,是一种量化指标。

(2) 功能需求

建设项目功能需求,由设计单位依据国家或行业颁布的标准、规范、规程和采购人功能需求,在其完成的设计图纸中确定,无须竞争采购。

(3) 履行期限

施工履行期限,即工期,由分部分项工程、单位工程和阶段工期构成,其具体履行时间体现在投标人提交的工程进度控制计划和工期保证措施中,是一种量化指标。

(4) 履约能力

施工履约能力,即投标人的合同履约能力,体现在投标人的资质、拟投入的项目管理机构人员素质、施工机械、业绩和投标人编制的施工组织设计中,是一种非量化指标,需通过对其中的施工方案与技术措施、质量管理体系与措施、安全管理体系与措施、环境保护管理体系与措施、工程进度计划与措施、拟投入的施工机械、人员、试验、检测仪器等进行综合判断。

2. 货物采购

货物采购因素及指标一般包括:

(1) 货物价格

货物价格由出厂价、运费、保险和其他费用组成。招标采购时，货物价格表现在投标人提交的投标函及投标函附录和投标分项报价表中，是一种量化指标。

(2) 功能需求

功能需求分析是货物采购的一项基础工作，包括基本功能分析、扩展功能分析以及货物使用环境分析。货物的基本功能和扩展功能一般可通过对应的技术指标或参数实现，从而变成量化指标。

需要注意的是，基本功能和扩展功能以外的一些需求，如美观需求等，与采购人审美水平有关，可能没有统一的技术指标或参数衡量，属于非量化指标。

(3) 履行期限

货物履行期限，即交货期，由货物加工周期和运输时间构成，具体履行时间一般体现在招标文件的货物需求一览表和投标人提交的投标函及货物供给一览表中，是一种量化指标。

(4) 履约能力

货物履约能力，即货物供应商履行货物合同的能力，包括货物生产加工和运输，可通过投标人提供的货物技术指标和性能详细说明、备品备件、专用工具、运输方案和销售业绩等判断其是否满足采购需求，其中货物技术指标、销售业绩等属于量化指标。

3. 服务采购

服务采购的重点是服务能力，其采购因素及指标一般包括：

(1) 服务价格

服务价格表现在投标人提交的投标函及投标函附录中，是一种量化指标。

(2) 服务需求

服务需求，即需要服务者提供哪些服务，一般没有量化的技术标准，属于非量化指标。

(3) 履行期限

服务履行期限，即服务期，体现在招标文件和投标人提交的投标函中，是一种量化指标。

(4) 履约能力

服务履约能力，即服务者提供服务的能力，主要包括其人员素质和服务方法两部分。招标采购时，投标人的服务能力体现在其提交的服务计划、拟投入的人员素质及业绩、拟投入的设备、设施等，一般是非量化指标。

6.1.2 序关系及其基本理论

1. 序关系

序关系，即变量间的一种逻辑次序。例如，整数集合上的 $-2<-1<0<1<2<5$ 就是整数集合 $\{-2,1,0,1,2,5\}$ 上的一种序关系，即大小关系；再比如 $\{a\} \subset \{a,b\} \subset \{a,b,c\}$，则是集合 $\{a,b,c\}$ 上子集的一种序关系，即包含关系。

设 x,y 为两个变量（隐变量或显变量），称 x 优于 y，即 x 的序优于 y，记为 $x>y$，反之，则称 x 劣于 y，记为 $x<y$。如果变量 x,y 间既有 $x>y$，又有 $x<y$，则称 x,y 之间同序记为："$\approx$"。x,y 间的一个严格序，是指 $x>y$ 和 $x<y$ 中仅有一个成立。假设

$x_1, x_2, \cdots, x_n$ 为 n 个给定变量，如果存在序关系 $x_1 > x_2 > \cdots x_n$ 或 $x_1 < x_2 < \cdots, x_n$ 则称集合 $\{x_1, x_2, \cdots, x_n\}$ 上存在全序，对应的集合 $\{x_1, x_2, \cdots, x_n\}$ 称为全序集。一个全序集 S 实际上就是对其中任意两个元 $x, y \in S$，有 $x > y$ 或者 $x < y$，即任意两个元之间可以进行序比较。如果一个集合 S 上的元满足以下三个条件：

(1) $x < x$ 对任意 $x \in S$ 成立；

(2) $x < x \Leftrightarrow y < x$ 对任意 $x, y \in S$ 成立；

(3) $x < y, y < z \Rightarrow x < z$ 对任意 $x, y, z \in S$ 成立。

则称 S 为一个偏序集。我们可以采用有向图表示一个偏序集，即将每个元 $x \in S$ 看作平面上的一个点，存在一条弧 (x, y) 当且仅当集合 S 上存在序关系 $x > y$。图 6-1 中，我们分别给出了偏序集 $\{a_1, a_2, a_3, a_4, b_1, b_2, b_3, b_4\}$ 和全序集 $\{c_1, c_2, c_3, c_4\}$ 示例。

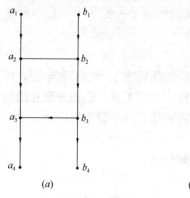

对于偏序集上两个等序元 x, y，一般采用一条无向边 xy 取代两条弧 (x, y) 和 (y, x)，例如图 6-1 中的 $a_2 b_2$。值得注意的是，偏序集上任意两个元之间不一定能进行序比较，比如图 6-1 中的元 $a_1 b_2$。

图 6-1　偏序集图解

2. 优序选择

给定一个偏序集 S 和其中任意一个元 $a \in S$，采用以下规则总可以找到一个包含 a 元的全序集 $O^+(a)$ 和 $O^-(a)$ 如下：

(1) $a \in O^+(a)$ 且 $a \in O^-(a)$；

(2) 若 $a > b$ 且不存在元 x 使得 $a > x > b$，则 $b \in O^+(a)$；一般地，若 $b \in O^+(a), b > c$ 且不存在元 x 使得 $b > x > c$，则 $c \in O^+(a)$；

(3) 若且 $a < b$ 不存在元 y 使得 $a \leq y < b$，则 $b \in O^-(a)$；一般地，若 $b \in O^-(a), b < c$ 且不存在元 y 使得 $b < x < c$，则 $c \in O^-(a)$。

我们有以下结论。

定理 6-1，$O^+(a), O^-(a)$ 和 $O^+(a) \cup O^-(a)$ 均为全序集。

证明仅需证明 $O^+(a)$ 和 $O^-(a)$ 为全序集。设 $x, y \in O^+(a)$，则 $a > x$ 和 $z > y$。由上述构造，存在元 $x_1, x_2, \cdots x_l$ 使得 $x > x_1 > x_2 > \cdots > x_l > y$ 或 $y > x_1 > x_2 > \cdots > x_l > x$，即有 $x > y$ 或者 $x < y$，$O^+(a)$ 为一个全序集。类似地，可以得到 $O^-(a)$ 为全序集。

注意到任意元 $x \in O^+(a)$，有 $a > x$；同时任意元 $y \in O^-(a)$，有 $y > a$。故知 $O^+(a) \cup \in O^-(a)$ 也是一个全序集。

给定 s 个潜变量 $X_1, X_2, \cdots, X_s$ 间序关系 $X_1 > X_2 > \cdots > X_s$ 及其上 n 个效用函数 $\mu_1, \mu_2, \cdots, \mu_n$ 即

$$\mu_1(X_1) > \mu_1(X_2) > \cdots > \mu_1(X_s)$$
$$\mu_2(X_1) > \mu_2(X_2) > \cdots > \mu_2(X_s)$$
$$\cdots\cdots\cdots\cdots\cdots$$
$$\mu_n(X_1) > \mu_n(X_2) > \cdots > \mu_n(X_s)$$

下述定理给出了可选择出某个值 $\mu_i(X_1) > \mu_i(X_2) > \cdots > \mu_i(X_s)$ 为上述序最优值的条件，从而奠定了采购择优选择的基础。

定理 6-2 给定 s 个潜变量 $X_1, X_2, \cdots\cdots, X_s$ 间序关系 $X_1 > X_2 > \cdots > X_s$ 及其上 n 个效用函数 $\mu_1, \mu_2, \cdots, \mu_n$，存在一个效用函数，不是普遍性，设为 μ_1，使得 $\mu_1 > \mu_i$, $i \geq 2$ 的充分必要条件是

$$\mu_1(X_1) > \mu_2(X_1), \mu_1(X_1) > \mu_3(X_1), \cdots, \mu_1(X_1) > \mu_n(X_1)$$
$$\mu_1(X_2) > \mu_2(X_2), \mu_1(X_2) > \mu_3(X_2), \cdots, \mu_1(X_2) > \mu_n(X_2)$$
$$\cdots\cdots\cdots\cdots\cdots$$
$$\mu_1(X_s) > \mu_2(X_s), \mu_1(X_s) > \mu_3(X_s), \cdots, \mu_1(X_s) > \mu_n(X_s)$$

证明 显然，若 $\mu_1 > \mu_i$, $i \geq 2$，则有

$$\mu_1(X_1) > \mu_2(X_1), \mu_1(X_1) > \mu_3(X_1), \cdots, \mu_1(X_1) > \mu_n(X_1)$$
$$\mu_2(X_2) > \mu_2(X_2), \mu_1(X_2) > \mu_3(X_2), \cdots, \mu_1(X_2) > \mu_n(X_2)$$
$$\cdots\cdots\cdots\cdots\cdots$$
$$\mu_1(X_s) > \mu_2(X_s), \mu_1(X_s) > \mu_3(X_s), \cdots, \mu_1(X_s) > \mu_n(X_s)$$

即必要性成立。现在，若该条件成立，则有

$$\mu_1(X_1) > \mu_2(X_1), \mu_1(X_2) > \mu_2(X_2), \cdots, \mu_1(X_s) > \mu_2(X_s)$$
$$\mu_1(X_1) > \mu_3(X_1), \mu_1(X_2) > \mu_3(X_2), \cdots, \mu_1(X_s) > \mu_1(X_s)$$
$$\cdots\cdots\cdots\cdots\cdots$$
$$\mu_1(X_1) > \mu_n(X_1), \mu_1(X_2) > \mu_n(X_2), \cdots, \mu_1(X_s) > \mu_n(X_s)$$

得知 $\mu_1 > \mu_i$ 对任意整数 $2 \leq i \leq n$ 成立。

6.1.3 采购选择模型

采购选择模型，是定量分析供给状况，优化选择供给的一种有向图模型。这种选择模型可以起到以下作用：①供给竞争情况，即参与竞争的供给数量及竞争程度；②供给的外显指标，如价格及服务承诺等；③供给序，即按需求目标，"谁优谁劣"的关系；④市场政策对供给的影响程度。

若存在 n 个供给 $A_1, A_2, \cdots\cdots, A_m$，其外显指标为 $a_1, a_2, \cdots\cdots, a_n$，即对任意整数 $1 \leq i \leq n$, $a_i : A_j \to$ 有序集，这里 $m, n \geq 1$ 为整数。

假设外显指标之间的序关系为 $a_1 > a_2 > \cdots\cdots > a_n$，我们定义一个有向图 $\vec{G}$ 如下：

顶点集 $V(\vec{G}) = \bigcup_{i=1}^{n} \{A_i^1, A_i^2, \cdots\cdots, A_i^n\}$；

弧集 $X(\vec{G}) = \{(A_i^1, A_i^2), (A_i^2, A_i^3), \cdots\cdots, (A_i^{n-1}, A_i^n) \mid a_1 > a_2 > \cdots\cdots > a_n\}, \bigcup \{A_i^k, A_j^k\} \mid$ 存在整数 $1 \leq i, j \leq m, 1 \leq k \leq n$ 使 $a_k(A_i) \geq a_k(A_j)$。

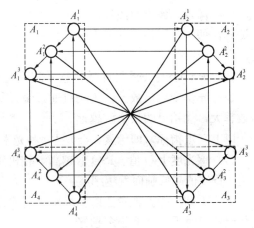

图 6-2 采购选择模型

则有向图 $\vec{G}$ 就在外显指标下刻画了供给 $A_1, A_2, \cdots\cdots, A_m$ 之间关系，称为供给 $A_1, A_2, \cdots\cdots, A_m$ 的采购选择模型。

例如，4 个供给 A_1, A_2, A_3, A_4，且 3 个外显指标 a_1, a_2, a_3 之间的关系为：

$$a_1 > a_2 > a_3$$
$$a_1(A_1) \geqslant a_1(A_2), a_2(A_1) \leqslant a_2(A_2), a_3(A_1) \geqslant a_3(A_2)$$
$$a_1(A_1) \geqslant a_1(A_3), a_2(A_1) \geqslant a_2(A_3), a_3(A_1) \leqslant a_3(A_3)$$
$$a_1(A_1) \geqslant a_1(A_4), a_2(A_1) \leqslant a_2(A_4), a_3(A_1) \geqslant a_3(A_4)$$
$$a_1(A_2) \geqslant a_1(A_3), a_2(A_2) \leqslant a_2(A_3), a_3(A_2) \geqslant a_3(A_3)$$
$$a_1(A_2) \geqslant a_1(A_4), a_2(A_2) \geqslant a_2(A_4), a_3(A_2) \leqslant a_3(A_4)$$
$$a_1(A_3) \geqslant a_1(A_4), a_2(A_3) \leqslant a_2(A_4), a_3(A_3) \leqslant a_3(A_4)$$

则对应的有向图见图 6-2，从而依据采购需求，采用目标函数定量分析 4 个供给 A_1，A_2，A_3，A_4 之间的关系，确定其序关系，如 $A_1 > A_2 > A_3 > A_4$，就可以最终确定中标人或成交供应商。

6.2 因素排序经验值法

给定 n 个采购因素 A_1，A_2，…，A_n，怎样依据采购需求确定其重要程度，即序关系是个复杂的决策问题。这一决策过程既涉及科学决策，还涉及采购人的经验与心理素质。对于多次重复使用的产品采购，可以依据历次统计数值进行经验决策。

6.2.1 经验统计

经验决策的前提是数据统计分析，包括其指标数值统计、故障、改进办法及结果分析等，一般采取下述步骤进行。

1. 确定统计指标及其数值

采购需求不同，其决策采用的统计指标也不同，但一般需依据其技术、经济指标数值，对应分析产品使用功能及需要改进事项，进而确定该类产品指标及其适用范围。例如，数码相机有以下几个技术指标：

（1）像素。像素对照片冲印尺寸大小起决定性作用，可以简单地按照照相机最大分辨率测算，如 500 万像素的最大分辨率是 2560×1920，则由 2560/240 约等于 10.6，即最大可冲印 10 寸照片。

（2）ccd 尺寸。ccd 尺寸是指感光芯片大小，相同像素条件下，ccd 越大越好。

（3）光学变焦倍数。数码相机通过镜片移动来放大与缩小需要拍摄的景物，光学变焦倍数越大，能拍摄的景物就越远。

以上三项指标，即像素、ccd 尺寸和光学变焦倍数是决定数码相机价格的主要因素。

（4）感光度 ISO 值。ISO 值越高，相机感受光线的速度就越快，同时，颗粒感加重，反之，ISO 值越低画面就越细腻。

（5）手动功能。半专业以上级别机器均设有手动功能，以适应专业摄影需要，所以选购数码相机时手动功能越多越好。

（6）最大光圈值。最大光圈值一般采用相机焦距 f 的倒数计算，光圈值越大，表示进光量越大，从而适应在弱光环境下拍摄。

（7）快门速度。快门速度是决定进光时间长短的参数，一般范围越大，使用效果越好。

2. 确定统计条件和统计频率

例如，对数码相机可选择光线条件（如日光、夜光和专业灯光）、气象条件（如晴天、阴天和雨天等）进行相关参数分组测试。一般测试次数越多，得到的该类统计数据越有代表性。

3. 建立数据分析模型，分析指标相互影响程度

这里有两类问题，一类是单个参数指标在不同测试条件下的影响分析；另一类是不同参数间的影响分析，例如，与价格的关系等。

4. 故障点及故障率分析

分析故障出现条件及原因，如自然原因、产品设计原因乃至操作不当等人为原因，进而分析该产品故障率和使用寿命等。

5. 经验统计报告

经验统计报告主要依据历史数据进行分析、判断，形成产品的结论意见，供后续采购参考。产品经验统计报告一般应包括以下内容：①产品及使用概况；②产品技术参数及统计方法；③参数统计过程；④统计指标分析；⑤故障率分析；⑥结论及采购建议；⑦其他等。

6.2.2 目标因素经验排序

有些产品，在使用一段时间后，厂商会依据市场反馈，对其进行技术改进，以满足市场需求。对该类产品，采购前还需要结合产品最新情况，对经验统计值进行改进，从而确定目标因素排序。

（1）市场调查

市场调查是确定采购目标因素排序，进而实现采购需求的必经之路，一般采用确定调查指标、设计调查方案、选择调查对象调查、调查数据分析等程序组织调查。这当中，既包括采购人使用过的产品改进情况调查，又包括同类其他产品对应指标调查。

（2）经验值改进

调查结束后，应分类整理、分析获得的市场数据，必要时，修正经验统计报告有关指标，进而作为决定目标因素次序的参考。

（3）目标因素经验排序

采购需求主要有价格、功能、履行期限和履约能力等目标因素，其排序涉及两类问题：

第1类：单因素排序，即目标因素自身优劣排序。

对可以由单一外显指标直接确定的因素，例如价格因素，可以直接参照其外显指标优劣进行排序，如规定按照价格高低对其进行逆向排序等；但对由多个外显指标确定的因素，则需要依据采购需求确定其排序，例如，为体育报社记者采购的数码相机，其像素、变焦倍数和快门速度是其主要需求指标，其他指标满足使用即可。为此，某采购人为体育报记者确定的数码相机功能指标排序如下：

"变焦倍数＞快门速度＞像素＞ccd＞手动功能＞ISO值＞最大光圈"

第2类：目标因素排序，即价格、功能、履行期限、履约能力等因素排序。

不同的采购需求和采购心理，对目标因素的排序结果是不同的。例如，对于功能、履

行期限和履约能力均满足要求的简单采购标的,可以直接以价格决定采购需求,排序结果为:

"价格＞功能需求≈履行期限≈履约能力"

而对于选择功能需求不计价格的采购,其排序则为:

"功能需求＞价格＞履行期限≈履约能力"

均可以依据改进的经验统计报告和采购需求进行设置,进而完成采购。

6.3 因素排序优选法

给定两个因素 A 和 B,怎样确定因素 A、B 间优劣关系,实践中有一种简单方法,即优选法,这种方法是采用最少试验次数选择最优方案的一种方法。

6.3.1 因素优选法

1. 因素优选问题

采购目标因素排序,实际上可以简化成确定两个因素间的优劣比较问题,即对两个因素 A 和 B,确定是 $A>B$ 还是 $B>A$。这是实践中经常遇到的一个问题。

【案例 6-1】 单因素 0.618 优选法

改变金属性能时,一般采用增加某种化学元素的方法。已知添加该元素的量为 1000~2000g 之间,怎样设计试验方案,以确定该元素最佳添加量?实践中一般采用 0.618 法,即选择一个有刻度的纸条表示 1000~2000g,在纸条长度的 0.618 处画一条竖线,并在其表示的刻度,即 1618g 处做一次添加试验。然后将纸条对折,在前一条线对应处再画一条线,即 1382g 做一次试验,如图 6-3 所示。

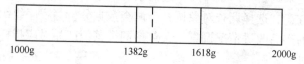

图 6-3 第一次试验点

接下来,对两次试验结果进行比较。如加入 1382g 的结果较好,则把 1618g 处右边的一段纸条剪掉;反之,剪掉 1382g 左边的纸条。这样分别得到图 6-4。

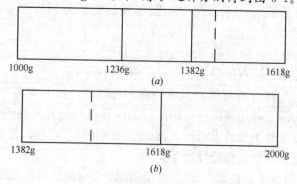

图 6-4 第二次试验点

然后，如图 6-4（a），再依次对中，在 1236g 位置做试验，并将试验结果和 1382g 结果作比较，如仍是 1382g 表明结果好，则剪掉 1236g 左边纸条，反之剪掉 1618g 右边纸条。再对中找出新的试验点 1472g，并依次试验、比较下去，最终得到最好的试验点。

注意，每次试验后剩下的纸条长度是上一次纸条长度的 0.618 倍。一般地，设试验范围的上界为 h，下界为 t，则

第 1 个试验点 x_1 为：$(h-t) \times 0.618 + t$

第 2 个试验点 x_2 为：$h + t - x_1$

第 3 个试验点 x_3 为：$x_1 + t - x_2$ 或 $h + x_2 - x_1$

……

招标采购涉及的因素排序问题一般不是单因素排序，而是多因素排序问题，此时可以拓展上面单因素优选方法逐一对两个因素进行排序。

【案例 6-2】 双因素 0.618 优选法

假定需要确定两个因素：①元素添加量 C，已知在 1000～2000g 之间；②温度 T，已知在 5000～6000℃ 之间。处理办法是将图 6-3 拓展为一个矩形表示试验范围，如图 6-5 所示。

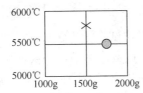
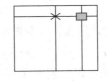

图 6-5 试验范围

例如，固定 1500g 的情况下找最好温度，采用单因素 0.618 法找到了好点 × 处。在 5500℃ 的地方找到最优点 O 处，然后比较这两点的结果。如 × 处的结果比 O 处结果好，去掉下半部分；反之，去掉左半部分，再在余下的部分用上述方法试验。接下来，在找到好点 × 后，再通过 × 的横线采用 0.618 法找到最优点，例如 □ 点，再通过 □ 点处的竖线上做试验寻找更好的点。

这样对两个因素，由一个优因素，采用 0.618 法找另外一个优因素，交替进行，最终就可以找到两个因素的最优值。

2. Fibonacci 优选方法

有这样一个趣味问题。假设一对刚出生的小兔一个月后就能长成大兔，再过一个月便能生下一对小兔，并且此后每个月都生一对小兔，不发生死亡，问 n 个月时有多少对兔子？这就是著名的 Fibonacci 问题。设 n 个月时兔子对数为 F_n，则 n 个月时的兔子对数是上个月大兔子对数产下的小兔和上个月小兔对数的和，即 $F_n = F_{n-1} + F_{n-2}$。

一般地，Fibonacci 数是由递归关系 $F_n = F_{n-1} + F_{n-2}$ 和初值条件 $F_0 = F_1 = 1$ 定义的数列，前面几个 Fibonacci 数为：

0，1，1，2，3，5，8，13，21，34，55，89，144，233，377，610，987，1597，2584，4181，6765，10946，…

注意 0.618 是 $\dfrac{\sqrt{5}-1}{2}$ 的近似值。可以证明，$\dfrac{F_n}{F_{n+1}} \xrightarrow{n \to +\infty} \dfrac{\sqrt{5}-1}{2}$。所以，可以采用 Fibonacci 法确定试验点，即按照试验次数，选择比值

$$\frac{3}{5}, \frac{5}{8}, \frac{8}{13}, \frac{13}{21}, \frac{21}{34}, \frac{34}{55}, \frac{55}{89}, \frac{89}{144}, \cdots, \frac{F_n}{F_{n+1}}, \cdots$$

确定试验点位置。例如，如果进行 9 次试验，第一个试验点选在试验范围的 $\frac{55}{89}$ 处，然后对折确定第二个试验点等；如果进行 10 次试验，第一个试验点选在试验范围的 $\frac{89}{144}$ 处，对折确定该点的重合点为第二个试验点，…，等。

对于简单的试验问题，如已知试验对不大于 n 的值均合格，确定最小的合格点，可以采用对分法确定试验点。首先，选择试验点 $n/2$。如果仍然合格，则去掉试验区间 $(n/2, n]$（反之，去掉试验区间 $[0, n/2]$）。接下来，在 $n/4$ 点处进行试验，如果合格，去掉试验区间 $[n/4, n/2]$（反之，去掉试验区间 $[0, n/4]$），…，即每次均选择试验区间的中间点进行试验。

3. Fibonacci 优选基础

不失普遍性，假定选择区间为 $[0, 1]$，需要在如下 n 个点 x_i, $1 \leqslant i \leqslant n$ 即

$$0 < x_1 < x_2 < x_3 < \cdots < x_n < 1$$

满足这样的条件时，那么，至少需要进行几次试验可以使 $f(x_i)$ 达到最优，$1 \leqslant i \leqslant n$。

令 $m = \phi(n)$ 为 n 次试验可以辨别的最多点数。例如，一次试验只能分别一个点，所以 $\phi(1) = 1$，两次试验可以分辨两个点，即 $\phi(2) = 2$。现在，考虑一般情况，在 $\phi(n)$ 个点中做两次试验①和②，即在 a 个点之后做一次试验①，再在 b 个点之后进行一次试验②，余下 c 个点（如图 6-6 所示）。

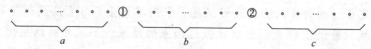

图 6-6 试验点示意

则有 $\phi(n) = a + b + c + 2$。如果①的试验结果比②点好，则最好值在中，此时还有 $n-1$ 次试验，可分辨点数最多为 $\phi(n-1)$，因此 $a + b + 1 \leqslant \phi(n-1)$。注意，在前面 a 个点最多可进行 $n-2$ 次试验，所以 $a \leqslant \phi(n-2)$。

图 6-7 试验点示意

类似地，如果②的试验结果比①点好，则有 $b + c + 1 \leqslant \phi(n-1)$。从而，

$$\phi(n) \leqslant \phi(n-1) + \phi(n-2) + 1$$

且仅当前面几个式子等号均成立时，上面式子中等号成立，即

$$a = c = \phi(n-2)$$
$$a + b + c = b + c + 1 = \phi(n-1)$$

时辨别的点数达到最优，此时

$$\phi(n) = \phi(n-1) + \phi(n-2) + 1$$

令 $F_n = \phi(n) + 1$，则上面公式就变成了 $F_n = F_{n-1} + F_{n-2}$，定义 $F_0 = F_1 = 1$，就得到 Fibonacci 数列 $F_0, F_1, F_2, F_3, \cdots, F_n, \cdots$。这样，$n$ 次试验最多可以分辨出 $F_{n+1} - 1$ 个点中的最优点。方法是先在 F_n 点试验，再在其对称点，即 $F_{n+1} - F_n = F_{n-1}$ 处试验，然后比较试验结果。如果左边的试验点好，去掉 F_n 点以及右边各点，余下 $F_n - 1$ 个点，并以此类推。

如果试验点在 $(0, 1)$ 中的分布是均匀的，即均分 $(0, 1)$ 为 F_{n+1} 等份，则经过 n 次试验，最后余下的区间长度为 $\dfrac{2}{F_{n-1}}$，这意味着 $(0, 1)$ 中的最优点一定在这一区间中。此时取试验点的方法是：第一试验点选在 $\dfrac{F_n}{F_{n+1}}$ 处，然后取对称点，而这就是第 n 级分数法。

设 $\omega = \dfrac{\sqrt{5} - 1}{2}$，由于

$$\frac{F_n}{F_{n+1}} - \omega = \frac{\omega - \dfrac{F_{n-1}}{F_n}}{\left(\dfrac{1 + \sqrt{5}}{2}\right) \dfrac{F_{n+1}}{F_n}}$$

故有

$$\left|\left(\frac{F_n}{F_{n+1}} - \omega\right) \Big/ \left(\omega - \frac{F_{n-1}}{F_n}\right)\right| < 1, \text{ 即 } \left|\left(\frac{F_n}{F_{n+1}} - \omega\right)\right| < \left|\left(\omega - \frac{F_{n-1}}{F_n}\right)\right|$$

从而，当 n 为偶数时，$\dfrac{F_n}{F_{n+1}} > \omega$；当 n 为奇数时，$\dfrac{F_n}{F_{n+1}} < \omega$。这样一来，就有 $\dfrac{F_2}{F_3} > \dfrac{F_4}{F_5} > \cdots > \omega$，$\dfrac{F_1}{F_2} < \dfrac{F_3}{F_4} < \cdots < \omega$。

这意味着分数 $\dfrac{F_n}{F_{n+1}}$ 当 n 趋于无穷时，其值在 ω 的左右摆动，且一个比一个更接近 ω 值，所以，如果以 n 次试验后余下区间中已试验点距较远端点的距离作为试验精度，则分数 $\dfrac{F_n}{F_{n+1}}$ 是 n 次试验的最优值。

6.3.2 目标因素优选排序

有限个试验点情形下，可能不存在绝对最优而仅存在相对最优点。这时采购的主要工作有两项：一是确定相对最优点，二是确定因素间优劣关系，而这正是优选法解决的问题。

给定两个因素 A、B，是 $A > B$ 还是 $B > A$，实践中有两种情况：

(1) 存在刻画因素 A、B 的外显指标 $t_1, t_2, \cdots, t_m$ 和其上的一个函数 $f: R^m \to R$，使得 $A > B$ 当且仅当 $f(A) > f(B)$，例如，采购价格就是这种因素。设有 m 个投标人 $R_1, R_2, \cdots, R_m$，其所报价为 $A(R_1), A(R_2), \cdots, A(R_m)$ 且 $A(R_1) > A(R_2) > \cdots > A(R_m)$，则对应的序关系为 $R_1 > R_2 > \cdots > R_m$。如果两个投标人报价 $A(R_i) = A(R_j)$，则其价格同序，即 $R_i \approx R_j$。

(2) 对任意刻画因素 A、B 的外显指标 $t_1, t_2, \cdots, t_m$ 及其上的函数 $f: R^m \to R$，使 $A > B$ 时，$f(A) > f(B)$ 或者 $f(A) \leqslant f(B)$，即 f 给出的数量刻画不能唯一确定因素 A、B 的优劣，此时需要借助于优选法，结合采购需求而确定目标因素排序。

6.4 因素排序专家决策法

对那些不能通过外显指标直接比较序关系的因素，可采用专家群体决策机制确定因素间排序。这种决策机制既可以发挥专家专业优势，又可以发挥专家群体决策优势，从而满足采购需求目标。

6.4.1 专家决策方法

1. 决策条件

决策一般有四个子问题：①决策问题是什么？②相关信息数据有哪些？③不确定因素有哪些？④谁来决策？所谓专家决策，即选择与决策问题有关的技术、经济专家进行分析、判断和研究，进而决策的一种方法。这种方法与专家技术素质和职业道德密切相关，同时也受到以下这些因素牵制：

（1）偏见。对于一些事先有固执或错误观点的专家，其决策过程中可能不会意识到这种固执或偏见。为防止决策结果产生偏见，应认识到专家个体差异及本性，将其决策结果跳出或采用数据处理方法，防止决策结果存在偏见。

（2）表达。口头表达与书面表达并不一定对等。有些专家善于口头表达，但落到书面文字则过于简练，还有些专家不善言辞，其观点是否能够充分表达，直接影响决策结果。为此，应充分了解每位专家的观点，进行分析判断，进而决策。

2. 专家决策过程

专家决策一般采用以下过程：

（1）成立专家决策组。决策组成员人数为奇数，以便在有争议时可以采用投票方法，按照"少数服从多数"的原则决策。

（2）掌握决策依据，熟悉决策数据，了解决策相关事项，必要时，组织讨论，研究决策标准，以达成共识。

（3）专家依据个人学识、经验和标准，进行决策。

（4）汇总专家决策结果，出具专家集体决策意见，供最终决策者使用。

6.4.2 目标因素专家排序

1. 优先图表

假设有 n 个因素 $A_1, A_2, \cdots, A_n$ 需进行排序，优先图表实际上就是一个 $n \times n$ 的矩阵 $[a_{ij}]_{n \times n}$，其行和列均采用因素 $A_1, A_2, \cdots, A_m$ 进行标记，如下矩阵所示：

$$\begin{array}{c} & \begin{array}{cccc} A_1 & A_2 & \cdots & A_n \end{array} \\ \begin{array}{c} A_1 \\ A_2 \\ \cdots \\ A_n \end{array} & \left[\begin{array}{cccc} a_{11} & a_{12} & \cdots & a_{1n} \\ a_{21} & a_{22} & \cdots & a_{2n} \\ \cdots & \cdots & \cdots & \cdots \\ a_{n1} & a_{n2} & \cdots & a_{nm} \end{array} \right] \end{array}$$

这里，a_{ij}，$1 \leqslant i, j \leqslant n$ 为 A_i、A_j 间关系的决策真值，即 $A_i > A_j$ 时，$a_{ij} = 1$；反之，$A_i < A_j$ 时，$a_{ij} = 0$。注意，这里定义的矩阵在主对角线上的元均为0，且满足当 $a_{ij} = 1$ 则 a_{ji}

=0 的条件。

接下来，计算 $n(A_i) = \sum_{j=1}^{n} a_{ij}$ 的值，并按其大小决定 $A_1, A_2, \cdots, A_n$ 间的序关系，例如下面这个矩阵

$$\begin{array}{c} & \begin{array}{cccc} A_1 & A_2 & A_3 & A_4 \end{array} \\ \begin{array}{c} A_1 \\ A_2 \\ A_3 \\ A_4 \end{array} & \left[\begin{array}{cccc} 0 & 1 & 1 & 1 \\ 0 & 0 & 0 & 1 \\ 0 & 1 & 0 & 1 \\ 0 & 0 & 0 & 0 \end{array} \right] \end{array}$$

其序关系为：因为有 $n(A_1)=3, n(A_2)=1, n(A_3)=2, n(A_4)=0$。

如果存在两个整数 $i、j$，使得 $n(A_i) = n(A_j)$，此时，需按照 $a_{ij}=1$ 或 $a_{ij}=0$ 确定 $A_i > A_j$ 或 $A_i < A_j$，进而得到 $A_1, A_2, \cdots, A_m$ 间的序关系。

我们知道，数码相机选择时涉及像素、ccd 尺寸、变焦倍数、感光度 ISO 值、手动功能、最大光圈值和快门速度 7 个技术指标。下面以此为例，说明某次采购 7×7 优选图表的确定过程。这里，"A_1＝像素，A_2＝ccd 尺寸，A_3＝变焦倍数，A_4＝感光度 ISO 值，A_5＝手动功能，A_6＝最大光圈值，A_7＝快门速度"。

首先，制作一个 7×7 优选图表如下，其中 $a_{ij}(1 \leqslant i, j \leqslant 7)$ 为待定真值。

$$\begin{array}{c} & \begin{array}{ccccccc} A_1 & A_2 & A_3 & A_4 & A_5 & A_6 & A_7 \end{array} \\ \begin{array}{c} A_1 \\ A_2 \\ A_3 \\ A_4 \\ A_5 \\ A_6 \\ A_7 \end{array} & \left[\begin{array}{ccccccc} a_{11} & a_{12} & a_{13} & a_{14} & a_{15} & a_{16} & a_{17} \\ a_{21} & a_{22} & a_{23} & a_{24} & a_{25} & a_{26} & a_{27} \\ a_{31} & a_{32} & a_{33} & a_{34} & a_{35} & a_{36} & a_{37} \\ a_{41} & a_{42} & a_{43} & a_{44} & a_{45} & a_{46} & a_{47} \\ a_{51} & a_{52} & a_{53} & a_{54} & a_{55} & a_{56} & a_{57} \\ a_{61} & a_{62} & a_{63} & a_{64} & a_{65} & a_{66} & a_{67} \\ a_{71} & a_{72} & a_{73} & a_{74} & a_{75} & a_{76} & a_{77} \end{array} \right] \end{array}$$

由定义，$a_{ii} = 0 (1 \leqslant i \leqslant 7)$。

其次，比较像素与 ccd 尺寸、变焦倍数、感光度 ISO 值、手动功能、最大光圈值和快门速度等其他 6 个技术指标之间的优劣次序。这种比较可以采用经验值法、优选法等比较成像结果。假定比较的结果是：像素小于 ccd 尺寸，像素大于变焦倍数，像素大于感光度 ISO 值，像素大于手动功能，像素大于最大光圈值和像素大于快门速度，则得到下面这个优选图表：

$$\begin{array}{c} & \begin{array}{ccccccc} A_1 & A_2 & A_3 & A_4 & A_5 & A_6 & A_7 \end{array} \\ \begin{array}{c} A_1 \\ A_2 \\ A_3 \\ A_4 \\ A_5 \\ A_6 \\ A_7 \end{array} & \left[\begin{array}{ccccccc} 0 & 0 & 1 & 1 & 1 & 1 & 1 \\ 1 & 0 & a_{23} & a_{24} & a_{25} & a_{26} & a_{27} \\ 0 & a_{32} & 0 & a_{34} & a_{35} & a_{36} & a_{37} \\ 0 & a_{42} & a_{43} & 0 & a_{45} & a_{46} & a_{47} \\ 0 & a_{52} & a_{53} & a_{54} & 0 & a_{56} & a_{57} \\ 0 & a_{62} & a_{63} & a_{64} & a_{65} & 0 & a_{67} \\ 0 & a_{72} & a_{73} & a_{74} & a_{75} & a_{76} & 0 \end{array} \right] \end{array}$$

类似地,顺次比较 ccd 尺寸与变焦倍数、感光度 ISO 值、手动功能、最大光圈值和快门速度 5 个技术指标、变焦倍数与感光度 ISO 值、手动功能、最大光圈值和快门速度等 4 个技术指标、感光度 ISO 值与手动功能、最大光圈值和快门速度 3 个技术指标、手动功能与最大光圈值和快门速度等 2 个技术指标以及最大光圈值与快门速度之间的优劣次序,假设比较的结果为:

ccd 尺寸大于变焦倍数,ccd 尺寸大于感光度 ISO 值,ccd 尺寸大于手动功能,ccd 尺寸大于最大光圈值和 ccd 尺寸大于快门速度;

变焦倍数小于感光度 ISO 值,变焦倍数小于手动功能、变焦倍数大于最大光圈值和变焦倍数小于快门速度;

感光度 ISO 值小于手动功能,感光度 ISO 值大于最大光圈值和感光度 ISO 值小于快门速度;

手动功能大于最大光圈值,手动功能小于快门速度和最大光圈值小于快门速度,

则最后得到数码相机技术指标间的优选图表如下:

$$
\begin{array}{c}
\ A_1\ A_2\ A_3\ A_4\ A_5\ A_6\ A_7 \\
\begin{array}{c} A_1 \\ A_2 \\ A_3 \\ A_4 \\ A_5 \\ A_6 \\ A_7 \end{array}
\left[
\begin{array}{ccccccc}
0 & 0 & 1 & 1 & 1 & 1 & 1 \\
1 & 0 & 1 & 1 & 1 & 1 & 1 \\
0 & 0 & 0 & 0 & 0 & 1 & 0 \\
0 & 0 & 1 & 0 & 0 & 1 & 0 \\
0 & 0 & 1 & 1 & 0 & 1 & 0 \\
0 & 0 & 0 & 0 & 0 & 0 & 0 \\
0 & 0 & 1 & 1 & 1 & 1 & 0
\end{array}
\right]
\end{array}
$$

由此得到本次采购数码相机的技术指标排序为:

$$A_2 > A_1 > A_7 > A_5 > A_4 > A_3 > A_6,$$

即

ccd 尺寸大于像素大于快门速度大于手动功能大于感光度 ISO 值大于变焦倍数大于最大光圈值。

2. 目标因素专家群体排序

当专家组人数 $n \geq 2$ 时,不同专家完成的优选图表不一定完全一样,此时需要将所有专家的优选图表汇总为一个优选图表,进而完成目标因素的排序。

优选图表的汇总方法有两种:

方法 1 矩阵求和汇总。

这是最简单的一种方法。假设专家组完成的优选图表为 $[M_1], [M_2], \cdots, [M_n]$,计算矩阵和 $[b_{ij}]_{n \times n} = [M_1] + [M_2] + \cdots + [M_n]$ 与 $n(A_i) = \sum_{j=1}^{n} b_{ij}$,然后依据 $n(A_i), (1 \leq i \leq n)$ 的大小进行排序。

如果存在整数 $1 \leq i、j \leq n$ 使得 $n(A_i) = n(A_j)$,则由于 n 是奇数,这时一定有超过 $1/2$ 的专家认定 $A_i > A_j$ 或 $A_i < A_j$,如果超过 $1/2$ 的专家认定 $A_i > A_j$,则最后排序为 $A_i > A_j$,反之则为 $A_i < A_j$。

方法 2 矩阵加权求和汇总。

这种方法赋予每个专家一定的权值 $p_1, p_2, \cdots, p_n \geqslant 1$，然后计算矩阵和 $[b_{ij}]_{n \times n} = p_1[M_1] + p_2[M_2] + \cdots + p_n[M_n]$ 与 $n(A_i) = \sum_{j=1}^{n} b_{ij}$，然后依据 $n(A_i), (1 \leqslant i \leqslant n)$ 的大小进行排序。例如，专家小组中组长的权值为 2，副组长为 1.5，正高职称的专家为 1.2，其他专家权值为 1 等。

【案例 6-3】 某项目对 A_1, A_2, A_3, A_4 4 个目标因素排序，成立了 3 人 R_1, R_2, R_3 组成的专家决策组，其权值依次为 3.0、1.5 和 1。这三个专家完成的优选图表为

$$[R_1] = \begin{bmatrix} 0 & 1 & 1 & 1 \\ 0 & 0 & 1 & 1 \\ 0 & 0 & 0 & 1 \\ 0 & 0 & 0 & 0 \end{bmatrix}, [R_2] = \begin{bmatrix} 0 & 0 & 1 & 1 \\ 1 & 0 & 1 & 1 \\ 0 & 0 & 0 & 0 \\ 0 & 0 & 1 & 0 \end{bmatrix}, [R_3] = \begin{bmatrix} 0 & 0 & 1 & 1 \\ 1 & 0 & 1 & 1 \\ 0 & 0 & 0 & 1 \\ 0 & 0 & 0 & 0 \end{bmatrix},$$

则有

$$[R_1] + 1.5[R_2] + [R_3] = 2\begin{bmatrix} 0 & 1 & 1 & 1 \\ 0 & 0 & 1 & 1 \\ 0 & 0 & 0 & 1 \\ 0 & 0 & 0 & 0 \end{bmatrix} + 1.5\begin{bmatrix} 0 & 0 & 1 & 1 \\ 1 & 0 & 1 & 1 \\ 0 & 0 & 0 & 0 \\ 0 & 0 & 1 & 0 \end{bmatrix} + \begin{bmatrix} 0 & 0 & 1 & 1 \\ 1 & 0 & 1 & 1 \\ 0 & 0 & 0 & 1 \\ 0 & 0 & 0 & 0 \end{bmatrix}$$

$$= \begin{bmatrix} 0 & 2 & 4.5 & 4.5 \\ 2.5 & 0 & 4.5 & 4.5 \\ 0 & 0 & 0 & 3 \\ 0 & 0 & 1.5 & 0 \end{bmatrix}$$

故 $n(A_1) = 11, n(A_2) = 11.5, n(A_3) = 3, n(A_4) = 1.5$，即 $A_2 > A_1 > A_3 > A_4$。

6.5 招标采购目标排序与选择

招标采购选择目标依赖于投标排序，而投标排序则依赖于投标目标因素的排序，后者是前者的基础。实践中，在目标因素排序基础上对投标排序有两种方法：一种是目标函数法；另一种是图上作业法。

6.5.1 目标函数法

目标函数，是在采购选择模型上分析供给与采购需求相匹配的重要参照物，而依据采购需求科学合理地确定目标函数，则是完成采购的基础工作。这里的目标函数，应该是综合考虑了采购效益，包括预算约束、跨期和期望选择和能力需求，且经过一定的实践检验后综合确定的定量分析函数。一般地，目标函数是对应于采购需求因素，即内生潜变量和外源潜变量的函数 $X = f(U, V)$，其数学表现一般为多维向量，即 $X = (x_1, x_2, \cdots, x_n)^T$，这里，$x_1, x_2, \cdots, x_n$ 为刻画 $\overline{X}$ 的外显指标，$n \geqslant 1$ 为整数。

采购选择模型上，一般有两种目标优化问题：

问题 1 单个外显指标 $x_1, x_2, \cdots, x_n$ 优化问题，即存在多个供给 $A_1, A_2, \cdots, A_m$ 时，对于整数 $i, (1 \leqslant i \leqslant n)$，优化每个外显指标 $x_i(A_k), 1 \leqslant k \leqslant m$。

问题 2 供给 $A_1, A_2, \cdots, A_m$ 优化问题，即选择最优供给 $X(A_k), (1 \leqslant k \leqslant m)$。

这里分别介绍如下。

1. 单目标函数

单目标函数是一般采购目标函数的简化。当采购目标函数中某一个因素，即对应的外显指标成为选择目标的决定性因素时，此时采购目标函数就变成了单目标函数。单目标函数适用于简单的购买行为。

实践中，有两种数值函数可为单目标函数：

(1) 单因素函数

招标采购以一个评价因素，即某一个外显指标 x_i 为采购目标，目标函数为 $\max f(x_i)$。

【案例 6-4】 对技术规格统一，具有通用技术的货物采购，例如螺丝钉等，其目标函数以追求采购经济收益 $C_W = C_B - C_S - C_P$ 最大化为目标，即目标函数 $\max C_W$ 是 C_P 的单目标函数。

【案例 6-5】 概念设计招标采购，一般以设计创意（潜变量 D）作为确定成交条件，此时的目标函数为 $\max f(D)$，这里 $f(D)$ 为潜变量 D 的单调增函数。

(2) 伪单目标函数

伪单目标函数建立在假定目标需求因素之间，它们存在一种数量转化关系，从而可以将采购目标函数 $f(U,V)$ 转化为单目标函数 $F(z)$，即存在一个外显指标 z 和参数 k_i 与 l_j，使得：

$$f(U,V) = F(z) = F(k_1u_1, k_2u_2, \cdots, k_nu_n, l_1v_1, l_2v_2, \cdots, l_mv_m)$$

此时，采购目标为 $\max F(z)$，从而将原目标函数转化为了单目标函数。

【案例 6-6】 采购非标设备，其影响采购需求的因素一般有价格 B、供货期 T、售后服务及承诺 S、市场销售业绩 A 等。采用百分制，例如，规定价格权重 B 为 60，按照公式

$$M(B) = (B - B_{\min})/(B_{\max} - B_{\min}) \times 40$$

计算价格 B 得分；供货期 T 权重为 15，其计划供货期为 60 天，按照

$$M(T) = (60 - T) \times 1.5$$

计算供货期 T 得分。售后服务及承诺 S 权重 10，市场销售业绩 A 权重 15，以同类销售业绩个数计算得分，规定近三年 1~3 个的 5 分，4~8 个的 10 分，9 个以上的 15 分。此时目标函数为

$$\max M = \max(M(B) + M(T) + M(S) + M(A))$$

这里，实际上假定了 B、T、S、A 之间存在

$$\frac{M(B)}{60} = \frac{M(T)}{15} = \frac{M(S)}{10} = \frac{M(A)}{15} = k$$

这样一种数量关系，从而可以将 $M(B,T,S,A)$ 转化为单目标函数 $M(k)$。

单目标函数将采购问题简化为纯粹的数学规划问题，从而可以采用数学规划方法进行采购目标选择。值得注意的是，一般来讲，即便是单目标函数，因为存在多种目标函数模型，其选择采购目标也是一个十分复杂的问题。为此，这里将与其密切相关的权函数定义如下：

定义 6-1 对于有 m 个供给人 $R_1, R_2, \cdots, R_k$ 的采购项目，其潜在变量为 $A = \bigcup_{i=1}^{m} A_i$，假设每个 A_i 可以用 n 个外显指标 $P(A_i) = \{a_{i1}, a_{i2}, \cdots, a_{in}\}$，$1 \leqslant i \leqslant m$ 进行评价。如果存在

一个连续函数$\omega: A \to [a,b] \subset (-\infty, +\infty)$或$\omega: A_i \to [a,b] \subset (-\infty, +\infty)$，$1 \leq i \leq m$，使得对任意整数$1 \leq i$、$s \leq m$，$l \neq s$，此时如果$R_l(A) > R_s(A)$或$R_l(A) \approx R_s(A)$，则有$\omega(R_l(A)) > \omega(R_s(A))$或$\omega(R_l(A)) = \omega(R_s(A))$；或$R_l(A_i) > R_s(A_i)$及$R_l(A_i) \approx R_s(A_i)$时，则有$\omega(R_l(A_i)) > \omega(R_s(A_i))$及$\omega(R_l(A_i)) = \omega(R_s(A_i))$，则称$\omega$为$A$上的权函数。

确定权函数是招标采购的基础性工作，单目标函数实际上就是$\max \omega$。由于实际采购中供给人数量有限，只要假设潜变量间存在定量可比性，权函数ω就一定存在。

实践中，可以有两种方法选择权函数：

(1) 区间$[a,b]$上的线性函数；

(2) 区间$[a,b]$上单调增函数，如折线函数、多项式函数等。

其中，线性权函数实践过程中用得最普遍，主要原因在于其简单，例如上面三个例子中的目标函数都是线性函数。如需要衡量外显指标间的细微偏差，线性函数就不能满足需求。此时可以求出外显指标的$k+1$次多项式曲线，即假定外显指标满足$k+1$次多项式

$$f(x) = a_{k+1}x^{k+1} + a_k x^k + \cdots + a_1 x + a_0$$

的值，这样，通过解方程组

$$R_{j1}(A_1) = a_{k+1}c_1^{k+1} + a_k c_1^k + \cdots + a_1 c_1 + a_0$$
$$R_{j2}(A_1) = a_{k+1}c_2^{k+1} + a_k c_2^k + \cdots + a_1 c_2 + a_0$$
$$\cdots\cdots\cdots\cdots$$
$$R_{jk-1}(A_1) = a_{k+1}c_k^{k+1} + a_k c_k^k + \cdots + a_1 c_k + a_0$$
$$R_{jk}(A_1) = a_0$$

就可以确定$k+1$次多项式$f(x)$，进而分析供给结果。

【案例 6-7】 某设计方案采用A、B、C、D计4个潜变量采购，这4个潜变量由4个潜变量a_1, a_2, a_3, a_4确定，见表6-1。

某设计方案采购指标　　　　表6-1

潜变量	a_1	a_2	a_3	a_4
A	4	3	2	1
B	3	2.5	1.5	1
C	2	1.5	1	0.5
D	1	0.8	0.5	0.3

采用线性权函数，即$\omega = \omega(A) + \omega(B) + \omega(C) + \omega(D)$。如果某设计项目$X$对应的潜变量为$a_1, a_2, a_2, a_1$，则

$$\omega(X) = \omega[A(X)] + \omega[B(X)] + \omega[C(X)] + \omega[D(X)] = 4 + 2.5 + 1 + 1 = 8.5$$

2. 多目标函数

采购需求的多样性决定了采购一般为多目标采购，即选择供给时需要同时依赖两个或两个以上目标因素。我们知道，单目标函数是建立在潜变量间存在定量可比性基础之上的，一旦这种假设不成立，就无法找到评价其供给的数值方法，而只能采用多目标函数来分析采购问题。例如，在案例6-7中，假设有以下三种满足需求的设计方案：

方案1：$\omega(A) = a_1$，$\omega(B) = a_1$，$\omega(C) = a_4$，$\omega(D) = a_4$

方案 2：$\omega(A) = a_4$，$\omega(B) = a_4$，$\omega(C) = a_1$，$\omega(D) = a_1$

方案 3：$\omega(A) = a_1$，$\omega(B) = a_2$，$\omega(C) = a_1$，$\omega(D) = a_4$

那么，这三个方案中到底哪一个最符合要求？如果采用案例 6-7 中的数值方法，即 $\omega = \omega(A) + \omega(B) + \omega(C) + \omega(D)$，则经简单计算可知，方案 1 的 $\omega(1) = 7.08$，方案 2 的 $\omega(2) = 5$，而方案 3 的 $\omega(3) = 8.8$。仅考虑计算结果，这三个设计方案应该是方案 3 最优，但这样的选择结果是否符合采购需求？采购人认为方案 1 最符合采购需求，即数值计算与采购目标不一致。

实际上，当采购涉及的潜变量不存在外显指标，或存在外显指标，但其指标间不具有数量可比性时，理论上就不存在单目标函数，所以，单目标函数一般只能给出近似模拟结果。

解决这一问题的方法有两种：

方法 1：修正 $\omega(A)$，$\omega(B)$，$\omega(C)$，$\omega(D)$ 的值域，以使其满足采购需求。例如进一步提高 $\omega(A)$，$\omega(B)$ 的值而减少 $\omega(C)$，$\omega(D)$ 的值。

方法 2：用向量函数，即 $\vec{\omega} = (\omega(A), \omega(B), \omega(C), \omega(D))$ 作为目标函数，并依据采购需求定义其可行解域 $\Delta(\vec{\omega})$ 和最优解条件。

这里，方法 1 始终是一种近似方法，在供给多，特别是潜变量个数多，潜变量之间相对关系又比较复杂时，很难通过数量关系选择最满足需求的供给。方法 2 是一种多目标函数方法，但要找到一种简便方法确定最优解，在数学上也是一个相当困难的问题。

多目标采购的核心是在有效解中设置一种选择比较方案，以使最终的选择符合最优原则。其结果有三种可能：①所有目标因素都是最优，一般称为完全最优解，这种情况极少出现；②所有目标因素都最劣，一般称为劣解，可以立即淘汰；③目标因素中有优有劣，既不能肯定为最优，又不能立即予以淘汰，这种供给称为有效解。

解决多目标采购问题，一般有以下几种方法：

(1) 因素归一法：将多目标采购问题化成只有一个目标因素的问题，然后采用单目标函数，即伪单目标函数求解。

(2) 求非劣解法：求出若干组非劣解，按事先确定好的选择标准从中找出一个符合采购需求的解。

(3) 因素规划法：对每个目标因素事先给定一个期望值，然后在满足采购约束的条件下，找出与目标因素期望值最近的解。

(4) 效用函数法：把目标因素用效用函数表示，构造多目标综合效用函数，以此来分析各个有效解优劣。

(5) 图上作业法：利用各供给潜变量间的序关系定义有向图，然后采用网络算法选择最符合采购需求的可行解等。

所以，招标采购对应的一般数学优化模型为：

(1) 约束条件

1) 市场秩序条件，如法律法规及市场管理部门颁布的政策等；

2) 市场供给条件，即市场供给状况，比如同类产品生产成本等；

3) 采购需求，包括功能需求及对应的技术标准等。

上述三个条件决定了满足供给的可行集 E。

(2) 目标优化

优化目标函数：$\max X = \max f(U,V)$ 或 $\min X = \min f(U,V)$，这里，$U,V \subset E$。

6.5.2 图上作业法

图上作业法，即将投标目标因素及其比较结果表示在一个网络图上，按照选择原则从中确定最符合招标采购需求的投标方的一种优化方法。

1. 字典排序

单词在字典中是按 26 个英文字母出现的次序进行排列的，例如单词 combination 排在单词 comfort 的前面，是因为其第四个字母 b 排在 f 的前面。这种排序方法适当修改后可以成为确定投标排序的一种方法，招标采购的字典排序法如下：

步骤 1　确定目标因素 $A_1, A_2, \cdots, A_n$ 的严格排序结果。例如 $A_1 > A_2 > \cdots > A_n$，暂不考虑两个序相同，即 $A_i \approx A_{i+1}$ 的因素。

步骤 2　对任意整数 $i, 1 \leqslant i \leqslant n$，确定两个不同投标 $R_1(A_i)$、$R_2(A_i)$ 序相同，即 $R_1(A_i) \approx R_2(A_i)$ 的条件。例如对经过评审后的投标价，规定 $\dfrac{|R_1(A_i) - R_2(A_i)|}{\max\{R_1(A_i), R_2(A_i)\}} \leqslant 10\%$ 时 $R_1(A_i) \approx R_2(A_i)$；或对评分结果规定 $|R_1(A_i) - R_2(A_i)| \leqslant 3$ 时 $R_1(A_i) \approx R_2(A_i)$ 等。

步骤 3　对任意整数 $i, 1 \leqslant i \leqslant n$ 采用经验值排序、优选排序或专家决策法确定投标因素 $R_1(A_i), R_2(A_i), \cdots, R_m(A_i)$ 的排序结果，这里 m 为投标人数。例如，规定对显性指标因素采用数量大小排序，比如经评审的投标价格按照由低到高的原则排序，对隐性指标采用专家决策排序等。

步骤 4　按字典排序原则确定投标 $R_1, R_2, \cdots, R_m$，即对任意两个整数 $i, j, 1 \leqslant i \leqslant n$，按步骤 1 中确定的 $A_1, A_2, \cdots, A_n$ 排序结果，例如 $A_1 > A_2 > \cdots > A_n$，比较 $R_i(A_1)$、$R_j(A_1)$。如果 $R_i(A_1) > R_j(A_1)$（或 $R_i(A_1) < R_j(A_1)$），则 $R_i > R_j$（或 $R_j > R_i$）。

如果 $R_i(A_1) \approx R_j(A_1)$，或一般地，存在整数 s 使得 $R_i(A_1) \approx R_j(A_1), R_i(A_2) \approx R_j(A_2), \cdots, R_i(A_s) \approx R_j(A_s)$，但 $R_i(A_{s+1}) > R_j(A_{s+1})$（或 $R_i(A_{s+1}) < R_j(A_{s+1})$），则有 $R_i > R_j$（或 $R_i < R_j$）。

步骤 5　确定一种极端情况，即对任意整数 $1 \leqslant i \leqslant n$，有 $R_i(A_1) \approx R_j(A_1), R_i(A_2) \approx R_j(A_2), \cdots, R_i(A_n) \approx R_j(A_n)$ 的情况，确定同序排序原则，例如以某一整数 $k, 1 \leqslant k \leqslant n$ 时 $R_i(A_k)$、$R_j(A_k)$ 的值进行排序等，最终确定是 $R_i > R_j$ 或 $R_i < R_j$。

定理 6-3 对有 m 个投标 $R_1, R_2, \cdots, R_m$ 的招标采购项目，步骤 1~步骤 5 可以最终确定 $R_1, R_2, \cdots, R_m$ 间的严格排序。

显然，通过步骤 1~步骤 4 可以得到 $R_1, R_2, \cdots, R_m$ 之间存在同序关系的排序结果 $R_1 \geqslant R_2 \geqslant \cdots \geqslant R_m$，再由步骤 5 处理同序，这样最终得到 $R_1, R_2, \cdots, R_m$ 间的严格排序。

上述字典排序方法可在网络图中进行图上作业。首先，定义一个有向图 $\vec{G}$ 如下：

$$V(\vec{G}) = \{R_1, R_2, \cdots, R_m\} \times \{A_1, A_2, \cdots, A_n\};$$

$$E(\vec{G}) = E_1 \cup E_2 \cup E_3,$$

其中，E_1 由所有有向边 $R_{j1}(A_i)$、$R_{j2}(A_i)$ 构成，E_2 由所有无向边 $R_{j3}(A_i)$、$R_{j4}(A_i)$ 构

成,这里,$R_{j1}(A_i) > R_{j2}(A_i)$,$R_{j3}(A_i) \approx R_{j4}(A_i)$,且$1 \leq j_1, j_2, j_3, j_4 \leq m(1 \leq i \leq n)$;$E_3 = \{R_j(A_i)R_j(A_{i+1}) | 1 \leq i \leq n-1, 1 \leq j \leq m\}$。

从而,步骤1~步骤5对$R_1, R_2, \cdots, R_m$之间的排序转化为在有向图$\bar{G}$上搜索一条$R_1, R_2, \cdots, R_m$之间的有向路问题。

【案例6-8】 某个工程施工招标项目确定了3个评价项目,依次是A_1为投标报价;A_2为技术方案;A_3为投标人近三年类似项目业绩,其序关系为$A_1 > A_2 > A_3$,规定当$|R_{j1}(A_1) - R_{j2}(A_1)| \leq 150$时,$R_{j1}(A_2)$与$R_{j2}(A_2)$专家评审档次相同和$|R_{j1}(A_3) - R_{j2}(A_3)| \leq 40000 \text{m}^2$时$R_{j1}(A_i) \approx R_{j2}(A_i)$,$(1 \leq i \leq 3)$,同时还规定,投标报价由低到高,技术方案由评标专家确定和近三年类似项目业绩以面积数多少进行排序,以及同序投标最终排序按"价低优先"原则排序。

该项目共有4个投标R_1、R_2、R_3、R_4,其投标报价如表6-2所示。

投标报价　　　　　　　　　　　　　　　　　　　　　　　表6-2

投标	R_1	R_2	R_3	R_4
A_1(万元)	3526	3466	3280	3486

根据上面对A_1的排序原则,有$R_2(A_1) \approx R_3(A_1) > R_4(A_1) \approx R_1(A_1)$。专家决策组对$A_2$的审查结果为$R_3(A_2) \approx R_2(A_2) > R_1(A_2) \approx R_4(A_2)$,同时发现$A_3$因素如表6-3所示。

近三年完成面积数　　　　　　　　　　　　　　　　　　　表6-3

投标	R_1	R_2	R_3	R_4
A_3(m²)	250806	210208	290108	300105

故有$R_4(A_3) \approx R_3(A_3) > R_1(A_3) \approx R_2(A_3)$。

该项目对应的有向图$\bar{G}$见图6-8。

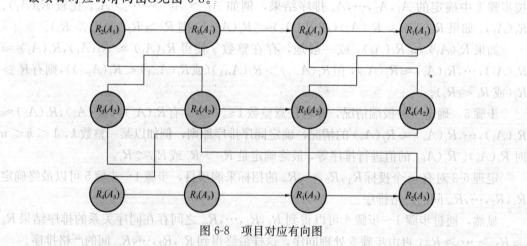

图6-8 项目对应有向图

由图6-8可以直接得到$R_3 \approx R_2 > R_4 > R_1$,再由$R_2(A_1) = 3466$,$R_3(A_1) = 3280$确定最终有投标排序为:

$$R_3 > R_2 > R_4 > R_1$$

2. 性价比排序

当投标为$R_1, R_2, \cdots, R_m$,目标因素为$A_1, A_2, \cdots, A_n$时,字典排序法实际上给出了集

合 $\{R_1, R_2, \cdots, R_m\} \times \{A_1, A_2, \cdots, A_n\}$ 元素的排序，这种排序建立了该集合与整数集 $\{1, 2, \cdots, mn\}$ 之间的一一对应关系，即存在一个一一对应的 θ，使得

$$\theta: \{R_1, R_2, \cdots, R_m\} \times \{A_1, A_2, \cdots, A_n\} \to \{1, 2, \cdots, mn\}$$

这种排序实际上是一种主因素优先排序。实际问题中，如果目标因素相互独立，不能比较之间的序关系，或者同等重要时，需引入其他排序条件，进而得到 $R_1, R_2, \cdots, R_m$ 的投标排序。

按经济学中的选择原则，此时需遵守费用最小原则。

费用最小原则：当两个因素 A_1, A_2 同序，即 $A_1 \approx A_2$ 或独立时，如果 $R_i(A_1)$ 对应的费用少于 $R_j(A_2)$，则 $R_i > R_j$；反之，$R_i < R_j$。

费用最小原则需确定单位因素差异对费用（抽象货币）的影响系数 $\lambda(A_i)$，即完成如表 6-4 所示。

因素影响系数 表 6-4

目标因素	A_1	A_2	⋯	A_n
影响系数	$\lambda(A_1)$	$\lambda(A_2)$	⋯	$\lambda(A_n)$

设 R_i、R_j 的价格分别为 $B(R_i)$、$B(R_j)$，称商数 $\psi(R_i) = \dfrac{\lambda(A_1)R_i(A_1) + \cdots + \lambda(A_n)R_i(A_n)}{B(R_i)}$ 为 R_i 的性价比，一般将其分子看作效用，则性价比对应于边际效用。计算

$$\Delta(R_i, R_j) = \frac{\sum_{s=1}^{n} \lambda(A_s)R_i(A_s)}{B(R_i)} - \frac{\sum_{s=1}^{n} \lambda(A_s)R_j(A_s)}{B(R_j)}$$

如果 $\Delta(R_i, R_j) \geq 0$，则 $R_i > R_j$；反之，$R_i < R_j$。注意，如果 n 个目标因素 $A_1 \approx A_2 \approx \cdots \approx A_n$，按照最小费用原则，此时最终选择一定是性价比最大的投标。

【案例 6-9】 采购数码相机，选定的目标因素：ccd 尺寸、价格、像素、变焦倍数，其序关系为：ccd 尺寸≈价格≈像素＞变焦倍数。假设因素影响系数如表 6-5 所示。

数码相机因素影响系数 表 6-5

目标因素	ccd 尺寸（英寸）	价格（元）	像素（100 万）	变焦倍数（倍）
影响系数	800	—	100	80

有三个投标 R_1、R_2、R_3，其对应的四个因素见表 6-6。

R_1、R_2、R_3 目标因素 表 6-6

目标因素	A_1：ccd 尺寸（英寸）	价格（元）	A_2：像素（100 万）	A_4：变焦倍数（倍）
R_1	2/3	3600	6	12
R_2	1/2	3200	8	12
R_3	1/2.5	3300	12	12

按照目标因素间的序关系，注意 ccd 尺寸、价格和像素三个目标因素同序，所以 R_1、R_2、R_3 的序由变焦倍数决定，表 6-6 中，三个变焦倍数均为 12，所以按照字典排序，得到的排序结果是 $R_1 \approx R_2 \approx R_3$。

此时

$$\psi(R_1) = \frac{800 \times 2/3 + 6 \times 100}{3600} = 0.315$$

$$\psi(R_2) = \frac{800 \times 1/2 + 8 \times 100}{3200} = 0.375$$

$$\psi(R_3) = \frac{800 \times 1/2.5 + 12 \times 100}{3300} = 0.461$$

对应的有向图见图 6-9 故有排序 $R_3 > R_2 > R_1$。

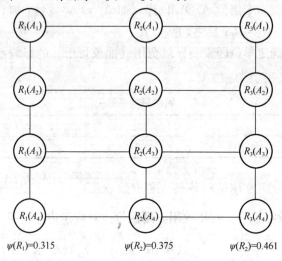

图 6-9　有向图

思考题

(1) 施工或货物招标采购的目标因素包括哪几个方面？以一个建筑面积 $4500m^2$ 的办公楼或电冰箱为例，说明其功能需求涉及哪几方面的技术指标或因素。

(2) 给定四个元素 $a、b、c、d$，列出其上的所有严格序并发现其中的规律。一般地，给定 n 个元素，其上一共有多少个所有严格序？

(3) 证明任意一个有限偏序集 S 上存在两个元 $P、Q$，使得对任意元 $x \in S$，有 $P > x > O$；同时证明如果 S 是一个全序集，元素 $P、Q$ 的唯一性。

(4) 应用经验值排序目标因素需有哪些前提条件？以采购数码相机为例，给出你购买时对其技术因素排序的结果。

(5) 已知技术参数 A 与制造成本 C 密切相关，其中 C 的范围为 1000～2000 元人民币，请采用 0.618 法设计试验方法，以确定最佳投入成本。

(6) 什么是权函数？列举几个一次、二次、三次权函数。权函数与招标采购选择的关系是什么？

(7) 多目标、单目标采购的核心是什么？怎样转化一个多目标采购问题为单目标采购？这当中去掉了哪些因素？又对因素做了怎样的假设？

(8) 案例 6-7 中，假设权函数为 $\omega = \omega^2(A) + \omega^2(B) + \omega^2(C) + \omega^2(D)$ 或 $\omega = \omega^2(A) + \omega(B)\omega(C) + \omega(D)$，计算设计项目 X 对应的权值。

(9) 案例 6-9 中，假定序关系为"ccd 尺寸 > 价格 ≈ 像素 > 变焦倍数或 ccd 尺寸 ≈ 价格 > 像素 > 变焦倍数"，影响系数同表 6-5，确定投标 $R_1、R_2、R_3$ 间的序关系。

第7章 招标采购博弈

博弈论是微观经济学中解决供给与需求的一种重要分析工具。招标采购过程体现了经济学中招投标市场参与各方的博弈，其中，投标人为获取中标资格而从事的竞争行为为竞争博弈，而中标人与招标人之间通过合同契约的约束则是合作博弈。这当中如何掌控竞争程度，促使投标人竞争，进而实现优化资源配置目标，既是采购经济性的要求，又是博弈思想的综合体现。

7.1 博弈

7.1.1 博弈的含义

博弈是在二人或多人平等的对局中，利用对方的策略变换自己的对抗策略，做出有利于自己决策的一种理性行为，分为非合作博弈和合作博弈两类。所谓合作博弈，指参与者从自身利益出发与其他参与者谈判达成协议或形成联盟，所得结果对联盟各方均有利；而非合作性博弈是指参与者在行动选择时无法达成约束性协议，只能通过竞争进行博弈。

博弈论是研究多人互动决策的一种经济数学理论，最初产生于游戏。一些著名的游戏曾为博弈论诞生、分析参与者行为提供了素材。

【案例7-1】 囚徒困境

甲、乙两个人合伙犯了一宗大罪，但因证据不足，除非两人中至少有一个人认罪，否则法院无法给他们定罪。为此，检察官下令拘捕两人，同时提供了下面这个条件让他们选择（见表7-1）：

两人可能受到的刑罚　　　　　　　　　　　表7-1

嫌疑人		甲	
		Y	N
乙	Y	8年	乙无罪释放，甲10年
	N	甲无罪释放，乙10年	1年

如果你坦白而你的同伙没坦白，你就会因为检举而获得无罪释放；但如果你不坦白而你的同伙坦白，则你将被按照最高量刑标准定罪，判10年刑；如果你们两个人都坦白，则两人都会被定罪，但不会按照最高量刑标准定罪，判8年刑；如果两人都不坦白，那么甲、乙都会备案轻微的逃税罪处罚，判1年刑。

我们把上面检察官的条件表现在表7-1中。现在的问题是：甲乙两个人应做出何种选择对他们才有利？

采用字母 A—甲，B—乙，Y^A—甲认罪，Y^B—乙认罪，N^A—甲不认罪，N^B—已不

认罪，则该博弈的四种组合情况为 $Y^A Y^B$，$Y^A N^B$，$N^A Y^B$，$N^A N^B$，对应于甲的可能结果为

$$\mu_A(Y^A Y^B) = 8, \mu_A(Y^A N^B) = 0, \mu_A(N^A Y^B) = 10, \mu_A(N^A N^B) = 8$$

对应乙的可能结果为

$$\mu_B(Y^A Y^B) = 8, \mu_B(Y^A N^B) = 10, \mu_B(N^A Y^B) = 0, \mu_A(N^A N^B) = 8$$

博弈问题通常是参与者不知道竞争对手会采用什么样的策略，所以此时只能采用使他们自己利益最大化的策略选择。采用这种思想，甲从自己利益最大化的最优选择结果为：坦白，因为此时，如果乙不坦白，则甲无罪释放，如果乙坦白，则两人同时判8年，而如果不坦白，一旦乙坦白，则要受到10年的拘役；同样地，乙从自己利益最大化的最优结果出发，也会选择坦白这一途径。这样，甲乙两个人最后的选择策略是都坦白，最后被判处8年徒刑。

注意，这里从甲、乙个人利益最大化出发，分别选择了对自己最有利的决策，但不是这一博弈中的最优结果。因为如果最后结果是甲乙都不承认，最终两人均会被判1年徒刑。

为什么是这样？这当中最主要的问题在于甲乙互不知道对方的选择，才只能从个人利益最大化角度选择。此时如果甲乙之间沟通情况，那么一定会选择"不坦白"作为其最终选择。但两人均选择"坦白"，恰是检察官最想得到的结果。

【案例7-2】 田忌赛马

这是中国古代很有名的一个问题。战国时期，齐国国王与一个名叫田忌的大将赛马，规定双方各出三匹马，分别为上、中、下等马各一匹。比赛时，双方每次从各自的三匹马中选择一匹与对方的马比赛，输者付给胜者一千两黄金，一共比赛三次。当时，不同等级的马差异非常大，即便是同等级的马，因为地位上的悬殊，齐王的马也比田忌的马强得多。此时，田忌应如何安排马参加比赛才能取胜？

我们采用 T_1, T_2, T_3 表示田忌的三匹马，G_1, G_2, G_3 表示国王的三匹马。由假设，此次博弈，$T_1 < T_2 < T_3$，$G_1 < G_2 < G_3$，且 $T_1 < G_1$，$T_2 < G_2$，$T_3 < G_3$，而比赛的关键在于"三盘两胜"。此时所有组合如下：

$$T_1 G_1, \ T_1 G_2, \ T_1 G_3, \ T_2 G_1, \ T_2 G_2, \ T_2 G_3, \ T_3 G_1, \ T_3 G_2, \ T_3 G_3$$

从中不难发现，只有 $T_2 G_1, T_3 G_2, T_1 G_3$ 一组组合，对田忌而言，比赛结果是"三盘两胜"，$\mu(T_2 G_1) = 1$，$\mu(T_3 G_2) = 1$，$\mu(T_1 G_3) = 0$，此时齐王比赛结果 $\mu(T_2 G_1) = 0$，$\mu(T_3 G_2) = 0, \mu(T_1 G_3) = 1$，即田忌可以战胜齐王。这也正是历史上，田忌与齐王比赛时采取的对策，从而赢得了比赛。

【案例7-3】 猜硬币

甲用手盖住一枚硬币，让乙猜是正面还是反面。猜对了硬币归乙所有，猜错了乙需要付甲等值货币，此时乙怎样猜甲手下的货币是正面还是反面对其有利？

采用字母 A—甲，B—乙，Y^A—硬币是正面；N^A—硬币是背面；Y^B—乙猜正面；N^B—乙猜测背。则对应的四种猜测结果为：$Y^A Y^B$，$Y^A N^B$，$N^A Y^B$，$N^A N^B$，这当中有两次猜对，两次猜错。

类似地,这样的博弈在我们生活中普遍存在。比如工厂排污问题:有一家不讲道德的化工厂打算今天或明天向附近一条河流排放污水。当地环保局苦于人手紧张,只能在今明两天中抽出1天时间检查,同时只有当检查员现场发现该工厂在向河流排污的行为时才能定工厂罪。那么,该工厂应该在今天还是明天进行排污?

7.1.2 博弈基本要素

虽然有多种博弈模型,但每个模型都必须包括局中人(Player)、策略集(Strategy Set)和支付函数(Payoff Function)三个基本要素。

1. 局中人

博弈中,有权决定采用何种决策行动的参与方称为局中人。任何一个博弈的局中人数都至少有两个人,一般采用符号 N 表示博弈局中人构成的集合。例如在囚徒困境和猜硬币博弈中,$N=\{甲,乙\}$,而在田忌赛马中,$N=\{田忌,齐王\}$。

2. 策略集

博弈中,可供局中人选择的一个可行的完整行动方案称为一个策略。参加对策的每个局中人 i 都有自己的策略集 $S_i, i \in N$,即局中人 i 的所有策略构成的集合。注意,博弈中,任何一个局中人至少需要出两个策略,否则,其对策结果完全听从别人摆布,该局中人也就失去了做局中人的资格。例如,在囚徒困境博弈中,甲的策略集 $=\{Y^A, N^A\}$,乙的策略集 $=\{Y^B, N^B\}$;而在田忌赛马中:

"田忌的策略集 $=(T_1T_2T_3),(T_1T_3T_2),(T_2T_1T_3),(T_2T_3T_1),(T_3T_1T_2),(T_3T_2T_1)$"

"齐王的策略集 $=(G_1G_2G_3),(G_1G_3G_2),(G_2G_1G_3),(G_2G_3G_1),(G_3G_1G_2),(G_3G_2G_1)$"

博弈中取每个局中人策略集中的一个策略组成的策略组称为局势,例如田忌赛马中,$\{(T_1T_2T_3),(G_1G_2G_3)\}$ 就是一个局势。所有局势构成笛卡尔集 $\prod_{i \in N} S_i$。

3. 支付函数

博弈结果由局势唯一确定,也就是说,一个局势确定一种博弈结果,从而决定每个局中人的得与失,这种得失就称为该局中人的支付。由此可以看出,局中人 i 的支付依赖于局势,是局势的函数,称为局中人 i 的支付函数,记为 $P_i, i \in N$。

这样,一个博弈实际上就是局中人、策略集和支付函数构成的三元组,记为 $T=(N,\{S_i\},\{P_i\})$,称为正规型博弈。

【案例 7-4】 囚徒困境、田忌赛马和猜硬币博弈中的支付函数

(1) 以判刑年数为支付函数,则囚徒困境中罪犯甲、乙的支付函数见表 7-2 和表 7-3。

甲的支付函数　　表 7-2

策略	Y^B	N^B
Y^A	8	0
N^A	10	1

乙的支付函数　　表 7-3

策略	Y^B	N^B
Y^A	8	10
N^A	0	1

(2) 田忌赛马博弈中,获胜者积 1 分,失败者积 -1 分,则田忌的支付函数见表 7-4。

田忌的支付函数　　　　　　　　　　　　　　　　　　　表 7-4

策　略	$T_1T_2T_3$	$T_1T_3T_2$	$T_2T_1T_3$	$T_2T_3T_1$	$T_3T_1T_2$	$T_3T_2T_1$
$G_1G_2G_3$	-3	-1	-1	1	-1	-1
$G_1G_3G_2$	-1	-3	1	-1	-1	-1
$G_2G_1G_3$	-1	-1	-3	-1	-1	1
$G_2G_3G_1$	-1	-1	-1	-3	1	-1
$G_3G_1G_2$	1	-1	-1	-1	-3	-1
$G_3G_2G_1$	-1	1	-1	-1	-1	-3

对应的，齐王的支付函数见表 7-5。

齐王的支付函数　　　　　　　　　　　　　　　　　　　表 7-5

策　略	$T_1T_2T_3$	$T_1T_3T_2$	$T_2T_1T_3$	$T_2T_3T_1$	$T_3T_1T_2$	$T_3T_2T_1$
$G_1G_2G_3$	3	1	1	-1	1	1
$G_1G_3G_2$	1	3	-1	1	1	1
$G_2G_1G_3$	1	1	3	1	1	-1
$G_2G_3G_1$	1	1	1	3	-1	1
$G_3G_1G_2$	-1	1	1	1	3	1
$G_3G_2G_1$	1	-1	1	1	1	3

(3) 假设乙猜中时，甲得 -1 分，乙得 1 分；猜不中时甲得 1 分，乙得 -1 分，则甲、乙的支付函数见表 7-6、表 7-7。

甲的支付函数　　　表 7-6

策略	Y^B	N^B
Y^A	-1	1
N^A	1	-1

乙的支付函数　　　表 7-7

策略	Y^B	N^B
Y^A	1	-1
N^A	-1	1

7.1.3　展开型博弈

正规型博弈 $\Gamma = (N, \{S_i\}, \{P_i\})$ 中，局中人的策略集在博弈开始之前能够完全确定下来。实际博弈过程中，有时无法预先确定局中人一个完整的行动方案，例如下围棋、打桥牌等，局中人的每一步都需要依赖其他局中人的前一步进行决策，这种博弈称为展开型博弈。

【案例 7-5】 翻摊游戏问题

桌上放置 5 根火柴，甲、乙两人可以轮流从中取走 1 根或 2 根火柴，规定最后取走 1 根或 2 根者获胜，胜者得 1 分，负者得 -1 分。这个游戏中，甲乙间的博弈就是展开型博弈，如图 7-1 所示，这里，悬挂点边的坐标 (x, y) 中，x 表示甲最终得分，y 表示乙最终得分。

设 $N = \{1, 2, \cdots, n\}$ 表示局中人的集合。如果存在一棵有向树 T，其悬挂点集合为 $I(T)$ 和映射 $\varphi: V(T) \setminus I(T) \to N$，$h: I(T) \to R^n$，则称四元组 (N, T, φ, h) 为一棵 n 人博弈

树。由有向树性质可知，对任意悬挂点 $u \in I(T)$ 均存在一条从根点 x_0 到 u 的有向路 $x_0 x_{i_1} x_{i_2} \cdots x_{i_1} u$，称为通往 u 的一个局，对应地，有 $h(u) = (h_1(u), h_2(u), \cdots, h_n(u)) \in R^n$，其中 $h_i(u)$ 表示局中人 i 在通往局 u 中的支付。

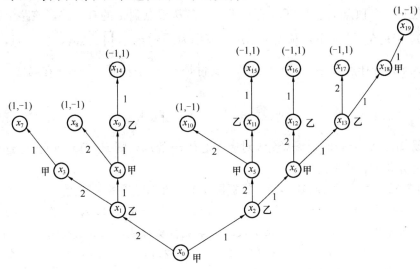

图 7-1 展开型博弈示意

对任意局中人 $i \in N$，定义集合 $X_i = \{x \in V(T) \setminus I(T) \mid \varphi(x) = i\}$，表示局中人 i 的行动顶点集合。记 $X_0 = (V(T) \setminus I(T)) \setminus (\bigcap_{i \in N} X_i)$，则 $X_0, X_1, \cdots, X_n$ 为 $V(T) \setminus I(T)$ 的一个划分。例如，图 7-1 中局中人 1 表示甲，局中人 2 表示乙，则有

$X_0 = \Phi$

$X_1 = \{x_0, x_3, x_4, x_5, x_6, x_{18}\}$

$X_2 = \{x_1, x_2, x_9, x_{11}, x_{12}, x_{13}\}$

假定，对所有 $x \in X_0$，在 x 的出弧集上给定一个概率分布，且其每条出弧上的概率均为正，则展开型博弈定义如下：

一个展开型 n 人博弈是一个满足下面四个条件的六元数组 $(N, T, \varphi, h, \{p_x\}, \{X_{i1}, X_{i2}, \cdots, X_{it_i}\}_{i \in N})$：

(1) (N, T, φ, h) 为一棵博弈树；

(2) $X_0, X_1, \cdots, X_n$ 为 $V(T) \setminus I(T)$ 的一个划分；

(3) 对任意 $x \in X_0$，x 的出弧集上给定一个概率分布 $p_x > 0$；

(4) 任意 $i \in N$，X_i 有一个划分 $X_{i1}, X_{i2}, \cdots, X_{it_i}$，称为局中人 i 的信息集。

注意，展开型博弈 $(N, T, \varphi, h, \{p_x\}, \{X_{i1}, X_{i2}, \cdots, X_{it_i}\}_{i \in N})$ 中，局中人 i 的一个策略 $s^{(i)}$，是指定义在信息集 $\{X_{i1}, X_{i2}, \cdots, X_{it_i}\}$ 上的一个映射，使得对任意 $l \in \{1, 2, \cdots, t_i\}$，$s^{(i)}(X_{il})$ 对应于以 X_{il} 中的顶点为尾的一条弧，即局中人 i 的一个行动方案。它告诉局中人 i 在自己信息集上选择哪一条出弧。局中人 i 的所有策略构成的策略集记为 $S_i, i \in N$。当每个局中人 i 选择了一个策略 $s^{(i)} \in s_i, i \in N$ 后，就得到一个局势 $\bar{s} = (s^{(1)}, s^{(2)}, \cdots, s^{(n)})$。此时顶点 x 处选择出弧 (x, y) 的概率为

$$s(x,y) = \begin{cases} p_x(x,y), & x \in X_0, \\ 1, & x \in X_{il}, \ s^{(i)}(X_{il}) = (x,y), \\ 0, & \text{其他}。 \end{cases}$$

对于任意一个顶点 $x \in V(T)$，存在唯一一条从根点到 x 的有向路，该路上弧的集合记为 $A(x)$。于是在局势 $\bar{s}$ 下，顶点 x 出现的概率为 $s[x] = \prod_{(y,z) \in A(x)} s(y,z)$。注意，在局势 $\bar{s}$ 下，局中人 i 在悬挂点 $w \in I(T)$ 上得到的支付是 $h_i(w)$。从而局中人 i 在局势 $\bar{s}$ 下的支付为数学期望

$$P_i(\bar{s}) = \sum_{w \in I(T)} h_i(w) s[w]$$

同时易知当 $X_0 = \Phi$ 时，设局势 $\bar{s}$ 对应于通往 w 的局，则 $P_i(s) = h_i(w)$。这样就把一个展开型博弈化为正规型博弈。

【案例 7-6】 对于翻摊游戏问题，根据图 7-1 不难知道甲的策略为

$$s_1^{(1)} = (2,1), \ s_2^{(1)} = (2,2), \ s_3^{(1)} = (1,2), \ s_4^{(1)} = (1,1), \ s_5^{(1)} = (1,1,1)$$

这里，策略中的第 j 个数为甲第 j 次取火柴数，类似地，乙的策略为

$$s_1^{(2)} = (2), \ s_2^{(2)} = (1,1), \ s_3^{(2)} = (2,1), \ s_4^{(2)} = (1,2)$$

这里策略中的第 j 个数为乙第 j 次取火柴数。则甲的支付函数见表 7-8。

甲的支付函数　　　　　　　　　　　　　　　　表 7-8

策略	$s_1^{(1)}$	$s_2^{(1)}$	$s_3^{(1)}$	$s_4^{(1)}$	$s_5^{(1)}$
$s_1^{(2)}$	1	1	1	-1	-1
$s_2^{(2)}$	1	-1	-1	1	1
$s_3^{(2)}$	1	1	1	-1	-1
$s_4^{(2)}$	1	1	-1	-1	-1

而乙的支付函数为表 7-8 中数字正负号对调所得。

7.2 博弈类型及理论

招标采购中涉及的博弈模型有两种，一种是投标人之间的竞争博弈，另一种是招标人与中标人之间的合作博弈，为此，这一节介绍相关博弈理论，以便为分析招标采购博弈打下基础。

7.2.1 二人零和有限博弈

二人零和有限博弈又称为矩阵博弈，是研究其他博弈的基础。所谓零和博弈，即一个局中人的所得就是另外一个人的所失。设局中人甲、乙两人的策略集分别为 $S_1 = \{\alpha_1, \alpha_2, \cdots, \alpha_m\}$，$S_2 = \{\beta_1, \beta_2, \cdots, \beta_m\}$，以及在局势 (α_i, β_j) 中，甲得到的支付为 $a_{ij}(i=1,2,\cdots,m, j=1,2,\cdots,n)$，则甲的支付函数可以表示成矩阵 $[A] = [a_{ij}]_{m \times n}$；类似地，乙的支付函数可以表示为矩阵 $[B] = [b_{ij}]_{m \times n}$，则有 $a_{ij} + b_{ij} = 0, i=1,2,\cdots,m, j=1,2,\cdots,n$，即矩阵 $[B] = -[A]$，于是二人零和博弈可以表示成 $(S_1, S_2, [A])$，其中的 $[A]$ 称为支付矩阵。

1. 可解条件

当甲采用策略 α_i 时,他最少可以得到 $p_i = \min\limits_{1 \leqslant j \leqslant n} a_{ij}$ 的支付。当然,对甲而言,博弈时 p_i 越大越好。所以他选择的最优策略 α_{i^*} 应满足 $p_{i^*} = \max\limits_{1 \leqslant i \leqslant m} p_i = \max\limits_{1 \leqslant i \leqslant m} \min\limits_{1 \leqslant j \leqslant n} a_{ij}$。

类似地,乙采用策略 β_j 时,最多支出 $q_j = \max\limits_{1 \leqslant i \leqslant m} a_{ij}$。此时对乙而言,选择的策略使 q_j 越小越好,故其选择的最优策略 β_{j^*} 应满足 $q_{j^*} = \min\limits_{1 \leqslant j \leqslant n} q_j = \min\limits_{1 \leqslant j \leqslant n} \max\limits_{1 \leqslant i \leqslant m} a_{ij}$。例如在田忌赛马问题中,$p_{i^*} = \max\limits_{1 \leqslant i \leqslant 6} \min\limits_{1 \leqslant j \leqslant 6} a_{ij} = -1$,而 $q_{j^*} = \min\limits_{1 \leqslant j \leqslant 6} \max\limits_{1 \leqslant i \leqslant 6} a_{ij} = 3$。

一般地,对于二人零和博弈,我们有下面这个结论。

定理 7-1 二人零和博弈 $(S_1, S_2, [A])$ 中,等式
$$\max\limits_{1 \leqslant i \leqslant m} \min\limits_{1 \leqslant j \leqslant n} a_{ij} = \min\limits_{1 \leqslant j \leqslant n} \max\limits_{1 \leqslant i \leqslant m} a_{ij}$$
成立的充要条件是存在局势 $(\alpha_{i^*}, \beta_{j^*})$,使得
$$a_{ij^*} \leqslant a_{i^* j^*} \leqslant a_{i^* j}, \ i = 1, 2, \cdots, m, j = 1, 2, \cdots, n$$

证明:首先,由
$$\min\limits_{1 \leqslant j \leqslant n} a_{ij} \leqslant a_{ij}, \ a_{ij} \leqslant \max\limits_{1 \leqslant i \leqslant m} a_{ij}, \ i = 1, 2, \cdots, m, j = 1, 2, \cdots, n$$

从而
$$\min\limits_{1 \leqslant j \leqslant n} a_{ij} \leqslant \max\limits_{1 \leqslant i \leqslant m} a_{ij}, \ i = 1, 2, \cdots, m, j = 1, 2, \cdots, n$$

注意上面这个式子左边与指标 j 无关,从而
$$\min\limits_{1 \leqslant j \leqslant n} a_{ij} \leqslant \min\limits_{1 \leqslant j \leqslant n} \max\limits_{1 \leqslant i \leqslant m} a_{ij}, \ i = 1, 2, \cdots, m$$

两边再对指标 i 求最大值,就一定有
$$\max\limits_{1 \leqslant i \leqslant m} \min\limits_{1 \leqslant j \leqslant n} a_{ij} \leqslant \min\limits_{1 \leqslant j \leqslant n} \max\limits_{1 \leqslant i \leqslant m} a_{ij}, \ i = 1, 2, \cdots, m, j = 1, 2, \cdots, n$$
成立。

现在,假设 $(S_1, S_2, [A])$ 中存在局势 $(\alpha_{i^*}, \beta_{j^*})$,使得
$$a_{ij^*} \leqslant a_{i^* j^*} \leqslant a_{i^* j}, \ i = 1, 2, \cdots, m, j = 1, 2, \cdots, n$$

则有
$$\max\limits_{1 \leqslant i \leqslant m} a_{ij^*} \leqslant a_{i^* j^*} \leqslant \min\limits_{1 \leqslant j \leqslant n} a_{i^* j}$$

即
$$\min\limits_{1 \leqslant j \leqslant n} \max\limits_{1 \leqslant i \leqslant m} a_{ij^*} \leqslant \max\limits_{1 \leqslant i \leqslant m} \min\limits_{1 \leqslant j \leqslant n} a_{i^* j}$$

所以,
$$\max\limits_{1 \leqslant i \leqslant m} \min\limits_{1 \leqslant j \leqslant n} a_{ij} = \min\limits_{1 \leqslant j \leqslant n} \max\limits_{1 \leqslant i \leqslant m} a_{ij}$$

反之,如果等式
$$\max\limits_{1 \leqslant i \leqslant m} \min\limits_{1 \leqslant j \leqslant n} a_{ij} = \min\limits_{1 \leqslant j \leqslant n} \max\limits_{1 \leqslant i \leqslant m} a_{ij}$$
成立,取指标 $1 \leqslant i^* \leqslant m, 1 \leqslant j^* \leqslant n$,使得 $a_{i^* j^*} = \max\limits_{1 \leqslant i \leqslant m} \min\limits_{1 \leqslant j \leqslant n} a_{ij} = \min\limits_{1 \leqslant j \leqslant n} \max\limits_{1 \leqslant i \leqslant m} a_{ij}$。

则有
$$\max\limits_{1 \leqslant i \leqslant m} a_{ij^*} = \min\limits_{1 \leqslant j \leqslant n} a_{i^* j} \leqslant a_{i^* j^*} \leqslant \max\limits_{1 \leqslant i \leqslant m} a_{ij^*} = \min\limits_{1 \leqslant j \leqslant n} a_{i^* j}$$

从而
$$a_{ij^*} \leqslant a_{i^* j^*} \leqslant a_{i^* j}, \ i = 1, 2, \cdots, m, j = 1, 2, \cdots, n$$

由上面这个定理可以看出,当甲采用策略 α_i 时,乙为使自己所失最少,应选择策略

β_{j^*}；类似的，当乙选择策略 β_j 时，甲为了获得更多支付，只能选择策略 α_{i^*}，这里的局势 $(\alpha_{i^*}, \beta_{j^*})$ 称为 $(S_1, S_2, [A])$ 的平衡局势或解，$\alpha_{i^*}, \beta_{j^*}$ 分别称为甲、乙的最优策略，$a_{i^*j^*}$ 称为 $(S_1, S_2, [A])$ 的值。由此可知，二人零和博弈存在解的充分必要条件为：

$$\max_{1 \leqslant i \leqslant m} \min_{1 \leqslant j \leqslant n} a_{ij} = \min_{1 \leqslant j \leqslant n} \max_{1 \leqslant i \leqslant m} a_{ij}$$

2. 混合局势解

定理 7-1 中的条件过于理想化，实际上许多博弈均不满足其条件，例如田忌赛马问题中

$$\max_{1 \leqslant i \leqslant 6} \min_{1 \leqslant j \leqslant 6} a_{ij} = -1 < 3 = \min_{1 \leqslant j \leqslant 6} \max_{1 \leqslant i \leqslant 6} a_{ij}$$

故没有解，即局中人找不到各自的最优策略，但正如例 7-2 所述，历史上田忌在比赛中确实战胜了齐王。所以有必要引入甲（或乙）选择策略 α_i（策略 β_j）的概率，推广博弈解的概念。

设博弈 $(S_1, S_2, [A])$ 中，$S_1 = \{\alpha_1, \alpha_2, \cdots, \alpha_m\}$，$S_2 = \{\beta_1, \beta_2, \cdots, \beta_n\}$，$[A] = [a_{ij}]_{m \times n}$，则

$$S_1^* = \{\overline{p} \in R^m \mid p_i \geqslant 0, i = 1, 2, \cdots, m, \sum_{i=1}^{m} p_i = 1\}$$

$$S_2^* = \{\overline{q} \in R^n \mid q_j \geqslant 0, j = 1, 2, \cdots, n, \sum_{j=1}^{m} q_j = 1\}$$

称 S_1^*, S_2^* 分别为局中人甲和乙的混合策略集。对任意 $\overline{p} \in S_1^*, \overline{q} \in S_2^*$，称 $(\overline{p}, \overline{q})$ 为一个混合局势，或简称局势，同时称

$$E(\overline{p}, \overline{q}) = \overline{p}[A]\overline{q}^T = \sum_{i=1}^{m} \sum_{j=1}^{n} a_{ij} p_i q_j$$

为局中人甲的期望支付函数，或仍简称为支付函数。这样，就得到一个新的博弈 $(S_1^*, S_2^*, [A])$，称为混合博弈。易知，当 $p_k = \begin{cases} 1, & k = i \\ 0, & k \neq i \end{cases}$，$q_k = \begin{cases} 1, & k = j \\ 0, & k \neq j \end{cases}$ 时，甲的混合策略就是策略 α_i，乙的混合策略是策略 β_j。所以混合博弈是二人零和博弈的一种推广。

在混合博弈 $(S_1^*, S_2^*, [A])$ 中，若存在 $p^* \in S_1^*, q^* \in S_2^*$ 使得

$$E(\overline{p}, \overline{q}^*) \leqslant E(\overline{p}^*, \overline{q}^*) \leqslant E(\overline{p}^*, \overline{q}), \forall \overline{p} \in S_1^*, \forall \overline{q} \in S_2^*$$

则称混合局势 $(\overline{p}^*, \overline{q}^*)$ 为 $(S_1, S_2, [A])$ 的混合解，对应的，$\overline{p}^*, \overline{q}^*$ 分别称为甲、乙的最优混合策略，$E(\overline{p}^*, \overline{q}^*)$ 称为 $(S_1, S_2, [A])$ 在混合策略下的值。

定理 7-2 二人零和博弈 $(S_1, S_2, [A])$ 在混合策略意义下有解的充分必要条件是 $\max_{p \in S_1^*} \min_{q \in S_2^*} E(\overline{p}, \overline{q}) = \min_{q \in S_2^*} \max_{p \in S_1^*} E(\overline{p}, \overline{q})$

并且此时上式的值等于该博弈的混合值。

定理 7-3 设 $(S_1, S_2, [A])$ 为一个二人零和博弈：

$$E(\overline{p}, j) = \sum_{i=1}^{m} a_{ij} p_i, E(i, \overline{q}) = \sum_{j=1}^{n} a_{ij} q_j, \overline{p}^* \in S_1^*, \overline{q}^* \in S_2^*$$

则 $(\overline{p}^*, \overline{q}^*)$ 为 $(S_1, S_2, [A])$ 的混合解。当且仅当存在数 v，使得

$$E(i, \overline{q}^*) \leqslant v \leqslant E(\overline{p}^*, j)$$

且若最优策略 $\overline{p}^*$ 存在某个 $p_{i_0}^* > 0$，则 $E(i_0, p^*) = v$，或最优策略 $\overline{q}^*$ 中存在某个 q_{j_0}

>0，则 $E(\overline{q}^*, j_0) = v$。

实际上，任何一个二人零和博弈均可以找到最优混合策略，即博弈论中的最大最小定理。

定理 7-4 （最大最小定理）任何二人零和博弈在混合策略意义下都有解。

依据定理 7-3，求解二人零和博弈 $(S_1, S_2, [A])$ 的混合解等价于求解线性不等式组

$$\begin{cases} \sum_{i=1}^{m} a_{ij}x_i \geqslant v, \ j=1,2,\cdots,n \\ \sum_{i=1}^{m} x_i = 1 \\ x_i \geqslant 0, \ i=1,2,\cdots,m \end{cases} \tag{7-1}$$

和

$$\begin{cases} \sum_{j=1}^{n} a_{ij}y_j \leqslant v, \ i=1,2,\cdots,m \\ \sum_{j=1}^{n} y_j = 1 \\ y_j \geqslant 0, \ j=1,2,\cdots,n \end{cases} \tag{7-2}$$

特别地，当最优策略 $\overline{p}^*$ 存在某个 $p_{i_0}^* > 0$，或最优策略 $\overline{q}^*$ 中存在某个 $q_{j_0}^* > 0$ 时，(7-1) 或 (7-2) 成为方程组

$$\begin{cases} \sum_{i=1}^{m} a_{ij}x_i = v, \ i=1,2,\cdots,n \\ \sum_{i=1}^{m} x_i = 1 \end{cases} \tag{7-3}$$

或

$$\begin{cases} \sum_{j=1}^{n} a_{ij}y_j = v, \ i=1,2,\cdots,m \\ \sum_{j=1}^{n} y_j = 1 \end{cases} \tag{7-4}$$

故可以采用求解线性方程组 (7-3) 和 (7-4) 的方法求解，此时如果求得一组非负解，则得到 $(S_1, S_2, [A])$ 的一个混合策略解。但如求得的解中含有负的分量，则需要将上述等式改为不等式 (7-1) 或 (7-2) 进行试算，直到求得非负解为止。

【**案例 7-7**】 求解支付矩阵为 $A = \begin{bmatrix} -1 & 1 \\ 2 & -1 \end{bmatrix}$ 的二人零和博弈，并计算其混合策略值。

解：利用定理 7-3，可以得到方程组

$$\begin{cases} -x_1 + x_2 = v \\ 2x_1 - x_2 = v \\ x_1 + x_2 = 1 \end{cases} \text{和} \begin{cases} -y_1 + 2y_2 = v \\ y_1 - y_2 = v \\ y_1 + y_2 = 1 \end{cases}$$

求解这两个方程组知

$$\begin{cases} x_1 = \dfrac{2}{5} \\ x_2 = \dfrac{3}{5} \end{cases}, \begin{cases} y_1 = \dfrac{3}{5} \\ y_2 = \dfrac{2}{5} \end{cases}$$

该博弈的混合策略值为

$$-\frac{2}{5} + \frac{3}{5} = -\frac{3}{5} + 2 \times \frac{2}{5} = \frac{1}{5}$$

【案例 7-8】 设支付矩阵为

$$A = \begin{bmatrix} 1 & -1 & 1 \\ -1 & 1 & 1 \\ 1 & 1 & -1 \end{bmatrix}$$

求解支付矩阵为 $[A]$ 的二人零和博弈，并确定其混合策略值。

解：利用定理 7-3，可以得到方程组

$$\begin{cases} x_1 - x_2 + x_3 = v \\ -x_1 + x_2 + x_3 = v \\ x_1 + x_2 - x_3 = v \\ x_1 + x_2 + x_3 = 1 \end{cases} \text{和} \begin{cases} y_1 - y_2 + y_3 = v \\ -y_1 + y_2 - y_3 = v \\ y_1 + y_2 - y_3 = v \\ y_1 + y_2 + y_2 = 1 \end{cases}$$

求解这两个方程组知

$$x_1 = x_2 = x_3 = y_1 = y_2 = y_3 = \frac{1}{3}$$

计算知该博弈的混合策略值为 $\dfrac{1}{3}$。

7.2.2 非合作 n 人博弈

非合作博弈的特征是局中人之间没有任何结盟，博弈过程中不允许事先有任何交换、传递信息的行为。非合作 n 人博弈由以下三个因素决定：

(1) 局中人的集合 $N = \{1, 2, \cdots, n\}$；

(2) 每个局中人 i 有一个有限的策略集

$$S_i = \{s_1^{(i)}, s_2^{(i)}, \cdots, s_{m_i}^{(i)}\}, i = 1, 2, \cdots, n$$

(3) 每个局中人 i 有一个支付函数 P_i，$i = 1, 2, \cdots, n$，当每个局中人 i 选定一个策略 $s_i \in S_i$，$i = 1, 2, \cdots, n$ 后，形成博弈的一个局势 $\bar{s} = (s_1, s_2, \cdots, s_n) \in \prod_{i \in N} S_i$，此时局中人得到的支付为

$$P_i(\bar{s}) = P_i(s_1, s_2, \cdots, s_n), i = 1, 2, \cdots, n$$

一般地，非合作 n 人博弈记为 $(N, \{S_i\}, \{P_i\})$。为讨论方便，引入记号

$$\bar{s} \| t_i = (s_1, s_2, \cdots, s_{i-1}, t_i, s_{i+1}, \cdots, s_n)$$

表示局中人 i 把局势 $\bar{s}$ 中他的策略 s_i 换成 t_i 而其他局中人的策略不变得到的新局势，这里 $t_i \in S_i$。

设 $\bar{s}^*$ 是非合作 n 人博弈 $(N, \{S_i\}, \{P_i\})$ 的一个局势。如果对任意 $s_i \in S_i$，$i = 1, 2, \cdots, n$，均有 $P_i(\bar{s} \| t_i) \leqslant P_i(\bar{s}^*)$，则称 $\bar{s}^*$ 是非合作 n 人博弈 $(N, \{S_i\}, \{P_i\})$ 的一个平衡局

势或平衡点。例如，在囚徒困境中，甲承认犯罪和乙承认犯罪就构成了一个平衡点，但一般地，非合作 n 人博弈不一定存在平衡点，类似于二人零和博弈，此时需要引入混合策略。对 $\forall i \in N$，定义局中人 i 的一个混合策略 $\bar{x}_i$ 为策略集 S_i 上的一个概率向量

$$\bar{x}_i = (x_1^{(i)}, x_2^{(i)}, \cdots, x_{m_i}^{(i)}), \sum_{k=1}^{m_i} x_k^{(i)} = 1, x_k^{(i)} \geqslant 0, k = 1, 2, \cdots, m_i$$

记混合策略集为 S_i^*，此时局中人 i 在其混合局势 $\bar{x} = (\bar{x}_1, \bar{x}_2, \cdots, \bar{x}_n)$ 下的期望支付为

$$E_i(\bar{x}) = \sum_{s_{j_1}^{(1)} \in S_1} \sum_{s_{j_2}^{(2)} \in S_2} \cdots \sum_{s_{j_m}^{(n)}} P_i(s_{j_1}^{(1)}, s_{j_2}^{(1)}, \cdots, s_{j_m}^{(n)}) x_{j_1}^{(1)} x_{j_2}^{(2)} \cdots x_{j_n}^{(n)}, i = 1, 2, \cdots, n$$

一个混合扩充的非合作 n 人博弈记为 $(N, \{S_i^*\}, \{E_i\})$，设 $\bar{x}^*$ 为其一个局势。如果有

$$E_i(\bar{x}^* \parallel \bar{x}_i) \leqslant E_i(\bar{x}^*)$$

则称 $\bar{x}^*$ 为一个混合平衡局势，又称为 Nash 平衡点。类似于二人零和博弈，有以下结论。

定理 7-5 设 $\bar{x}^*$ 为非合作 n 人博弈 $(N, \{S_i^*\}, \{E_i\})$ 的一个局势，则 $\bar{x}^*$ 为 Nash 平衡点当且仅当 $E_i(\bar{x}) = \max_{s_i \in S_i} E_i(\bar{x}^* \parallel s_i), i \in N$。

同时，Nash 在 1950 年证明了下面这个 n 人非合作博弈的基本定理。

定理 7-6 任何一个非合作 n 人博弈 $(N, \{S_i^*\}, \{E_i\})$ 都存在 Nash 平衡点。

当局中人甲、乙两人的策略集为 S_1、S_2，混合策略集为 S_1^*、S_2^*，支付矩阵分别为 $A = [a_{ij}]_{m \times n}, B = [b_{ij}]_{m \times n}$ 时，对应的博弈称为双矩阵博弈，二人竞争博弈记为 $(S_1, S_2, [A], [B])$，其混合扩充记为 (S_1^*, S_2^*, A, B)。下面这个结果由定义可以直接推出。

定理 7-7 设 $(S_1, S_2, [a_{ij}]_{m \times n}, [b_{ij}]_{m \times n})$ 为非合作双矩阵博弈，其中 $S_1 = \{\alpha_1, \alpha_2, \cdots, \alpha_m\}, S_2 = \{\beta_1, \beta_2, \cdots, \beta_n\}$，如果存在整数 $1 \leqslant i_0 \leqslant m$ 且 $1 \leqslant j_0 \leqslant n$ 使得

$$a_{ij_0} \leqslant a_{i_0 j_0}, i = 1, 2, \cdots, m$$
$$b_{i_0 j} \leqslant b_{i_0 j_0}, j = 1, 2, \cdots, n$$

则 $(\alpha_{i_0}, \beta_{j_0})$ 为博弈的平衡点。

该定理实际上给出了求解非合作双矩阵博弈的方法，即分别把矩阵 $[A]$ 每列中、矩阵 $[B]$ 每行元素中最大者标以"*"号。如果存在整数 $1 \leqslant i_0 \leqslant m$ 且 $1 \leqslant j_0 \leqslant n$ 使得 $a_{i_0 j_0}$ 和 $b_{i_0 j_0}$ 都标有"*"号，则局势 $(\alpha_{i_0}, \beta_{j_0})$ 就是博弈 (S_1, S_2, A, B) 的平衡点。

定理 7-8 设 (S_1^*, S_2^*, A, B) 为非合作双矩阵博弈，这里 $A = [a_{ij}]_{m \times n}$、$B = [b_{ij}]_{m \times n}$，$\bar{x}^* \in S_1^*$、$\bar{y}^* \in S_2^*$，当且仅当

$$\bar{x}^* A \bar{y}^{*T} = \max_{1 \leqslant i \leqslant m} [A]_i \bar{y}^{*T}, \bar{x}^* B \bar{y}^{*T} = \max_{1 \leqslant j \leqslant n} \bar{x}^* [B]_j$$

则 $(\bar{x}^*, \bar{y}^*)$ 为博弈的 Nash 平衡点。

【案例 7-9】 囚徒困境中，把判刑年数的负值作为其支付值，则根据例 7-1，罪犯甲和乙的支付矩阵分别为

$$A = \begin{bmatrix} -8 & 0 \\ -10 & -1 \end{bmatrix}, B = \begin{bmatrix} -8 & -10 \\ 0 & -1 \end{bmatrix}$$

对矩阵 A 各列和 B 各行中最大元标上"*"号，得

$$A = \begin{bmatrix} -8^* & 0^* \\ -10 & -1 \end{bmatrix}, B = \begin{bmatrix} -8^* & -10 \\ 0^* & -1 \end{bmatrix}$$

a_{11} 和 b_{11} 都标有"*"号，故策略（认罪，认罪）是该博弈的平衡点，也是甲、乙的 Nash 平衡点，故博弈结果是甲、乙各判 8 年徒刑。

【案例 7-10】 夫妻爱好问题

夫妻甲乙两人的爱好不同。甲是球迷，乙是音乐迷。甲爱看球赛，也可以陪妻子听音乐会；乙希望参加音乐会，当然也可以陪丈夫看球赛，但更重要的是夫妻统一进行一项活动。现在，夫妻两人在不商量的前提下，想依据各自的兴趣进行选择，对看球赛和听音乐会进行了评分，即支付矩阵如下：

$$A = \begin{bmatrix} 2 & -1 \\ -1 & 1 \end{bmatrix}, B = \begin{bmatrix} 1 & -1 \\ -1 & 2 \end{bmatrix}$$

对矩阵 A 各列和 B 各行中最大元标上"*"号，得

$$A = \begin{bmatrix} 2^* & -1 \\ -1 & 1^* \end{bmatrix}, B = \begin{bmatrix} 1^* & -1 \\ -1 & 2^* \end{bmatrix}$$

从而知 a_{11} 和 b_{11}，a_{22} 和 b_{22} 都标有"*"号。于是（看球赛，看球赛）和（听音乐，听音乐）都是该博弈的平衡点。

这个例子还表明，一个非合作博弈中，可能有多个平衡点，以及多个 Nash 平衡点。

7.2.3 合作 n 人博弈

1. 博弈特征函数

一个 n 人博弈 $(N, \{S_i\}, \{P_i\})$ 过程中，如果允许局中人之间协商，采取联合行动以获得支付总额最大，这样的博弈就称为合作 n 人博弈。与非合作 n 人博弈不同，合作博弈既要考虑博弈问题的解，又要考虑所得支付在联盟中的分配。

对于 N 的任意一个子集 R，我们可以构造一个二人零和有限博弈，其中的局中人为 R 和 N/R，它们的策略集分别为

$$S_R = \prod_{i \in R} S_i, \quad S_{N/R} = \prod_{i \in N \setminus R} S_i$$

对任意 $s' \in S_R$, $s'' \in S_{N \setminus R}$，定义局中人 R 局势 (s', s'') 下的支付为 $\sum_{i \in R} P_i(s', s'')$。

类似地，考虑其混合扩充博弈 $(S_R^*, S_{N \setminus R}^*, E_R)$。此时对任意 $s' \in S_R^*$, $s'' \in S_{N \setminus R}^*$，局中人在混合局势 (s', s'') 下的期望支付为

$$E_R(s', s'') = \sum_{i \in R} E_i(s', s'')$$

其中，E_i 是局中人 i 的期望支付函数。根据定理 7-1，其解满足

$$\max_{s' \in S_R^*} \min_{s'' \in S_{N \setminus R}^*} \sum_{i \in R} E_i(s', s'') = \min_{s'' \in S_{N \setminus R}^*} \max_{s' \in S_R^*} \sum_{i \in R} E_i(s', s'') = v(R)$$

并定义 $v(\phi) = 0$, $v(N) = \max_{s \in S_1 \times S_2 \times \cdots \times S_n} \sum_{i \in N} P(s)$，则 $v(R)$ 是定义在 N 的所有子集上的一个实值函数，称为博弈 $(S_R, S_{N \setminus R}, E_R)$ 的特征函数。关于特征函数，有下面这个结论：

定理 7-9 设 v 为合作 n 人博弈 $(N, \{S_i^*\}, \{E_i\})$ 的特征函数，则对 N 的任意 k 个互不相交的子集 $R_1, R_2, \cdots, R_k$，有

$$\sum_{i=1}^{k} v(R_i) \leqslant v(\bigcup_{i=1}^{k} R_i)$$

特别地，有 $\sum_{i=1}^{k} v(R_i) \leqslant v(N)$，以及 $k=2$ 时，$v(R_1) + v(R_2) \leqslant v(R_1 \bigcup R_2)$。

这个定理的直观解释是，联盟能够保证的最大支付为 $v(\bigcup_{i=1}^{k} R_i)$，而这一支付仅当联盟之间充分协商，采取统一行动才能得到，它的逆命题也成立。

定理 7-10 设 $N = \{1, 2, \cdots, n\}$，v 是定义在幂集 2^N 的一个实函数，满足以下条件：
(1) $v(\phi) = 0$；
(2) 对 $\forall S, T \in 2^N, S \cap T = \phi$，有 $v(S \bigcup T) \geqslant v(S) + v(T)$。

则存在一个合作 n 人博弈，其特征函数为 v。

定理 7-9 与定理 7-10 表明合作博弈可以用其特征函数进行刻画，记为 (N, v)。如果特征函数满足条件 $v(S) + v(T) = v(S \bigcup T)$，$\forall S, T \subset N, S \cap T = \phi$。

则称对应的博弈为非本质博弈，在这种情况下，博弈的联盟不能使支付增加；反之，则称为本质博弈。关于非本质博弈，易于证明下面这个结论。

定理 7-11 合作 n 人博弈 (N, v) 是非本质的，当且仅当 $v(N) = \sum_{i \in N} v(\{i\})$。

2. 支付分配

在合作 n 人博弈 (N, v) 中，一个满足

$$x_i \geqslant v(\{i\}), \quad i = 1, 2, \cdots, n \tag{7-5}$$

$$\sum_{i=1}^{n} x_i = v(N) \tag{7-6}$$

上述两个条件的 n 维向量 $\overline{x} = (x_1, x_2, \cdots, x_n)$ 称为分配，所有分配构成集合 $E(v)$。这里的条件 (7-5) 称为个体合理性条件，即如果分给他的份额达不到个人博弈获得的支付时，他不会参加联盟合作；条件 (7-6) 称为群体合理性条件，也就是说，全部局中人组成的联盟获得的支付 $v(N)$ 必须分光，否则同样不能形成联盟合作。有下面这个简单结论：

定理 7-12 设 (N, v) 是一个合作 n 人博弈，如果 (N, v) 是：
(1) 非本质的，则只有一个分配 $\overline{x} = (v(\{1\}), v(\{2\}), \cdots, v(\{N\}))$；
(2) 本质的，则存在无数多种分配。

3. 核心、核仁与核

设 $\overline{x} = (x_1, x_2, \cdots, x_n)$ 和 $\overline{y} = (y_1, y_2, \cdots, y_n)$ 是合作 n 人博弈的两个分配，如果存在一个非空子集 $R \subseteq N$，使得 $x_i \geqslant y_i$，$\forall i \in R$ 且 $v(R) \geqslant \sum_{i \in R} x_i$，即联盟中的所有局中人都认为 $\overline{x}$ 比 $\overline{y}$ 好，则称 $\overline{x}$ 优超 $\overline{y}$，记为 $\overline{x} > \overline{y}$。

设 V 是 (N, v) 的一些分配构成的集合，即 $V \subseteq E(v)$。对任意 $\overline{x}, \overline{y} \in V$，如果 $\overline{x}, \overline{y}$ 之间没有优超关系，则称 V 是内部稳定的；如果对任意 $\overline{y} \in E(v) \setminus V$ 都存在 $\overline{x} \in V$ 使得 $\overline{x} > \overline{y}$，则称 V 是外部稳定的。更进一步地，如果 V 既是内部稳定的，又是外部稳定的，则称其为一个稳定集，记为 $\mathrm{Sta}(v)$。

一个合作博弈 (N, v) 中，不为任何分配优超的分配全体称为核心（core），记为 $C(v)$。

对 $R \subseteq N, \overline{x} \in E(v)$，定义 $e(R, \overline{x}) = v(R) - \overline{x}(S)$ 和一个 2^n 维向量 $\overline{\theta}(\overline{x}) = (\theta_1(\overline{x}),$

$\theta_2(\bar{x}),\cdots,\theta_n(\bar{x}))$。

这里，$\theta_i(\bar{x})=e(S_i,\bar{x})$，$(i=1,2,\cdots,2^n)$，$S_1,S_2,\cdots,S_{2^n}$ 为 N 的所有满足

$$e(S_1,\bar{x})\geqslant e(S_2,\bar{x})\geqslant\cdots\geqslant e(S_{2^n},\bar{x})$$

的一个子集排列。设 $\bar{a}=(a_1,a_2,\cdots,a_n),b=(b_1,b_2,\cdots,b_n)$。若存在整数 $1\leqslant k\leqslant n$ 使得

$$a_i=b_i,\ i=1,2,\cdots,k-1;\ a_k<b_k$$

则称向量 $\bar{a}$ 按字典序小于 $\bar{b}$，记为 $\bar{a}<_L\bar{b}$。符号 $\bar{a}\leqslant_L\bar{b}$ 表示 $\bar{a}<_L\bar{b}$ 或 $\bar{a}=\bar{b}$。

一个合作博弈 (N,v) 的核仁（nucleolus）定义为

$$Nu(v)=\{\bar{x}\in E(v)\mid \forall\ \bar{y}\in E(v),\bar{\theta}(\bar{x})\leqslant_L\bar{\theta}(\bar{y})\}$$

即使 $\bar{\theta}(\bar{x})$ 按字典序达到最小的那些分配 $\bar{x}$ 构成的集合。

记 $T_{ij}=\{S\subset N\mid i\in S,j\notin S\}$。对任意 $\bar{x}\in E(v)$，定义 $s_{ij}(\bar{x})=\max_{S\in T_{ij}}e(S,\bar{x})$。此时，如果有 $s_{ij}(\bar{x})>s_{ji}(\bar{x}),x_j>v(\{j\})$，则称为 $\bar{x}$ 在 i 处胜过 j。如果在 $\bar{x}$ 处，既不存在 i 胜过 j，又不存在 j 胜过 i，则称 i 与 j 在 $\bar{x}$ 处平衡。由定义易知，i 与 j 在 $\bar{x}$ 处平衡当且仅当

$$(s_{ij}(\bar{x})-s_{ji}(\bar{x}))(x_j-v(\{j\}))\leqslant 0$$
$$(s_{ji}(\bar{x})-s_{ij}(\bar{x}))(x_i-v(\{i\}))\leqslant 0$$

一个合作博弈 (N,v) 的核（kernel）定义为

$$K(v)=\{\bar{x}\in E(v)\mid (s_{ij}(\bar{x})-s_{ji}(\bar{x}))(x_j-v(\{j\}))\leqslant 0,\ \forall i,j\in N,i\neq j\}$$

即使得任何两个局中人都在 $\bar{x}$ 处平衡的分配全体。

关于核仁、核心、稳定集与核，有下面的结论：

定理 7-13 设 (N,v) 为一个合作 n 人博弈，则有

(1) 对任意 $\bar{x}\in R^n$，$\bar{x}\in C(v)$ 当且仅当下面两式成立：
$$\bar{x}(R)\geqslant v(R),\ \forall R\subseteq N;\ \bar{x}(N)=v(N)$$

(2) 对任意 $\bar{x}\in R^n$，$\bar{x}\in K(v)$，当且仅当：
$$s_{ij}(\bar{x})=s_{ji}(\bar{x}),\ \forall i,j\in N,i\neq j$$

(3) 核仁、核心、稳定集与核之间存在下述关系
$$Nu(v)\subseteq C(v)\subseteq Sta(v)$$
$$Nu(v)\subseteq K(v),\ |Nu(v)|=1$$

即核仁是单点集。

(4) 如果对任意 $R,T\subseteq N$，博弈 (N,v) 满足条件
$$v(R)+v(T)\leqslant v(R\cup T)+v(R\cap T)$$

则 $K(v)=Nu(v)$。

如果一个合作 n 人博弈 (N,v) 满足对任意 $i\in N$ 均有 $v(\{i\})=0$，$v(N)=1$，则称该博弈为 $(0,1)$ 规范博弈。以下通过具体例子示范定理 7-13 的应用。

【案例 7-11】 设 (N,v) 为一个 $(0,1)$ 规范博弈，且对任意 $\phi\neq S\subset N$，有 $v(S)\leqslant \frac{|S|-1}{|N|}$，则该博弈的核仁为 $Nu(v)=\left\{\left(\frac{1}{n},\frac{1}{n},\cdots,\frac{1}{n}\right)\right\}$。实际上，取 $\bar{x}=\left(\frac{1}{n},\frac{1}{n},\cdots,\frac{1}{n}\right)$，则由 (N,v) 是一个 $(0,1)$ 规范博弈，知对任意 $\bar{x}\in E(v)$，有

$$e(S,\bar{x})\leqslant \frac{|S|-1}{n}-\frac{|S|}{n}=-\frac{1}{n},\ \forall S\subset N,S\neq \Phi$$

现在，对任意 $\overline{y} \in E(v), \overline{y} \neq \overline{x}$，必有其某个分量 $y_i < \frac{1}{n}$，故有 $e(\{i\}, \overline{y}) = y_i > -\frac{1}{n}$，这样就有 $\overline{x} <_L \overline{y}$，故 $Nu(v) = \{\overline{x}\}$。

【案例 7-12】 三人买卖马问题

有三个人在市场上进行马匹交易，其中卖主 1 有一匹多余马要卖，卖不出去的话，对其支付为 0。两个买主 2 和 3 分别愿意出不超过 90 元和 100 元买这匹马。这笔交易应如何进行才能使三个人都满意？

这个问题可以看作是一个合作博弈。如局中人 1 卖给局中人 2 的价格为 a 元，则获利 a 元，而局中人 2 获利 $90 - a$ 元。故联盟 $\{1, 2\}$ 的总获利为 90 元，即 $v(\{1,2\}) = 90$。类似地，$v(\{1,3\}) = 100$。另外，由条件可知，单个局中人或是两个买主，即局中人 2 和 3 的联盟都不能使交易获得成功，即 $v(\{i\}) = 0, i = 1, 2, 3, v(\{2,3\}) = 0$，同时，如果三个局中人联盟的话，则马一定卖给局中人，因为此时联盟获利最大，为 100 元。从而，由定理 7-13（1）知核心由满足下述不等式的向量 (x_1, x_2, x_3) 组成：

$$\begin{cases} x_1 + x_2 \geqslant 90 \\ x_1 + x_3 \geqslant 100 \\ x_2 + x_3 \geqslant 0 \\ x_1 + x_2 + x_3 = 100 \\ x_1, x_2, x_3 \geqslant 0 \end{cases}$$

解这组不等式，得到核心

$$C(v) = \{(s, 0, 100 - s) \mid 90 \leqslant s \leqslant 100\}$$

任取 $S \in T_{12}$。当 $S = \{1\}$ 时，$e(S, \overline{x}) = -x_1$，当 $S = \{1,3\}$ 时，$e(S, \overline{x}) = 100 - x_1 - x_3$，从而 $s_{12}(\overline{x}) = 100 - x_1 - x_3$。类似地可知 $s_{21}(\overline{x}) = -x_2, s_{13}(\overline{x}) = 90 - x_1, s_{31}(\overline{x}) = -x_3$。应用定理 7-13，通过解方程组 $s_{12}(\overline{x}) = s_{21}(\overline{x}), s_{13}(\overline{x}) = s_{31}(\overline{x})$，可知

$$Nu(v) = K(v) = \{95, 0, 5\}$$

4. 谈判问题

在合作双矩阵博弈 $(S_1^*, S_2^*, [A], [B])$ 问题中，如果双方经过讨价还价，或者经由一位裁判者裁定，最终可以得到一个双方都能接受的方案，这样一个问题就称为谈判问题。每个谈判方案可以用 (u, v) 表示，这里 u, v 分别表示甲、乙要求得到的支付。易知甲、乙双方通过合作能够获得的最大支付为

$$\sigma = \max_{1 \leqslant i \leqslant m} \min_{1 \leqslant j \leqslant n} (a_{ij} + b_{ij})$$

故有 $u + v \leqslant \sigma$。记双方都不能让步的支付为 (u_0, v_0)。由双矩阵博弈，甲、乙单干至少获得支付 $v([A]), v([B]^T)$ 分别为

$$v([A]) = \max_{x \in S_1^*} \min_{y \in S_2^*} \overline{x}[A]\overline{y}^T,$$

$$v([B]^T) = \max_{y \in S_2^*} \min_{x \in S_1^*} \overline{x}[B]^T \overline{y}^T$$

一个最为朴素的想法是谈判问题的解 (u^*, v^*) 应当满足

$$\begin{cases} u^* \geqslant \max\{v([A]), u_0\} \\ v^* \geqslant \max\{v([B]^T), v_0\} \\ u^* + v^* = \sigma \\ u^* - u_0 = v^* - v_0 \end{cases}$$

这里第一、第二式为个体合理条件，第三式为群体合理条件，表示甲乙合作分配最大支付，第四式为公平条件，即甲乙平均分配合作增加的支付。

第三、第四两式表明：

$$u^* = \frac{u_0 - v_0 + \sigma}{2}, \quad v^* = \frac{v_0 - u_0 + \sigma}{2}$$

而为保证个体合理条件，应有

$$\frac{u_0 - v_0 + \sigma}{2} \geqslant v([A]), \quad \frac{v_0 - u_0 + \sigma}{2} \geqslant v([B]^T)$$

当甲、乙双方按"从最不利情形中选择最有利的结果"原则选取策略时，获得的支付为支付基点取$(u_0, v_0) = (v([A]), v([B]^T))$，此时谈判问题的解为

$$u^* = \frac{v([A]) - v([B]^T) + \sigma}{2}, \quad v^* = \frac{v([B]^T) - v([A]) + \sigma}{2}$$

将上述结果应用于囚徒困境问题，不难得到 $v([A]) = -1$，$v([B]^T) = -1$，$\sigma = -2$，即对应的解为$(u^*, v^*) = (-1, -1)$，即甲、乙双方约定拒不承认，则最终只能获 1 年徒刑。

7.3 招标采购博弈模型

招标采购，包括招标投标和合同履约，实现采购标的两个阶段，分别对应非合作博弈和合作博弈两种博弈类型，是投标人之间，以及招标人和中标人之间的博弈。这里，依据招标采购过程及其特点，分析博弈中的要素。

7.3.1 招标采购非合作博弈要素

1. 局中人

招标采购非合作博弈是招标人发出明确采购标的特点、技术要求、报价要求和中标条件等所有实质性要求、条件以及合同主要条款的要约邀请，投标人按照其实质性要求和条件递交要约投标，进行一次性竞争的一种博弈方式。博弈目的是为获得标的中标权，进而得到博弈支付。此时局中人是参与非合作博弈的投标人，如果投标人数为 n，则对应的博弈类型是非合作 n 人博弈。

2. 博弈策略

博弈过程中，局中人的信息集由三部分构成：一是招标采购文件中公布的有关标的、中标条件等信息；二是局中人具备的条件和能力；三是了解到的其他局中人部分条件和能力。所以，局中人的策略，只能是在响应招标文件中提出的实质性要求和条件的基础上，依据自身具备的条件和能力，结合其他局中人部分条件和能力制定自己的策略进行一次性博弈。

3. 博弈支付

局中人的博弈支付为获得标的中标权，进而获得合同履约收益。

7.3.2 招标采购合作博弈要素

1. 局中人

招标采购合作博弈，是招标人和中标人按照招标文件和中标人的投标文件签订书面合同，并按照诚实信用的原则履行合同约定义务的一种博弈。这种博弈，是招标人和中标人在合同订立及履约的合作博弈，故局中人由招标人和中标人两人组成。

注意，此时局中人只有招标人和中标人，同时中标人的支付来源于招标人，招标人的支付来源于中标人，所以招标采购合作博弈是一种二人零和合作博弈。

2. 博弈策略

博弈策略即招标人和中标人在签订合同，以及合同履约过程中采取的策略，一般应遵循以下原则：

（1）平等互利原则。合同当事人双方是一种伙伴关系，只要当事人都履行义务才能获得博弈支付，所以只有在平等互利原则下签订合同才能实现双赢结果。

（2）友好协商原则。友好协商是实现双方博弈支付的前提，这当中，既包括招标人和中标人签订合同时的友好协商，又包括合同履约过程中的友好协商。

（3）依法办事原则。合同当事人双方只有把各自博弈策略置于法律框架内，才能有效预防合同风险，其权益也才能依法受到保护。

3. 博弈支付

博弈支付即合同当事人获得的收益，其中，招标人的合同收益为获得合同标的及配套服务、合同节减额等收益。

中标人的收益由4部分构成：①中标价；②合同变更款项；③索赔款项；④奖励款项。这里合同变更款项指合同变更对应的且招标人认可的款项；索赔款项，指因招标人或第三方原因造成的，招标人确认的款项；奖励款项则指因中标人提出合理化建议而使招标人获得收益或合同履约成果，招标人对其进行奖励的款项。

7.4 招标采购竞争博弈

招标采购竞争博弈，由招标人编制的招标文件中确定的合同条件、中标条件和市场条件情况决定，三者有机统一于招标采购实践，是招标人编制招标文件以及投标人参与投标博弈确定合同履约风险需要重点考虑的事项。为此，这里应用博弈论的理念和方法，对合同条件、中标条件，结合市场环境进行分析。

7.4.1 合同条件

1. 合同标的

标的是合同当事人权利与义务共同指向的对象，其具体表现形式为物、劳务、行为、智力成果、工程项目等，必须准确界定合同标的。否则，要么合同标的是空的，当事人的权利义务无依托载体；要么标的界定的不清楚，标的理解不统一，易造成合同履约争议，使当事人权益受到损害。

招标采购过程中，标的的种类、规模或数量、技术复杂程度等由招标人在要约邀请中界定，作为投标响应与合同的实质性内容之一，重在吸引潜在投标人参与博弈，进而形成有效竞争，实现采购目的。

2. 履约条件

合同履约条件，包括两部分内容：一是为合同履约而约定的技术标准和要求、履行期限、地点和方式、价款或收益、合同变更、合理化建议等；二是气象气候、场地、运输、装卸以及合同履约涉及的其他外部条件等。

招标采购过程中，履约条件一般体现在招标文件——合同条款与格式中，这当中：

（1）技术标准和要求。用于检验履约是否实现约定质量目标；

（2）履行期限。指当事人双方完成各自义务的时间；

（3）履行地点。指当事人交付标的、支付价款或报酬的结算地点，包括标的交付、提取地点、服务或工程建设地点以及价款结算地点等；

（4）履行方式。指当事人完成合同义务采取的方法；

（5）合同变更。指合同变更范围、内容、变更程序以及对应的当事人权益变更等；

（6）合理化建议。指当事人在履行各自义务过程中提出的，有利于合同履行以及维护当事人双方权益的建议等；

（7）其他外部条件。指当事人双方履约过程中涉及的、影响标的实现的自然环境、社会环境以及合同涉及的第三方等。

合同履约条件，直接关系到潜在投标人所要确定的合同履约方法、计算的合同收益和预测的合同风险，进而关系到投标人决定是否参与投标竞争，故须在招标文件中清楚载明。

3. 合同收益

合同收益，指合同履约后当事人双方物质财富的增加。对招标人来说，其收益表现为得到标的及中标人提供的伴随服务；对中标人来说，其收益则表现为因提供标的及其伴随服务而得到的货币收益。

招标投标过程中，招标人的收益体现在其发出的招标文件中；而中标人的收益，则是其依据自身实力，按标的内容、履约条件和市场条件，在其投标文件中确定的，并最终得到招标人承诺的投标报价。当然，合同履约条件的变化也会带来合同收益，这种收益的分配依赖于招标人和中标人合作过程中的博弈，在下一节讨论。

4. 合同风险

合同风险，指因不可归责于合同双方当事人的事由带来的非正常损失。合同风险很多是合同价格风险，如合同标的发生损坏或灭失时，买方还有支付价款的风险。从产生合同风险的原因分析，合同风险有以下4类：

（1）自然风险，即自然因素，如洪水、暴雨、地震、飓风等带来的风险。

（2）社会风险，如政局变化、罢工、战争等引起的社会动荡、宗教信仰的影响和冲击、社会治安、风俗习惯等带来的风险。

（3）政策风险，即国家对法律、法规等政策调整带来的合同风险。

（4）市场风险，市场生产力价格波动、供求关系变化、通货膨胀、技术缺陷、信用缺失或缺位等带来的风险等。

招标人和中标人在履约过程中都存在合同风险问题。处置风险的方法有 4 种：①风险回避，指通过调整合同计划，消除风险或风险产生的条件；②风险转移，指通过一定途径转移给对方或担保人、保险人等；③风险减轻，指履约过程中采取一定的措施降低风险造成的损害；④风险自留，指在权衡风险应对策略后，仍将风险留下来并自行承担由此造成的损失。

注意，上面第二种方法中，将合同风险转移给对方当事人时需遵循适度的原则，因为它有可能加重对方履约风险，从而影响合同有效履行。

7.4.2 中标条件

中标条件，即招标人依法确定并在招标文件中载明的评标标准与方法，是引导投标人竞争得到中标资格的条件，包括资格条件、响应性条件和择优条件。

1. 资格条件

资格条件，即投标人的市场准入条件，以及招标人依据项目特点和需要在招标文件对投标人资格条件的要求，是判定投标人是否具备承担招标项目能力的公开准则。

资格条件主要包括 5 个方面内容：①具有独立订立施工承包合同的权利，如企业营业执照、资质证书或生产许可证书等；②具有履行施工承包合同的能力，包括专业、技术资格和能力，资金、设备和其他物质设施状况，管理能力，经验、信誉和相应的从业人员；③没有处于被责令停业，投标资格被取消，财产被接管、冻结，破产状态；④在最近三年内没有骗取中标和严重违约及重大质量问题；⑤法律、行政法规规定的其他资格条件等。

【案例 7-13】 某住宅小区工程，包括 18 栋住宅工程和一个小区配套公园工程，其设计招标确定的资格条件见表 7-9。

设计资格条件　　　　　　　表 7-9

营业执照	具备有效的营业执照
资质证书	具备建设行政主管部门核发的、有效的建筑工程设计甲级资质，同时具备园林工程乙级及以上专项设计资质
设计负责人	从事规划或总图专业，具有一级注册建筑师执业资格，工作年限在 8 年以上
专业负责人	专业负责人具有本专业执业注册资格，从事本专业工作年限 5 年以上
设计业绩	近三年完成过同等建筑规模及功能的群体工程设计 3 个以上、园林工程设计 1 个以上
企业经营状况	没有处于被责令停业，投标资格被取消，财产被接管、冻结，破产状态
履约情况	在最近三年内没有骗取中标和严重违约及因设计引起的重大工程质量问题

【案例 7-14】 某高层住宅小区 48 部电梯招标，确定的资格条件见表 7-10。

投 标 资 格 条 件　　　　　　　表 7-10

资格因素	审 查 标 准
营业执照	具备有效的营业执照
生产许可证	具备国家质量检验检疫总局颁发的有效的《中华人民共和国特种设备制造许可证》，涵盖电梯类
产品质量管理	通过了 ISO 9001 质量管理体系认证且有效运行一年以上

续表

资格因素	审查标准
产品信誉	成功运行两年以上,用户反馈信誉评价良好
售后服务	本市设有售后服务网点,一般情况24h,紧急情况8h内可以到场检修
投标资格	有效,投标资格没有被取消或暂停
企业经营权	有效,没有处于被责令停业、财产被接管、冻结以及破产状态
合同履约行为	合法,近三年内没有骗取中标行为,没有严重违约事件发生
其他	法律法规规定的其他条件

注意,国家对投标人资格条件的规定中要求,招标人应按照其规定在招标文件中提出相应要求,同时,不得采用不合理条件限制或者排斥潜在投标人,不得对潜在投标人实行歧视待遇。

2. 响应性要求和条件

招标采购的响应性要求和条件是投标人必须响应的投标内容,包括投标过程中投标人必须响应的内容,以及合同履约过程中中标人必须响应的内容两类,由招标人依据招标项目特点和需要在招标文件中明确。

响应性要求和条件主要有:①投标内容与标的,即招标范围一致;②投标报价内容、形式符合招标文件要求;③投标有效期满足招标文件规定期限;④投标保证金金额、担保形式符合招标文件规定;⑤技术标准和要求符合招标文件中对技术标准和要求的规定;⑥投标偏离符合招标文件许可的偏离范围和幅度;⑦履约期限符合招标文件规定期限;⑧履约质量符合招标文件规定技术标准和要求;⑨当事人权利义务符合招标文件对权利义务的规定;⑩招标文件明确的其他响应性要求和条件。

3. 择优条件

资格条件和响应性条件,是投标人参与投标竞争的前提,前者是其必备条件,后者是其竞争必须承诺的事项。这两者有一项条件或要求不满足,都直接导致投标人的投标为废标,不存在择优。这里的择优,指的是在投标人的投标满足资格和响应性条件基础上,招标文件中公布的择优方法。

择优方法有两种,一是经评审的最低投标价法,即确定经评审最低投标报价的投标中标人的方法;二是综合评估法,即采用折算为货币、计算性价比或打分方法等,确定折算价格最低或是商数、分值最高的投标中标的方法。

以下通过具体实例进一步说明。

【案例 7-15】 某水泵设备招标采购,确定满足招标文件实质性要求且折算价格最低的投标人为中标人,其中设定的价格折算因素及对应的折算标准如表7-11所示。

折算因素及折算标准　　　　　　　　　表 7-11

序号	折算因素	折算标准
1	水泵效率	水泵效率≥85%,每增加1%调减2万元,不足1%按0计
2	支付条件	计算公式:$V=$投标预付款%$-10%$;在10%基础上,V每增加1%,价格调增6万元,每减少1%,价格调减3万元,不足1%按1%计
3	交货进度	计算公式$W=$投标交货日期-90天;在90天基础上,W每提前1天价格调减0.3万元;每推迟1天价格调增0.6万元

假定投标报价为450万元,水泵效率为86%,预付款12%,交货进度95日,则该投标人的折算价格为

$$450-(86-85)\times 2+(12-10)\times 6+(95-90)\times 0.6=463\ 万元$$

但如果将上述投标调整为450万元,水泵效率为86%,预付款10%,交货进度95日,则该投标人的折算价格为

$$450-(86-85)\times 2+(12-10)\times 6+(95-90)\times 0.6=463\ 万元$$

显然,后者较前者有利于中标。

不同的择优方法,引导的投标价值取向不同。例如,经评审的最低投标价法,引导投标人依据自身实力,采取低价中标策略;综合评估法中折算为货币的方法,则是引导投标人采取折算低值策略,而性价比法采取单位货币分高值策略,打分法采取综合得分最高策略。

在确定择优条件,引导投标人竞争时,应注意以下事项:

(1) 信息集的把握程度对招标采购结果的影响

招标采购竞争博弈中的信息集由两部分内容组成,一是市场供给情况;二是吸引投标人竞争必须公布的信息,例如标的。这里,市场供给决定了招标采购竞争的激烈程度及招标采购目标实现的可能性,而准确确定招标标的,特别是招标文件公布的标的与实际标的的一致性,直接关系到采购收益。以下通过一个具体事例来说明这个问题。

【案例7-16】 某供水工程采用工程量清单计价、单价合同招标。采购策略为"低价优先"原则。招标文件中提供的工程量为招标图纸理论计算量,工程结算以实际完成工程量结算。现有两种综合单价,见表7-12。

报 价 方 案 对 比   表7-12

分项工程名称	单位	招标文件工程量	实际完成工程量	方案1	方案2
Ⅲ类土开挖	m³	9000	18000	5.4	2
次坚石开挖	m³	2800	2800	26	28
7寸钢管铺设	m	800	800	16	20
级配砂石回填	m³	3600	3600	21	22
3:7灰土回填	m³	5600	7000	14	20
表层土回填	m²	500	500	5	6

方案1在招标阶段和工程结算阶段工程总价计算结果见表7-13,即方案1在招标阶段的工程报价为290700.00元,而工程结算价为358900.00元,二者差异为:68200.00元。

方 案 1 结 算   表7-13

分项工程名称	单位	招标文件工程量	单价(元)	招标总价(元)	实际完成工程量	单价(元)	结算总价(元)
黏土开挖	m³	9000	5.4	48600.00	18000	5.4	97200.00
岩石开挖	m³	2800	26	72800.00	2800	26	72800.00
7寸钢管铺设	m	800	16	12800.00	800	16	12800.00
级配砂石回填	m³	3600	21	75600.00	3600	21	75600.00
3:7灰土回填	m³	5600	14	78400.00	7000	14	98000.00
表层土回填	m²	500	5	2500.00	500	5	2500.00
总计				290700.00	—	—	358900.00

方案 2 在招标阶段和工程结算阶段工程总价计算结果见表 7-14，即方案 2 在招标阶段的工程报价为 306600.00 元，而工程结算价为 352600.00 元，二者差异为 46000.00 元。

方案 2 结算　　　　　　　　　　表 7-14

分项工程名称	单位	招标文件工程量	单价（元）	招标总价（元）	实际完成工程量	单价（元）	结算总价（元）
黏土开挖	m³	9000	2	18000.00	18000	2	36000.00
岩石开挖	m³	2800	28	78400.00	2800	28	78400.00
7寸钢管铺设	m	800	20	16000.00	800	20	16000.00
级配砂石回填	m³	3600	22	79200.00	3600	22	79200.00
3:7灰土回填	m³	5600	20	112000.00	7000	20	140000.00
表层土回填	m²	500	6	3000.00	500	6	3000.00
总计				306600.00	—	—	352600.00

由计算结果：方案 1 在招标阶段价格为 290700.00 元，方案 2 为 306600.00 元，方案 1 较方案 2 少 15900.00 元。招标采用的策略为"低价优先"，所以方案 1 在招标阶段占优势。但方案 1 的工程结算价为 358900.00 元，方案 2 的结算价为 352600.00 元，方案 1 比方案 2 多结算 6300.00 元，所以方案 2 在结算时亦占优势。

案例 7-16 反映的，正是招标标的与实际标的信息集不一致，从而误选方案 1。在这一事例中，方案 2 对招标人的采购收益好于方案 1。

（2）采购经济取向对招标采购结果的影响

采购经济目标是使招标人获得最大收益的目标，即招标人按"质优价廉"的原则选择中标人。招标人的经济取向应与投标实际状况相结合，应从投标人实力出发进行择优选择。招标人的这种选择取向越明确，投标人制定博弈策略就越明确，相应的，招标采购经济收益也就越好；反之，招标采购经济取向不明确，特别是不能让投标人依据自身实力竞争，就会造成招标人在经济收益方面受到损害。

在上面列举的评标方法中，经评审的最低投标价法及综合评估法折算货币、性价比法，其经济取向比较明显，有利于引导投标人制定博弈策略。我们通过下面这个例子进一步说明这个问题。

【案例 7-17】 某工程施工招标项目，采用了以下三步确定投标人报价得分，完成了招标：

第 1 步：计算有效投标报价算术平均值 $P = \dfrac{\sum_{i=1}^{m} T_i}{m}$，这里 T_i 为第 i 个投标人报价，m 为投标人数；

第 2 步：计算投标报价与 P 的偏差率 $\delta_i = \dfrac{T_i - P}{P} \times 100\%, i = 1, 2, \cdots, m$；

$$N = \begin{cases} 100 - 200 \mid \delta_i \mid, \delta_i < 0 \\ 100, \delta_i = 0 \\ 100 - 400 \mid \delta_i \mid, \delta_i > 0 \end{cases}$$

第 3 步：计算投标人得分。

这里，投标人的最优策略是投标报价为 P，但 P 是有效投标报价的算术平均值，从形式上看招标人的经济取向明确，但因没有结合投标实际状况，鼓励其按自身实力竞争，会直接导致投标人无法按其自身实力制定竞争策略，只能通过猜测，或是串标、围标等手段获得最佳报价值，不利于提高社会经济效益。

（3）社会技术进步对招标采购结果的影响

招标采购是市场经济下一种优化资源配置的制度，与社会技术进步密不可分，这使得招标采购本身还肩负着推动社会技术进步，淘汰与自然发展不协调的落后技术方法和手段的使命，主要表现在以下几个方面：

1）择优选择能促使人类社会与自然发展相协调的标的，例如择优选择节能产品、环境保护产品和技术等；

2）择优选择自主创新产品、自主创新技术等，促进民族工业发展，提高民族综合实力，例如外资企业、合资企业产品与内资企业产品之间，需要优先选择符合要求的内资企业产品等；

3）择优选择拥有先进技术的标的，特别是对推动人类生存与发展有促进作用的产品、先进技术等。

这就要求在制定择优条件时，对具备上述条件的投标给予一定程度优惠，比如对节能自主创新产品在采用最低评标价法时，给予 5%～10% 幅度不等的价格扣除，在采用综合评估法时给予其技术部分评分总分值 4%～8% 幅度不等的加分规则等。

（4）竞争程度对招标采购结果的影响

招标人是通过投标人博弈获得收益的。投标人越多，选择余地越大，招标人获得的收益就越好，对应的，中标人获得的收益就越差。所以招标采购过程中，招标人实现采购目标的方法基于投标人的竞争，中标人获得收益的最优策略则是减少投标竞争的激烈程度，最好不是竞争而是局中人间的合作。

再来分析一下囚徒困境问题检察官制定的策略，如表 7-15 所示。

两人可能受到的刑罚　　　　表 7-15

嫌疑人		甲	
		Y	N
乙	Y	8 年	乙无罪释放，甲 10 年
	N	甲无罪释放，乙 10 年	1 年

这种策略利用了人性的弱点，即从个人收益最大化进行决策，与招标采购很相像。招标采购竞争策略实际上就是促使投标人从其收益最大化进行投标决策，而一旦中标条件偏离了这个方向，就会直接导致定理 7-10 中的两个条件，即① $v(\Phi)=0$ 和②对 $\forall S,T \in 2^N, S \cap T = \Phi$，有 $v(S \cup T) \geqslant v(S)+v(T)$ 成立，即投标人合作投标收益大于其独自投标收益，投标人此时也就会采用合作策略进行博弈。

在囚徒困境中，检察官由于分别在不同房间关押甲乙两人，使得其没有串谋机会，进而实现了让两个人都认罪的目的。但招标采购中，由于不能采用上述物理隔绝措施，投标人竞争过程中始终存在合作条件。所以，实现招标采购收益最大化，制定的中标条件需保证上面两个条件中至少有一个不满足，不具备合作先决条件，或是投标人合作为非本质合作，其收益与独立投标相同，即满足定理 7-11 的结论 $\nu(N) = \sum_{i \in N} \nu(\{i\})$。

投标人间的合作，即串通投标，侵犯了其他当事人的合法权益，所以《反不正当竞争法》和《招标投标法》中均明令禁止，但实践中，由于缺乏有效监督，特别是缺乏对投标行为的监督，使得法律中虽有规定，但实践中收效甚微。为此，可在择优条件中增加对违法行为举报、举证方面的规则，例如规定：

（1）投标人检举并举证其他投标人串通投标的，在采用最低评标价法时，给予一定比例的价格扣除，在采用综合评估法时给予其技术部分评分总分值一定比例的加分，同时给予其投标保证金数额一定比例的货币或其他物质奖励。

（2）串通投标参与人检举并举证串通投标的，取消中标资格，但不对其串标行为进一步处罚而给予其投标保证金一定比例的货币或其他物质奖励。

（3）投标人以外的其他人，包括自然人检举并举证投标人串通投标的，给予其投标保证金一定比例的货币或其他物质奖励。

这些货币或其他物质奖励均可来源于串通投标人的投标保证金，从而有效维护国家利益、社会公共利益和其他当事人的合法权益，使招标投标制度得以有效实施。

7.5 招标采购合作博弈

招标采购合作博弈，即招标人与中标人签订合同，以及履行合同过程中的博弈行为，直接影响招标采购标的的实现，为此，我们采用合作博弈思想，分析招标采购合同签订、收益分配和风险分配三个主要事项。

7.5.1 招标采购合同签订

1. 招标采购合同订立原则

招标采购合同由中标人的投标文件和招标人向其发出的中标通知书形成，须按照招标文件规定的实质性要求和条件，即合同标的、数量、质量、价款或报酬、履行期限、地点和方式、违约责任和解决争议的方法等以及中标人投标文件优于招标文件要求的承诺进行订立，这当中，合同标的和数量、质量、履行期限、地点和方式、违约责任和解决争议的方法等来源于招标文件，或中标人的投标文件优于招标文件规定的承诺，但价款或者报酬则来源于中标人的投标文件，即招标人在中标人交付标的时需要向其支付的货币。

注意，中标通知书发出即表明合同成立，也就是中标人的投标文件已经对招标文件实质性要求和条件做出了完全响应且得到了招标人的接受，所以对合同中上述实质性内容，双方当事人不得再行磋商、谈判、议价或二次报价、提交方案。

2. 招标采购合同谈判

招标采购合同谈判主要用于进一步明确合同履行细节，主要包括两方面内容：

（1）中标人投标文件对招标文件中非实质性要求和条件的偏离，特别是影响合同履行结果的偏离，例如标的组成及部分接收、价款支付与结算等。

（2）招标文件中有要求但中标人投标文件没明确其履行方式的内容，例如一些特殊工艺或技术的履行细节、材料的品牌、产地或生产供应者等未在其投标文件中载明，或需要进一步澄清、说明、补正的内容。

在上述合同谈判过程中，评标时应评标委员会要求，中标人对其投标文件进行的澄清、说明或补正，也应纳入合同谈判过程中需要中标人明确履约细节的范畴。但应注意，招标人和中标人不得借助合同谈判修改合同实质性内容，同时，中标人投标文件已载明履约细节的，招标人不宜再与中标人进行谈判，特别是双方当事人不能达成一致意见的，应以中标人投标文件载明的内容为准，因为招标人向中标人发出中标通知书的行为，已实质性表达了接受其投标的意愿。

7.5.2 合同履行中的收益分配

合同收益分配的主要思想是对每一项收益，确定分配 (x_1,x_2) 以使得 $x_i \geq v\{i\}, i=1,2$ 和 $x_1+x_2=v(R)$，这里 $v(R)$ 是对应收益或支付的函数。合同履行中的收益主要有三种，即合作收益、合理化建议收益和第三方赔款等，分别讨论如下。

1. 合作收益分配

合作收益分配，即当事人双方合作完成某一件事而得到的货币化收益分配。这种分配的一种基本原则是按当事人双方的贡献额度分配收益。但许多时候，一方总觉得另一方获得的收益多于自己应得的收益，使得这种分配原则得不到有效落实，即一方感觉获得的收益 $x_i < v(\{i\})$ 而 $x_j > v(\{j\})$，这里 $i=1,j=2$ 或 $i=2,j=1$。

下面这个分配原则，则可以保证当事人双方都认为自己分配的所得收益大于应得收益，这样就找到分配方案 (x_1,x_2)，以使得 $x_i \geq v(\{i\}), i=1,2$ 和 $x_1+x_2=v(R)$。

收益分配原则：设需要分配的收益总额为 $v(R)$，为显公平，采用随机方式确定一个当事人，例如当事人1，然后按以下步骤分配：

步骤1：当事人1按其贡献，确定其应得分配 A（1）；

步骤2：当事人2按当事人1的贡献，确定当事人获得收益 A（1）是否适当；认为 A（1）多于当事人1应得收益时，可以任意减少 A（1），并规定由当事人2获得减少后的收益，记为 B（2）；同样地，当事人1可以任意减少当事人2的收益 B（2），并规定当事人1获得减少后的收益，记为 A（3）；

步骤3：一般地，设第 n 步完成时当事人1获得收益 A（n），则当事人2可以按当事人1的贡献任意减少 A（n），并规定当事人2得到减少后的收益，记为 B（$n+1$）；同样地，当事人1可以任意减少 B（$n+1$），并规定其得到减少后的收益，记为 A（$n+2$）；

步骤4：当事人1和2不再进行步骤3规定的操作时，分配结束，记为 (x_1,x_2)。

注意上述分配原则最后确定的分配方案 (x_1,x_2) 中，由于任何一方当事人都不认为对方得到的收益大于其按贡献应得的收益，即自己得到的收益不小于期望收益，故有 $x_i \geq v(\{i\}), i=1,2$ 和 $x_1+x_2=v(R)$。这种分配原则可以推广到 n 个人的情形，来源于著名的分饼游戏，其最后得到的结果是每个局中人都认为自己得到的收益大于期望收益。

2. 合理化建议收益

合理化建议，即履行合同过程中，中标人针对合同标的提出的更有利于招标人获得收益、节省支付的建议；对应的，其收益即招标人获得的收益，包括优于原合同标的的实物性标的、产品和应支付货币的节减额等。此时，招标人应向中标人支付其收益中一定比例的货币，以作为对中标人合理化建议的奖励。具体的奖励额度，应以促使中标人提出合理化建议，从而更有利于招标人获得收益为原则，一般以减少的货币支付为基准，按20%～50%支付。

3. 第三方赔款

第三方赔款，例如保险公司赔款等，主要用于弥补招标人或中标人受到的损失，即按照第三方造成的招标人、中标人损失额度，按比例进行分配，而不应将第三方赔款仅视为弥补招标人或中标人单方损失。至于双方的损失，应按照诚实信用的原则进行测算，必要时，邀请第三方进行核查，以确定双方的损失额度，从而分配第三方赔款，以利于合同的有效履行。

7.5.3 合同风险分配

合同风险产生于合同履行过程中，可能是经济损失，但也可能是经济收益，例如物价波动风险，当物价上涨时，合同履约会造成经济损失；但当物价下降时，则会为合同履约带来经济收益。

所谓风险分配，即对可识别合同风险的管理分配，这种分配应以降低最终合同支付为目标，将合同风险承担者指定为有利于控制或减少风险危害程度的一方，以减少应对风险需要支付金额为原则来分配合同风险。

例如，工程合同风险按国际惯例分配见表7-16。

工程合同风险按国际惯例分配 表7-16

风　　险	推荐分配	管理考虑
不可抗力	共担（承包商承担费用，业主承担时间）	列出风险清单，承包商可以进行部分保险来防御一些风险
项目预算准确性	业主	获取高质量的设计文件获取有效的估算
设计准确性	业主	进行适宜的设计限制
恶劣天气	共担（承包商承担费用，业主承担时间）	通过对恶劣气候条件进行量化定义来减少争议
含糊的规范	业主	提供充分的设计文件
危险材料	业主	列出清楚的语言说明各当事人责任
投标日期后法律与条例的变动	业主	列出一个清楚的声明说明责任
价格变动	业主	提供清楚、公平的条款
程序变动	业主	提供清楚、有效的程序
规划的清晰性和完整性	业主	提供充分的设计文件
业主费用估算的准确性	业主	聘请有经验的估算师
共同过错工程延误	业主	识别干扰点并建立有效管理
承包商资格	业主	建立和加强责任评价
决策、明确和解决问题延误	业主	任命一个胜任的、授权的现场代表

续表

风　　险	推荐分配	管理考虑
图纸和指示的传送延误	业主	任命一个授权的咨询工程师
提交问题延误	承包商	列出合理通知条款
现场条件差异	业主	使用标准现场条件差异条款，提供完全信息
业主官僚	业主	授权员工
业主决策过程	业主	决策采用适宜的流程评价
业主对建造的通晓	业主	采纳适宜的专家意见
业主提供材料和设备的质量	业主	预先作好磨合
业主提供材料和设备的按时供应	业主	预先作好磨合
环境适应	共担	识别要求和特别责任
环境限制	共担	识别要求
施工设备可获得性	承包商	—
施工设备适宜性	承包商	—
汇率	共担	在合同中列出恰当的风险共担公式
现存管线和地下设施	业主	土地测量；管线和地下设施信息
政府行为	共担	
政府稳定性	共担	
地基描述	业主	使用地基基准线
地基下沉	承包商	明确容许量，保险灾难性风险
地下水	业主	使用地基基准线
现场遭遇灾难性材料	业主	使用合同条款来描述责任和程序
劳动力可获得性	承包商	—
劳动力的生产能力	承包商	—
劳动力技术水平	承包商	—
管理和督导能力	承包商	—
管理和督导效率	承包商	—
材料可获得性	承包商	—
材料质量	承包商	—
材料短缺	共担	—
建造方法	承包商	—
检查的质量	业主	聘请充足的有经验的员工
现场的可用性	业主	在规划阶段评价需要/约束条件
现场拥堵	承包商	
现场排水	承包商	报价时考虑
现场保安	承包商	报价时考虑
分包商可获得性	承包商	发展长期合作伙伴

续表

风险	推荐分配	管理考虑
分包商资格	承包商	制定有效的分包商采购制度
分包商可信任性	承包商	制定有效的分包商采购制度
供应商的胜任性	承包商	制定有效的分包商采购制度
供应商的履行	承包商	制定有效的分包商采购制度
第三方当事人的影响	业主	在规划期间识别潜在的影响
未通过的设计	业主	考虑一个设计评价组
不现实的履行时间表	业主	采用理性的计划进程
不合理的合同条款	业主	评价和修改合同文件
数量变更	业主	使用数量变更条款
保证义务	承包商	在报价时应识别所有要求

而合同履行过程中，指定保险办理人转移合同风险，则是国际贸易合同常用的一种方法，例如，国际贸易风险一般划分为交货风险、收汇风险、付款风险、市场风险、国内客户资信风险、国外客户资信风险6种。

针对不同的贸易形式，国际贸易责任及保险的承担人见表7-17。

国际贸易风险及责任划分　　　　　　表7-17

贸易术语	交货地点	风险划分界限	运输及费用承担人	保险及费用承担人	出口责任清关及费用承担人	进口责任清关及费用承担人	适合的运输方式
EXW	产地	货交给买方时处置	卖方	卖方	买方	买方	任何方式
FCA	出口国内地或港口	货交承运人处置时	买方	买方	卖方	买方	任何方式
FAS	出口国装运港口	货交船边后	买方	买方	卖方	买方	水上运输
FOB	装运港口	货物越过装运港船舷	买方	买方	卖方	买方	水上运输
CFR	装运港口	货物越过装运港船舷	卖方	买方	卖方	买方	水上运输
CIF	装运港口	货物越过装运港船舷	卖方	卖方	卖方	买方	水上运输
CPT	出口国内地或港口	货交承运人	卖方	买方	卖方	买方	任何方式
CIP	出口国内地或港口	货交承运人	卖方	卖方	卖方	买方	任何方式
DAF	两国边境指定地点	货交买方处置时	卖方	卖方	卖方	买方	任何方式
DES	目的港口	货在船上交买方处置时	卖方	卖方	卖方	买方	水上运输
DEQ	目的港口	货在码头交买方处置时	卖方	卖方	卖方	买方	水上运输
DDU	进口国内	买方指定地点收货后	卖方	卖方	卖方	买方	任何方式
DDP	进口国内	买方指定地点收货后	卖方	卖方	卖方	卖方	任何方式

思考题

(1) 列出囚徒困境的所有可能性，计算甲或乙无罪释放的概率。

(2) 列出田忌赛马的所有可能性，计算田忌获胜概率。

(3) 博弈至少包含哪几个基本要素？列出田忌赛马的支付函数。

(4) 写出二人零和有限博弈在纯策略及混合策略下的可解条件。

(5) 求解支付矩阵为 $A = \begin{bmatrix} -1 & 1 \\ 4 & -1 \end{bmatrix}$ 的二人零和博弈，并计算其混合策略值。

(6) 求解支付矩阵为 $A = \begin{bmatrix} 1 & -1 & 1 \\ -2 & 2 & 2 \\ 3 & 3 & -3 \end{bmatrix}$ 的二人零和博弈，并确定其混合策略值。

(7) 写出非合作双矩阵博弈可解条件，并举例说明。

(8) 什么情况下会促成合作博弈？投标人之间合作会给招标人造成哪些利益损失？

(9) 什么是合作博弈的核、核心、核仁？在三人卖马问题中，假定局中人2出价60元而局中人3出价120元，确定其核心、核仁及核。

(10) 合同风险一般包括哪几部分内容？常用处置风险的方法有哪几种？

(11) 中标资格条件包括哪几部分内容？什么是实质性要求和条件？以房屋建筑施工招标为例，列出其资格条件和响应性要求和条件。

(12) 影响投标人竞争程度的因素有哪些？确定择优条件时应注意哪几个问题？

(13) 甲乙两个人合作完成了一个项目，获得了80万元人民币的收益。设计一个简单程序分配这80万元，使甲乙两人都对分配结果满意。

第 8 章 中标结果可信分析

中标结果的可信性分析，指中标人履行合同，实现中标结果的可靠性分析，包括中标人履约能力和标的可靠性分析两个方面，是招标采购过程中，招标人择优选择中标人，实现招标采购标的的前提，也是分析招标采购结果，判断招标采购标的可实现性的一种方法。

8.1 可信分析

一个事物的可信性，指事物的可用性及其影响因素，包括事物可靠性、维修性、保障性等；类似地，一个组织或一个人是可信的，指这个组织或者个人是说得到做得到、讲诚信的组织或个人；同样，一种产品，当人们要求其发挥既定功能或作用时就能发挥，则说这种产品可靠；反之，则不可靠。

8.1.1 可信分析问题

首先，我们讨论以下几个可信问题。

【案例 8-1】 组织或机构诚信履约问题

某市外环线工程建设过程中，发包人和承包人之间为合同标的及对应合同价款争议，直接影响了合同履行效果。招标采购过程中，某地一家施工企业 A 公司采用"低价中标、高价索赔"策略，参与某市外环线公路工程施工招标，得到了中标资格，其中标价 7.2 亿元人民币，建设工期 12 个月。签订合同后，该公司组织人员和设备进场实施，但一些大型施工设备的完好率很差，时好时坏，直接影响了工程施工进度。监理人对此发出了整改通知，要求其配备达到投标文件中施工设备的承诺，A 公司以设备型号、参数均符合其投标文件为由，迟迟不予更换；同时，A 公司提出了其投标报价过低，工程实施后会导致其亏损，要求发包人在原中标价基础上，增加 2 亿元人民币合同价款，否则将在基础垫层施工后停工，直至其增加合同价款要求得到满足为止。

垫层施工结束，发包人没有同意 A 公司的请求，并要求其按合同履约，于是 A 公司在向发包人送达停工通知后第二天停工，并撤出了部分人员和设备。发包人通过监理人及时向 A 公司发出了按合同履约要求，并在发出通知 28 天未果的基础上，按合同约定将 A 公司告上了人民法院，要求判决解除双方合同，同时要 A 公司赔偿违约对其造成的损失 1.5 亿元人民币。

【案例 8-2】 产品可靠性问题

据有关统计数据显示，2008 年，我国城市消费者家庭购买的平板电视机中，出现的故障比率为 10.4%，其中，显示屏或图像占 53.1%，声音问题占 11.4%，遥控器故障占 8.1%，其他内部零部件损坏占 17.4%。在有故障的平板电视机中，有重复维修经历的占到了7.2%,并且,大尺寸平板电视重复维修率远远高于小尺寸平板电视。

2008年,中国电子商会投诉受理平台共接到2366宗电视机投诉:其中针对平板电视屏幕故障的投诉占36.4%,认为维修费用高、不合理的占24.2%;此外,服务态度、上门维修不及时、开关机投诉等分别占到了12%、3.7%和1.2%;这当中66.4%的平板电视机投诉针对外资品牌。

8.1.2 中标结果可信分析

中标结果可信分析主要针对中标人组织能力以及产品可靠性两个方面,而这当中,诚信是组织及员工做事的根本。

1. 中标人组织能力

中标人组织能力涉及以下几个方面:

(1) 组织结构

组织结构,指中标人对于工作任务进行分工、分组和协调合作的运行机制,表明其各部分排列顺序、空间位置、聚散状态、联系方式以及要素间相互关系的模式,是组织的全体成员为实现组织目标,在管理工作中进行分工协作,在职务范围、责任、权利方面所形成的一种分工协作体系。组织结构设计涉及职能结构、层次结构、部门结构、职权结构等四个方面。中标人履约合同,与中标项目管理组织结构密切相关。项目管理组织结构,主要有职能式、项目式和矩阵式等。

1) 职能式组织结构

职能式组织结构,是在组织职能既定布局结构下履约的一种项目管理结构,即项目的各个组成部分由各职能单位承担,各单位负责完成其分管的项目内容,如图8-1所示。

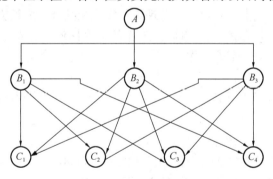

图 8-1 职能式组织结构

这种结构的优点是人员使用上灵活,只要选择了一个合适的职能部门作为项目的上级,该部门就能为项目提供它所需要的专业技术人员等;缺点是各职能部门有自己的主要业务,在跨部门间的合作与交流上存在一定困难,易导致协调困难的局面等。

2) 项目式组织结构

项目式组织结构,即创建独立项目履约团队,这些团队经营与母体组织的其他单位分离,组织分配给项目团队一定的资源,并授权项目经理执行项目。这种结构的优点是重点集中,项目经理对项目全权负责,决策在项目内制定,响应市场变化的时间短,共同目标与个人责任比较明确等;缺点是容易产生项目团队与母体组织之间明显的分界线,削弱项目团队与母体组织之间的有效融合，不利于资源共享和企业技术进步等。

3) 矩阵式组织结构

矩阵式组织结构是一种混合形式，它在职能层级结构之上加载了一种水平的项目管理结构，如图8-2所示。这种结构的优点是资源可以共享，项目经理会协调和整合不同单位的工作，缺点是加剧了职能部门和项目经理之间的紧张局面，易导致冲突和对稀缺资源的竞争，决策制定被延误等。

分析中标人的项目组织结构，主要遵守以下两个原则：一是与中标人组织结构和文化氛围相适应，使项目履行与企业经营目标一致，与企业文化相融合原则；二是与项目特点和履行需要相匹配原则。

(2) 人员结构与素质

中标企业人员与素质结构，包括人员知识结构、专业结构、性别结构、年龄结构、性格结构等5个方面。

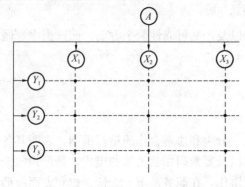

图8-2 矩阵式组织结构

1) 知识结构，包括文化教育、职业教育和专项培训三种，其中文化教育表明人员的基础素质，职业教育和专项培训表明人员的专业素质或专长。

2) 专业结构，即人员所学专业与实际从事专业及分布，其构成有两种，一种是所学专业与实际从事专业一致或相近，这类人员从专业讲最理想，但实际工作中比较少；另一种是所学专业与实际从事专业完全不一致，这类人员所学专业仅是其从事专业的铺垫，大量的专业知识来源于实践中所学，是一种理论与实践相结合的成长方法。

3) 性别结构，即同一岗位或从事同一工作的男女比例。男女生理结构的差异影响其对工作的理解和把握，从而影响工作成果。

4) 年龄结构，年龄大的人具有经验丰富、做事稳重、思考问题周全等特点，但缺乏活力；年龄轻的人精力充沛，但缺乏经验，容易以偏概全，两者有机结合，即老、中、青三结合的人员构成，是有效履行合同的保障。

5) 性格结构，一个人的性格，与其工作态度、工作方式和责任承担相关。这当中有一个基本要求，就是人员性格要与岗位需求相匹配，例如，一个内向性格的人不适宜担任组织协调工作，同样地，一个外向性格的人不适宜担任一些精确程度较高的工作，比如研究性工作等。

(3) 设备、设施及状况

中标人为履行合同而投入的机械设备，直接影响中标结果完成的速度和质量。如金属加工设备，包括金属切削设备和锻压设备、铸造设备；动力设备，包括锅炉、发电机、汽轮机、起重设备等。

评价中标人履行合同的设备、设施是否可信，主要从以下几个方面：

1) 设备型号及数量

2) 设备生产能力

设备能力利用率＝单位时间内平均实际产量/单位时间内最大可能产量×100%

3) 设备、设施利用率

"设备实际利用率＝实有设备安装率×已安装设备利用率"

"设备时间利用率＝实际工作时间/计划工作时间×100％"

4) 设备、设施完好率

"设备、设施完好率＝设备、设施完好数量/设备、设施总数量×100％"

5) 设备的综合利用率指标

"设备的综合利用率＝设备的时间利用率×设备的能力利用率"

(4) 管理与协调能力

管理与协调能力，是中标人提高组织效率，进而开展优质服务的能力。一般包括计划管理能力，即科学设置工作计划，并对计划执行进行有效掌控，把握工作进度，进而实现工作的目标；沟通协调能力，指与服务对象、第三方进行沟通、协调的能力；问题解决能力，即解决服务过程中出现的各种问题，进而保证服务目标实现的能力。

中标人管理能力与协调能力评价主要涉及以下事项，一是管理制度，特别是经营制度，二是人、财、物调配、组织方法和效果，三是协调、沟通能力等，而这当中，领导者的管理能力又会直接影响中标结果，主要包括以下几个方面：

1) 引导能力，指领导者的领导技巧，包括授权和管理下属等能力。

2) 指挥团队能力，指在团队中员工的人际关系、沟通、冲突管理以及团队建设和维持等。

3) 目标决策能力，涉及战略目标的制定和决策。

4) 过程管理能力，涉及战略实施中的执行，以目标为导向的组织变革和组织创新等。

(5) 服务质量

服务质量，指服务工作能够满足被服务者需求的程度，是企业为被服务者满意而提供的最低服务水准，包括服务的感知性、可靠性、适应性、保证性、移情性5个方面。

(6) 其他

中标人履约、实现中标结果涉及的，例如其采购管理能力、抗风险能力，以及协调第三人能力等其他事项。这里，采购管理能力指从中标人外部采购资源或服务，旨在确保其履约的经济性、及时性、质量符合性和程序规范性的能力；抗风险能力指中标人通过风险识别，采用合理对应措施有效控制风险事件造成的不利后果，从而保证中标结果实现的能力；而协调第三方能力则指中标人在合同履约过程中，协调招标人、中标人之外的第三方，如政府机构、街道办事处以及项目履行中涉及的其他关联单位的能力。

2. 产品或系统可靠性[1]

(1) 什么是可靠性

产品可靠性源于电子产品的可靠性。首先，电子产品复杂程度不断加深，如早期的矿石收音机非常简单，但随后出现的收音机、录音机、录放机等就越来越复杂，而雷达、制导系统、电脑以及一些宇航控制设备等则更为复杂，为此，需要综合考虑产品或系统的可靠性。电子产品的可靠性取决于元件可靠性，因为任何一个元件或焊点的故障都会直接导

---

[1] 百度百科：产品可靠性，http://baike.baidu.com/view/1088466.htm?fromId=27210

致产品或系统故障，这样，为保证产品或系统可靠工作，需要每个元件可靠。

其次，电子产品使用环境的变化，例如，从室内到室外，从陆地到深海或到太空，电子产品需要在不同的环境影响下（如温度、湿度、海水、盐雾、冲击、振动、宇宙粒子、辐射等）工作，其失效可能性增大。

再次，电子产品，特别是大型电子产品、设备的装置密度不断增加——从电子管到晶体管，从小、中规模集成电路到大规模或超大规模集成电路——直接导致了电子产品装置密度的不断增加，使其内部温升增高，散热条件恶化，为此，需要重视其可靠性。

那么，什么是产品或系统的可靠性？产品或系统在规定的条件和规定的时间内，完成规定功能的能力称为产品或系统的可靠性。这里，规定条件指产品或系统使用时的环境条件和工况条件；例如同一品牌同一型号的汽车，在高速公路和在山路上行驶，其可靠性表现就不一样。所以，须指明规定的条件。规定时间指产品规定的完成任务时间；随着产品任务时间的增加，产品出现故障的概率增加，对应的，其可靠性下降。例如，新出厂的小汽车和行驶了5年的汽车——即便是同一品牌同一型号，行使了5年的小汽车出现故障的概率也会加大；规定功能则指产品涉及规定的其须具备的功能及技术保证指标。所要求产品功能的多少和其技术指标的高低，直接影响产品可靠性指标的高低。

（2）可靠性要素

产品或系统可靠性包括产品或系统的耐久性、可维修性和设计可靠性三大要素，这里，耐久性指产品使用无故障或使用寿命长。从系统角度来说，任何产品不可能100%不发生故障；可维修性指产品发生故障后，能方便快捷地通过维护或维修排除故障；设计可靠性，指设计产品或系统时，充分考虑产品的易使用性、易操作性，并按照可靠性最大化的要求进行设计。

产品或系统可靠性评价，一般采用概率指标或时间指标，这些指标包括可靠度、失效率、平均无故障工作时间、平均失效前时间、有效度等，而企业不断提高产品或系统可靠性，是增强其市场竞争力的重要手段。

实践中提高产品或系统可靠性的措施主要包括：

1）坚持产品或系统可靠性设计；
2）优化产品或系统设计，认真组织可靠性评审；
3）按产品或系统使用环境编制测试计划，组织产品或系统可靠性测试；
4）分析产品或系统故障，改进产品或系统设计，从而提高产品或系统可靠性等。

（3）可靠性测试

可靠性被作为产品的重要质量指标加以考核和检验，不可靠的产品，即使其技术性能再好也得不到发挥。为保证产品或系统可靠，在可靠性设计的基础上，需要模拟产品使用条件和使用环境进行可靠性测试。可靠性测试项目一般包括：①高温、低温测试（高温、低温运行、高温、低温贮存）；②高低温交变测试（温度循环测试、热冲击测试）；③高温高湿测试（湿热贮存、湿热循环）；④机械振动测试（随机振动测试、扫频振动测试）；⑤汽车运输测试（模拟运输测试、碰撞测试）；⑥机械冲击测试；⑦开关电测试；⑧电源拉偏测试；⑨冷启动测试；⑩盐雾测试、淋雨测试、尘砂测试等恶劣环境测试。

8.2 结构方程模型

结构方程模型通过寻找变量间，特别是那些无法直接测量变量的内在结构关系，来验证模型是否正确，以及如何调整。结构方程为预测和评价社会科学，特别是管理学中的一些指标提供了基于统计学的近似分析方法，这种方法可有效用于中标人的可信分析。这里将介绍结构方程模型中的基本思想和方法。

8.2.1 潜变量及其外显指标

一个函数 $Y = f(X)$ 表示变量 Y 与变量 X 间的因果关系。实践中，变量 X 和 Y 有两种情形：一种变量，例如身高、体重、热量、电流、电压等可以精确测量，称为外显变量或指标；反之，如果变量 X 和 Y 之一不能直接、准确测量，例如忠诚、自信、个性、能力、智力、学习动机、家庭经济地位等，则称为潜变量。

外显变量之间的函数关系可以采用数学方法进行定量描述，而潜变量间，以及潜变量与外显变量间则只能通过测量其局部外显指标的路径分析，进而建立测量方程和结构方程进行近似描述、判断和预测。

8.2.2 路径分析

1. 路径图

路径图是一种对顶点、有实际含义的有向图 (V, X)，其中顶点表示变量，有向弧表示变量间的一种线性因果关系，而双箭头则表示变量间的线性相关关系。在具体表示上，为区别外显变量和潜变量，外显变量采用矩形框表示，潜变量采用椭圆表示。见图 8-3 为某手机路径，变量中，耐用性、使用简单性、通话效果和价格两两相关，决定着客户的感知价值，而客户的感知价值又直接决定客户的认可度，具体表现是其手机在市场上的占有率。

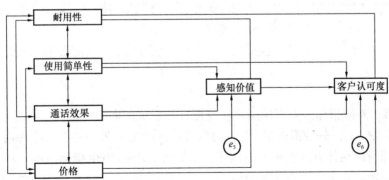

图 8-3 某手机路径

2. 节点方程

设 (V, X) 是一个路径图，$(A,B) \in X, l(A,B) = p_{AB}$，这里 p_{AB} 表示变量 A 作用于 B 的强度，称为路径系数。则对任意内生变量 $R \in V$，节点 R 处满足结构方程 $R =$

$$\sum_{(S,R)\in X} p_{SR}S。$$

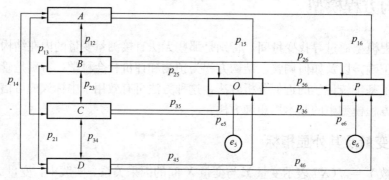

图 8-4 路径示意

例如，图 8-4 所示的路径图，就有如下结构方程：

$$\begin{cases} A = p_{12}B + p_{13}C + p_{14}D \\ B = p_{12}A + p_{23}C + p_{24}D \\ C = p_{13}A + p_{23}B + p_{34}D \\ D = p_{14}A + p_{24}B + p_{34}C \\ O = p_{15}A + p_{25}B + p_{35}C + p_{45}D + p_{e_5}e_5 \\ P = p_{16}A + p_{26}B + p_{36}C + p_{46}D + p_{56}O + p_{e_6}e_6 \end{cases} \tag{8-1}$$

8.2.3 结构方程模型

1. 结构方程

结构方程是反映潜变量和外显指标的一组线性方程，其目的是通过外显指标的测量推断潜变量，并检验或调整假设模型，这实际上是一种模型验证与修正技术，即在进行模型估计前，需先根据专业知识或经验假设初始模型，再根据结构方程，分析数据拟合，进而修正模型。一个拟合较好的模型往往需要多次反复试验。

结构方程由测量模型和结构模型组成，其中，测量模型采用的线性方程组为

$$\begin{cases} X = A_{\overline{X}}U + C \\ Y = A_{\overline{Y}}V + D \end{cases} \tag{8-2}$$

这里，X—外源指标（如市场供给环境指标）组成的向量；Y—内生指标（如服务硬件）组成的向量；U—外源潜变量；V—内生潜变量；$A_{\overline{X}}$—外源指标与外源潜变量之间的关系，是外源指标在外源潜变量上的因子负荷矩阵；$A_{\overline{Y}}$—内生指标与内生潜变量之间的关系，是内生指标在内生潜变量上的因子负荷矩阵；C—外源指标的 $\overline{X}$ 误差项；D—内生指标的 $\overline{Y}$ 误差项；结构模型采用的线性方程组为：

$$V = GU + HV + I \tag{8-3}$$

这里，U—外源潜变量；V—内生潜变量；G—外源潜变量对内生潜变量的影响（如市场环境对服务能力的影响）；H—内生潜变量间的关系（如服务人员素质与其他内生潜变量的关系）；I—结构方程的残缺项，反映了 V 在方程中未能被解释的部分。

【案例 8-3】 神经错乱平稳性

1977 年，Wheaton 等人通过分析美国伊利诺伊州农村地区 932 个人的调查数据，给出了一个广为人知的"神经错乱平稳性"例子。这个例子中，调查了 6 个变量 $y_1 - y_6$ 如下：

y_1—1967 年的异常程度；y_2—1967 年的软弱程度；y_3—1971 年的异常程度；

y_4—1971 年的软弱程度；x_1—受教育情况（上学年数）；x_2—当地社会经济指数。

这里，异常程度与软弱程度是测量"神经错乱因子"的指标，受教育程度与社会经济指标是测量"社会经济状况因子"指标。他们的分析包含三个潜变量：

η_1—1967 年神经错乱因子；η_2—1971 年神经错乱因子，ξ—社会经济状况。这些变量的关系见图 8-5。

由节点方程，该路径图对应的结构方程为：

$$\begin{cases} y_1 = 1.0\eta_1 + \varepsilon_1 \\ y_2 = 0.833\eta_1 + \varepsilon_2 \\ y_3 = 1.0\eta_2 + \varepsilon_3 \\ y_4 = 0.833\eta_2 + \varepsilon_4 \\ x_1 = 1.0\xi_1 + \delta_1 \\ x_2 = \lambda\xi_1 + \delta_2 \\ \eta_1 = \gamma_1\xi_1 + \zeta_1 \\ \eta_2 = \beta\eta_1 + \gamma_2\xi_1 + \zeta_2 \end{cases} \quad (8\text{-}4)$$

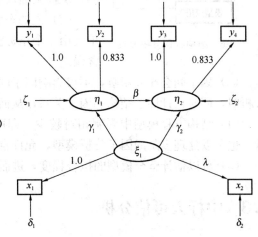

图 8-5 变量间关系路径

2. 结构方程分析流程

一般地，结构方程分析采用以下四步：

步骤 1：模型建构

模型建构包括：①观测变量与潜变量之间的关系，即指标（题目）与因子（概念）间的关系；②确定潜变量间的相互关系，即哪些因子间有直接或间接效应。对一些复杂模型，可以限制因子符合或因子相关系数等参数数值，例如两个因子间相关系数等于 0.3，两个因子符合相等。

步骤 2：模型拟合

定义协方差矩阵与样本协方差矩阵间"差距"，求解参数，使得模型隐含的协方差矩阵与样本协方差矩阵间差距最小。

步骤 3：模型评价

检验：①结构方程的解是否适当，包括迭代估计是否收敛，参数估值是否在合理范围内等；②参数与预设模型的关系是否合理；③检验多个不同类型的拟合指数（如 χ^2 等）以衡量模型的拟合程度。

步骤 4：模型修正

模型修正一般包括以下几个步骤：

①依据有关理论或假设，提出一个或数个合理的先验模型；

②检查潜变量（因子）与指标（题目）间的关系，监理测量模型；

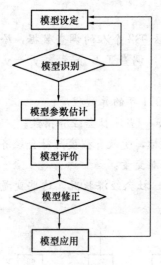

图 8-6 结构方程分析流程

③模型含多个因子时,每次可以仅检验含有两个因子的模型,确定测量模型部分合理后,再将所有因子合并成预设的先验模型进行总体检验;

④检查标准误差、t 值、标准化残差、修正指数、参数期望改变值、χ^2 及各种拟合指数,并据此修改模型,重复步骤 3 和步骤 4;

⑤确定最终模型。结构方程分析流程见图 8-6。

3. 结构方程模型的优点

主要有以下方面:

(1) 能够同时处理多个因变量,分析因变量间的相互影响,从而全面反映自变量和因变量间的存在和影响。

(2) 人的态度、行为等潜变量测量往往有误差,不能简单地用一个指标测量。结构方程模型允许自变量、因变量包含误差。

(3) 因子间会相互影响,不仅影响因子间关系,还会影响因子的内部结构,结构方程分析时,同时估计因子结构和因子关系,从而与实际相吻合。

(4) 结构方程模型中限制相对较少,即可以处理单一指标从属于多个因子的因子分析,也可以处理多阶的因子分析模型,允许自变量之间可能存在共变方差关系等。

(5) 可以估计整个模型的拟合程度,进而应用于社会实践。

8.3 中标人可信分析

中标人可信分析,重在对中标人履约时的组织机构、人员结构与素质、设备、设施及状况、管理与协调能力、服务质量以及其他影响其履约、实现中标结果的因素,建立评价数学模型,对中标人进行定性和定量分析。

8.3.1 中标人分类

中标人分为勘察、设计、监理、造价咨询、招标代理、项目管理、施工、货物等类别,按照企业性质,可以进一步归类为制造、施工和服务三大类。

1. 制造商

制造,是把原材料加工成产品的过程,对应的,从事产品生产制造的企业称为制造企业。制造企业作为依法成立的具有法人资格的经济实体,须具备如下条件:①在国家工商管理部门注册备案;②特定名称、固定的经营场所、一定的资金、一定的组织机构和企业章程;③能独立行使法定权利和承担法律义务。

2. 承包商

施工企业,指按国家标准、规范、规程和设计图纸,从事土木工程、建筑工程、线路管道和设备安装工程及装修工程的新建、扩建、改建和拆除等有关活动的施工企业。

工程产品具有体积大、复杂、多样、整体难分、不易移动等特点。所以,施工企业除具有一般生产企业特点外,还具有以下特点:

①流动性。一是施工企业随工程建设地转移生产地点；二是施工涉及的人员、机械、设备随部位的不同而流动。

②产品形式多样性。工程受自然条件、用途等制约，其结构、造型和材料选择有较大区别，施工工艺也随之变化，不易实现产品标准化。

③施工技术复杂、管理要求高。施工需根据工程具体情况组织多工种配合作业，多专业，如土建、吊装、安装、运输等交叉作业，物资和设备种类繁多，对施工组织和技术管理提出了较高要求。

④环境条件影响显著。施工多在露天和高处进行，生产周期较长，受到自然条件，如地形地貌条件、平原与山区、气候条件，如雨季与冬季等影响显著。

⑤机械化程度低，存在大量的手工作业，对专业技工能力需求高等。

3. 服务商

服务业❶，指生产和销售服务产品的生产部门和企业的集合，其产品与其他产业产品相比，具有非实物性、不可储存性和生产与消费同时性等特征。服务业视同为第三产业。在国民经济行业分类中包括除了农业、工业、建筑业之外的所有其他产业部门，包括交通运输、仓储和邮政业、信息传输、计算机服务和软件业、批发和零售业、住宿和餐饮业、金融业、房地产业、租赁和商务服务业、科学研究、技术服务和地质勘查业、水利、环境和公共设施管理业、居民服务和其他服务业、教育、卫生、社会保障和社会福利业、文化、体育和娱乐业、公共管理和社会组织以及国际组织这15类，其中工程咨询是一项高智力服务，涉及政治、经济、技术、社会、文化等领域，需要多学科知识、技术、经验、方法和信息的集成及创新，其咨询成果属于非物质产品。

8.3.2 中标人可信分析

依据行业、地域和项目特点，采用构建、拟合、评价和修正等过程，科学合理地确定结构方程中的矩阵 A_X、A_Y、U 和 V，是评价中标人可信的基础性工作。这里，数据收集、整理和确定目标是前提，而因子负荷矩阵与招标采购实际相结合则是根本。对上述三种中标人，即制造商、承包商和服务商，其对应的可信路径图及结构方程模型如下。

1. 制造商结构方程模型

采用结构方程模型可以建立并持续改进中标制造商的可信分析模型，例如，我们可以选取的工程制造商可信指标如下：

潜变量：①资源保障和投入 ξ；②技术进步与创新 η_1；③生产过程能力 η_2；④产品质量控制 η_3；⑤产品市场认可度 η_4；⑥中标制造商可信度 η_5。

每个潜变量的外显变量如下：

资源保障和投入：资金投入 x_1；生产设备设施投入 x_2；运输能力 x_3；人员数量与素质 x_4。

技术进步与创新：创新制度 y_1；研发能力 y_2。

生产过程能力：产品设计 y_3；生产工艺 y_4；生产计划 y_5。

产品质量控制：质量体系认证 y_6；过程保证 y_7；产品质量检验 y_8。

---

❶ 百度百科：服务业，http://baike.baidu.com/view/154003.htm

产品市场认可度：市场占有率 y_9。
中标制造商可信度：产品履约率 y_{10}；客户反馈 y_{11}。
中标制造商可信对应的路径图见图8-7。

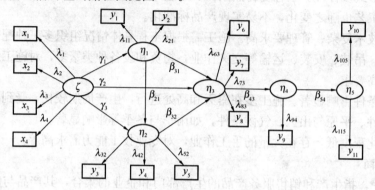

图8-7 中标制造商可信路径

对应的测量方程为：

$$\begin{cases} x_1 = \lambda_1 \xi + \delta_1 \\ x_2 = \lambda_2 \xi + \delta_1 \\ x_3 = \lambda_3 \xi + \delta_1 \\ x_4 = \lambda_4 \xi + \delta_1 \end{cases}, \begin{cases} y_{10} = \lambda_{105} \eta_5 + \varepsilon_5 \\ y_{11} = \lambda_{115} \eta_5 + \varepsilon_5 \end{cases},$$

$$\begin{cases} y_1 = \lambda_{21} \eta_1 + \varepsilon_1 \\ y_2 = \lambda_{31} \eta_1 + \varepsilon_1 \\ y_9 = \lambda_{94} \eta_4 + \varepsilon_4 \end{cases}, \begin{cases} y_3 = \lambda_{32} \eta_2 + \varepsilon_2 \\ y_4 = \lambda_{42} \eta_2 + \varepsilon_2 \\ y_5 = \lambda_{52} \eta_2 + \varepsilon_2 \end{cases}, \begin{cases} y_6 = \lambda_{63} \eta_3 + \varepsilon_3 \\ y_7 = \lambda_{73} \eta_3 + \varepsilon_3 \\ y_8 = \lambda_{83} \eta_3 + \varepsilon_3 \end{cases}$$

(8-5)

对应的结构方程为：

$$\begin{pmatrix} \eta_1 \\ \eta_2 \\ \eta_3 \\ \eta_4 \\ \eta_5 \end{pmatrix} = \begin{bmatrix} 0 & 0 & 0 & 0 & 0 \\ \beta_{21} & 0 & 0 & 0 & 0 \\ \beta_{31} & \beta_{32} & 0 & 0 & 0 \\ 0 & 0 & \beta_{43} & 0 & 0 \\ 0 & 0 & 0 & \beta_{54} & 0 \end{bmatrix} \begin{pmatrix} \eta_1 \\ \eta_2 \\ \eta_3 \\ \eta_4 \\ \eta_5 \end{pmatrix} + \begin{pmatrix} \gamma_1 \\ \gamma_2 \\ \gamma_3 \\ \gamma_4 \\ \gamma_5 \end{pmatrix} \xi + \begin{pmatrix} \zeta_1 \\ \zeta_2 \\ \zeta_3 \\ \zeta_4 \\ \zeta_5 \end{pmatrix}$$

(8-6)

2. 承包商结构方程模型

中标承包商也是一种制造商，不过其制造过程具有野外作业的特殊性，其制造环境受自然地域与环境限制，不能简单地套用一般工厂制造商的结构方程模型。一般地，中标承包商的可信分析指标可选择如下：

潜变量：①项目管理模式 ξ_1；②资源保障和投入 ξ_2；③施工技术创新能力 η_1；④施工组织能力 η_2；⑤施工质量控制 η_3；⑥中标承包商可信度 η_4。

每个潜变量的外显变量如下：

项目管理模式：项目经理部责权利 x_1；项目经理能力 x_2。

资源保障和投入：施工机械投入 x_3；流动资金 x_4；管理人员 x_5。

施工技术创新能力：施工新工艺使用能力 y_1；新施工机械使用程度 y_2。

施工组织能力：施工组织设计 y_3；施工计划 y_4；应急处置能力 y_5。

施工质量控制：质量体系认证 y_6；施工过程保证 y_7；工程质量检验 y_8。
中标承包商可信度：合同履约率 y_9；客户反馈 y_{10}。
中标承包商可信对应的路径见图 8-8。

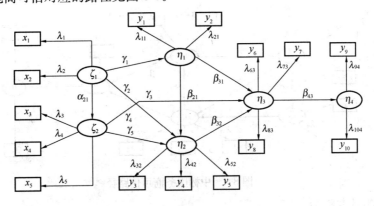

图 8-8 中标承包商可信路径

对应的测量方程为：

$$\begin{cases} x_1 = \lambda_1 \xi_1 + \delta_1 \\ x_2 = \lambda_2 \xi_1 + \delta_1 \end{cases} \begin{cases} y_1 = \lambda_{11} \eta_1 + \varepsilon_1 \\ y_2 = \lambda_{21} \eta_1 + \varepsilon_1 \end{cases} \begin{cases} y_9 = \lambda_{94} \eta_4 + \varepsilon_4 \\ y_{10} = \lambda_{104} \eta_4 + \varepsilon_4 \end{cases}$$

$$\begin{cases} x_3 = \lambda_3 \xi_2 + \delta_2 \\ x_4 = \lambda_4 \xi_2 + \delta_2 \\ x_5 = \lambda_5 \xi_2 + \delta_2 \end{cases} \begin{cases} y_3 = \lambda_{32} \eta_2 + \varepsilon_2 \\ y_4 = \lambda_{42} \eta_2 + \varepsilon_2 \\ y_5 = \lambda_{52} \eta_2 + \varepsilon_2 \end{cases} \begin{cases} y_6 = \lambda_{63} \eta_3 + \varepsilon_3 \\ y_7 = \lambda_{73} \eta_3 + \varepsilon_3 \\ y_8 = \lambda_{83} \eta_3 + \varepsilon_3 \end{cases}$$

对应的结构方程为：

$$\begin{cases} \eta_1 = \gamma_1 \xi_1 + \zeta_1 \\ \eta_2 = \gamma_2 \xi_1 + \gamma_5 \xi_2 + \beta_{21} \eta_1 + \zeta_2 \\ \eta_3 = \gamma_3 \xi_1 + \beta_{31} \eta_1 + \beta_{32} \eta_2 + \zeta_3 \\ \eta_4 = \beta_{43} \eta_3 + \zeta_4 \end{cases}$$

3. 服务商结构方程模型

一般地，中标服务商的可信分析指标可选择如下：
潜变量：①服务模式与设施 ξ_1；②服务人员与素质 ξ_2；③服务计划 η_1；④服务标准 η_2；⑤市场认可度 η_3；⑥中标服务商可信度 η_4。
相应地，可进一步确定每个潜变量的外显变量如下：
服务模式与设施：经营模式 x_1；服务设施数量与状况 x_2。
服务人员与素质：人员数量 x_3；人员素质与技能 x_4。
服务计划：服务大纲 y_1；应急处置能力 y_2。
服务标准：质量体系认证 y_3；过程管理标准 y_4；质量检验标准 y_5。
市场认可度：市场占有率 y_6。

中标服务商可信度：合同履约率 y_7；客户反馈 y_8。
中标承包商可信对应的路径见图 8-9。

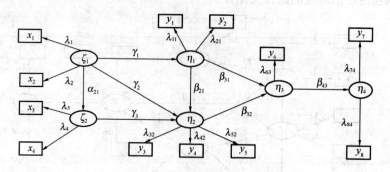

图 8-9 中标服务商可信路径

对应的测量方程为：

$$\begin{cases} x_1 = \lambda_1 \xi_1 + \delta_1 \\ x_2 = \lambda_2 \xi_1 + \delta_1 \end{cases} \begin{cases} x_3 = \lambda_3 \xi_2 + \delta_2 \\ x_4 = \lambda_4 \xi_2 + \delta_2 \end{cases} \begin{cases} y_1 = \lambda_{11} \eta_1 + \varepsilon_1 \\ y_2 = \lambda_{21} \eta_1 + \varepsilon_1 \end{cases}$$

$$\begin{cases} y_3 = \lambda_{32} \eta_1 + \varepsilon_2 \\ y_4 = \lambda_{42} \eta_2 + \varepsilon_2 \\ y_5 = \lambda_{52} \eta_2 + \varepsilon_2 \end{cases} \begin{cases} y_6 = \lambda_{63} \eta_1 + \varepsilon_3 \\ y_7 = \lambda_{73} \eta_2 + \varepsilon_4 \\ y_8 = \lambda_{82} \eta_2 + \varepsilon_4 \end{cases} \quad (8-7)$$

对应的结构方程为：

$$\begin{cases} \eta_1 = \gamma_1 \xi_1 + \zeta_1 \\ \eta_2 = \gamma_2 \xi_1 + \gamma_3 \zeta_2 + \beta_{21} \eta_1 + \zeta_2 \\ \eta_3 = \beta_{31} \eta_1 + \beta_{32} \eta_2 + \zeta_3 \\ \eta_4 = \beta_{43} \eta_3 + \zeta_4 \end{cases} \quad (8-8)$$

4. 外显指标确定方法

外显指标，一般采用多次测量收集数据，进行统计处理，如最小二乘法、极大似然法等确定，分别介绍如下：

(1) 最小二乘法

假设观测得到一组数据 $(x_i, y_i), i = 1, 2, \cdots, n$，且这些数据画在平面上大体散布在一条直线附近，即近似地有

$$y_i = Ax_i + B$$

这里 A, B 为常数，$i = 1, 2, \cdots, n$。现在的想法是，由数据已知 $(x_i, y_i), i = 1, 2, \cdots, n$，确定常数 A, B，使得所有点与直线 $y = A + B$ 距离的平方和最小，即二次函数

$$Q(A, B) = \sum_{i=1}^{n} (y_i - A - Bx_i)^2$$

达到最小值，这就是最小二乘法。

由微积分中的费尔玛原理,此时有

$$\begin{cases} \dfrac{\partial Q}{\partial A} = -2\sum_{i=1}^{n}(y_i - A - Bx_i) = 0 \\ \dfrac{\partial Q}{\partial B} = -2\sum_{i=1}^{n}(y_i - A - Bx_i)x_i = 0 \end{cases}$$

整理,得

$$\begin{cases} nA + nXB = nY \\ nXY + \sum_{i=1}^{n} x_i^2 B = \sum_{i=1}^{n} x_i y_i \end{cases}$$

这里,$X = \dfrac{\sum_{i=1}^{n} x_i}{n}, Y = \dfrac{\sum_{i=1}^{n} y_i}{n}$。解上述方程组,知

$$\begin{cases} A = Y - BX \\ B = \dfrac{\sum_{i=1}^{n} x_i y_i - nXY}{\sum_{i=1}^{n} x_i^2 - nX^2} \end{cases} \tag{8-9}$$

【**案例 8-4**】 已知纤维强度 y 与拉伸倍数 x 基本符合线形关系 $y = Ax + B$,表 8-1 中给出了某次测量结果,利用上面的公式计算,知

$$x = 7.2125, y = 4.7125$$

从而知 $A = 0.15, B = 0.859$

纤维强度观测值　　　　　　　　　　　　　　　　　表 8-1

编号	拉伸倍数 x	强度 y	编号	拉伸倍数 x	强度 y
1	1.9	1.4	13	5.0	5.5
2	2.0	1.3	14	5.2	5.0
3	2.1	1.8	15	6.0	5.5
4	2.5	2.5	16	6.3	6.4
5	2.7	2.8	17	6.5	6.0
6	2.7	2.5	18	7.1	5.3
7	3.5	3.0	19	8.0	6.5
8	3.5	2.7	20	8.0	7.0
9	4.0	4.0	21	8.9	8.5
10	4.0	3.5	22	9.0	8.0
11	4.5	4.2	23	9.5	8.1
12	4.6	3.5	24	10.0	8.1

(2) 极大似然法

设潜变量 x 是一个连续型随机变量,其密度函数为 $p(x;\theta_1,\theta_2,\cdots,\theta_k)$,即潜变量 x 的概率分布函数为

$$p(x) = \int_{-\infty}^{+\infty} p(x;\theta_1,\theta_2,\cdots,\theta_k)$$

其中 $\theta_1,\theta_2,\cdots,\theta_k$ 是未知参数,$(x_1,x_2,\cdots,x_n)$ 是潜变量 x 的外显指标,称

$$L(x_1,\cdots,x_n,\theta_1,\cdots,\theta_k) = \prod_{i=1}^{n}(x_i,\theta_1,\cdots,\theta_k)$$

为 $\theta_1,\theta_2,\cdots,\theta_k$ 的似然函数,其中 $x_1,x_2,\cdots,x_n$ 为样本的观测值。若存在 $\hat{\theta}_1,\hat{\theta}_2,\cdots,\hat{\theta}_k$ 使得

$$L(x_1,\cdots,x_n,\hat{\theta}_1,\cdots,\hat{\theta}_k) = \max_{\theta_1,\cdots,\theta_k} L(x_1,\cdots,x_n,\theta_1,\cdots,\theta_k)$$

成立,则称 $\hat{\theta}_j = \hat{\theta}_j(x_1,x_2,\cdots,x_n)$ 为 θ_j 极大似然估计值($j=1,2,\cdots,k$),此时,由费尔玛原理,知 $\hat{\theta}_1,\hat{\theta}_2,\cdots,\hat{\theta}_k$ 必须满足下述方程组

$$\frac{\partial L}{\partial \theta_1}=0, \frac{\partial L}{\partial \theta_2}=0,\cdots,\frac{\partial L}{\partial \theta_k}=0$$

注意,对数函数 $\ln L$ 与 L 同时达到最大值,所以上述方程组有时也可用含有对数函数的方程组

$$\frac{\partial (\ln)L}{\partial \theta_1}=0, \frac{\partial (\ln)L}{\partial \theta_2}=0,\cdots,\frac{\partial (\ln)L}{\partial \theta_k}=0$$

替代而得到相对简单一些的方程组。

【案例 8-5】 设潜变量 x 服从正态分布 $N(\mu,\sigma^2)$,则 μ,σ 的似然函数为

$$L(\mu,\sigma) = \prod_{i=1}^{n}\frac{1}{\sqrt{2\pi}\sigma}e^{-\frac{(x_i-\mu)^2}{2\sigma^2}} = \frac{1}{(\sqrt{2\pi}\sigma)^n}e^{-\frac{1}{2\sigma^2}\sum_{i=1}^{n}(x_i-\mu)^2}$$

计算,知对应的似然方程组如下:

$$\frac{\partial \ln L(\mu,\sigma)}{\partial \mu} = \frac{1}{\sigma^2}\sum_{i=1}^{n}(x_i-\mu) = 0$$

$$\frac{\partial \ln L(\mu,\sigma)}{\partial \sigma} = -\frac{n}{\sigma} + \frac{1}{\sigma^3}\sum_{i=1}^{n}(x_i-\mu)^2 = 0$$

解上述方程组,得

$$\hat{\mu} = \frac{1}{n}\sum_{i=1}^{n}x_i = \overline{X}, \quad \hat{\sigma}^2 = \frac{1}{n}\sum_{i=1}^{n}(x_i-\overline{X})^2 = s_n^2$$

因此 $\overline{X},s_n^2$ 分别是 μ 及 σ^2 的极大似然估计。

5. 结构方程模型的计算机实现

确定外显指标后,结构方程中的系数 $\gamma_k,\lambda_{ij},\beta_{ij}$ 就可以通过求解线性方程组,例如,对中标承包商求解线性方程组:

$$\begin{cases} x_1 = \lambda_1\xi_1 + \delta_1 \\ x_2 = \lambda_2\xi_1 + \delta_1, \end{cases} \begin{cases} y_1 = \lambda_{11}\eta_1 + \varepsilon_1 \\ y_2 = \lambda_{21}\eta_1 + \varepsilon_1, \end{cases} \begin{cases} y_9 = \lambda_{94}\eta_4 + \varepsilon_4 \\ y_{10} = \lambda_{104}\eta_4 + \varepsilon_4, \end{cases}$$

$$\begin{cases} x_3 = \lambda_3\xi_2 + \delta_2 \\ x_4 = \lambda_4\xi_2 + \delta_2 \\ x_5 = \lambda_5\xi_2 + \delta_2, \end{cases} \begin{cases} y_3 = \lambda_{32}\eta_2 + \varepsilon_2 \\ y_4 = \lambda_{42}\eta_2 + \varepsilon_2 \\ y_5 = \lambda_{52}\eta_2 + \varepsilon_2, \end{cases} \begin{cases} y_6 = \lambda_{63}\eta_3 + \varepsilon_3 \\ y_7 = \lambda_{73}\eta_3 + \varepsilon_3 \\ y_8 = \lambda_{83}\eta_3 + \varepsilon_3 \end{cases}$$

$$\begin{cases} \eta_1 = \gamma_1\xi_1 + \zeta_1 \\ \eta_2 = \gamma_2\xi_1 + \gamma_5\xi_2 + \beta_{21}\eta_1 + \zeta_2 \\ \eta_3 = \gamma_3\xi_2 + \beta_{31}\eta_1 + \beta_{32}\eta_2 + \zeta_3 \\ \eta_4 = \eta_{43}\eta_3 + \zeta_4 \end{cases}$$

建立中标人可信结构方程，可满足一些统计要求，这当中有大量的计算工作，为此，国际上一些著名的软件公司推出了利用结构方程进行统计分析的软件，例如 LISREL 软件、SAS 软件中的 CALIS 软件、SPSS 软件中的 Amos 软件等，在这些软件中，可以方便地进行路径图描述，并选择参数估计方法，如最小二乘法或极大似然法等，编写程序命令后，运行程序，就可以分析结构方程，对结构方程按以下准则进行评价：

1) F 准则，越接近 0 越好；
2) GFI 指标，越接近 1 越好；
3) 均方根残差 RMR，越小越好；
4) CFI 指数，越接近 1 越好；
5) AIC 准则，AIC 达到最小值时最好；
6) SBC 准则，越小越好；
7) 正规指数 NI，越接近 1 越好；
8) 非正规指数 NNI。越接近 1 越好；
9) 节俭指数 PI，越大越好；
10) 临界指数 CN，越大越好。

8.4 产品可靠性分析

产品可靠性是一项重要的产品质量指标，只有使之数量化、可计算，进行精确描述，才能用之对中标产品可靠性进行预测。一般地，每种产品可靠性都有其自身特点，而且由于使用环境的不同，很难采用一个统一的特征量完全代表，这里仅介绍可靠性分析中的一些概念。

8.4.1 产品可靠度

产品可靠度是指产品在规定的使用环境和规定的时间内，完成规定功能的概率，这个概率，一般称为可靠度函数，记为 $R(t)$。

现在，假设规定的时间为 t，产品的使用寿命为 T。实践表明，任意一批产品中，都存在使用寿命 $T>t$ 的产品，也存在使用寿命 $T \leqslant t$ 的产品。记产品数量为 N，其中使用寿命 $T>t$ 的产品数量为 $u(t)$，则该批产品可靠度可以定量表示为

$$P(T>t) = \frac{u(t)}{N} \tag{8-10}$$

一般地，如果重复作 n 次试验，当上述比值 $u(t)/N$ 稳定地在某一数值 p 附近摆动，而且试验次数越多，摆动幅度越小，则称数值 p 为该产品的可靠性，记为 $R(t) = p$。

8.4.2 产品不可靠度

产品不可靠度采用失效概率度量，这里，失效概率指产品在规定的使用环境和规定的

时间内，丧失规定功能的概率。产品不可靠度是时间 t 的函数，记为 $F(t)$。

则由定义，$F(t) = P(T \leqslant t)$

同样地，假定产品从 0 开始试验（或工作）到时刻 t，失效总数为 $r(t)$，则产品不可靠度为

$$P(T \leqslant t) = \frac{r(t)}{N} \tag{8-11}$$

即产品失效概率。由定义，产品不可靠度 $F(t)$ 与可靠度 $R(t)$ 存在以下关系

$$F(t) + R(t) = 1$$

8.4.3 产品失效密度

产品失效密度表示产品失效概率分布的密集程度，即失效概率函数的变化率，在数值上，产品失效密度等于在时刻 t，单位时间内的产品失效数 $\Delta r/\Delta t$ 与产品试验总数 N 的比值，即

$$f(t) = \frac{\Delta r}{N \Delta t}$$

近似地，当 N 充分大时，产品失效密度可用导数表示，即

$$f(t) = \lim_{\Delta t \to 0} \frac{\Delta r(t)}{N \Delta t} = \frac{1}{N} \frac{\mathrm{d}r(t)}{\mathrm{d}t} = \frac{\mathrm{d}\left(\frac{r(t)}{N}\right)}{\mathrm{d}t} = \frac{\mathrm{d}F(t)}{\mathrm{d}t} = -\frac{\mathrm{d}R(t)}{\mathrm{d}t} \tag{8-12}$$

其所描述的曲线称为失效密度曲线。它与横坐标轴之间的面积恰好等于 1，即

$$\int_0^{+\infty} f(t)\mathrm{d}t = \int_0^t f(t)\mathrm{d}t + \int_t^{+\infty} f(t)\mathrm{d}t = F(t) + R(t) = 1 \tag{8-13}$$

8.4.4 产品平均寿命

平均寿命对不可修复或不值得修复的产品和可修复的产品有不同的含义。

1. 不可修复的产品

不可修复产品，即只使用一次的产品，其寿命指产品发生失效前的工作时间或工作次数。因而，将不可修复产品的平均寿命定义为其实际寿命的平均值，即产品在丧失规定功能前的平均工作时间，记为 MTTF。

2. 可修复产品

可修复的产品，即虽然出现故障，但修复后可以继续使用的产品，其寿命定义，为两次相邻故障间的工作时间，而不是产品的报废时间。因此，可修复产品的平均寿命是指平均无故障工作时间，或称平均故障间隔时间，记作 MTBF。

3. 平均寿命的数学表示

假设被试产品数为 N，产品的寿命分别为 $t_1, t_2, \cdots, t_n$，则产品平均寿命 μ 为各寿命的平均值，即

$$\mu = \frac{1}{N} \sum_{i=1}^{N} t_i$$

对已知失效密度函数 $f(t)$ 为连续函数的情形，平均寿命 μ 可采用下面公式，求定积分计算

$$\mu = \int_0^{+\infty} t\,\mathrm{d}(f(t)) \tag{8-14}$$

注意，可靠性与寿命虽然密切相关，但不是同一概念。不能认为可靠性高，寿命就长；也不能认为寿命长的可靠性就必然高，这与产品使用环境有关。一般我们说高可靠产品，是指产品完成要求任务的把握性特别高；而产品寿命长，指产品可以用很长时间而性能良好。例如，导弹工作时间不一定长，但工作时间内（几秒、几分或半小时）要求高度可靠、万无一失，这就是高可靠产品。

8.4.5 产品可靠性标准

可靠性标准是可靠性工程与管理基础之一，是在理论指导下通过总结工程与管理实践经验而制定，并随着技术发展以及经验的丰富不断修订完善的结果。

可靠性标准体系分三个层次：即可靠性基础标准、专业可靠性基础标准和产品可靠性标准。这里，可靠性基础标准是指对可靠性工程与管理具有普遍指导意义的基础性标准；专业可靠性基础标准指某一大类产品共用的可靠性标准；产品可靠性标准是指各种有可靠性指标要求的具体产品标准。

按适用范围，可靠性标准又分为国家可靠性标准（GB）、国家军用可靠性标准（GJB）、专业可靠性标准和企业可靠性标准。国家可靠性标准一般等同、等效或参照国际一些专业委员会制定的可靠性标准；国家军用标准是参考军用标准，结合我国国防情况制定的可靠性标准；企业可靠性标准是在国家和专业标准基础上，由企业自己制定的标准，其内容一般包括研制、试验、分析、生产、安装、贮运、使用、管理等方面。

8.5 中标结果市场保障

中标结果的市场保障，指市场主体以诚信原则为做人、处事的根本。诚实信用原则要求民事主体在民事活动中要诚实，不弄虚作假，不欺诈，进行正当竞争；应善意行使权利，不以损害他人和社会利益的方式来获取私利；应信守诺言，不擅自毁约，严格按法律规定和当事人的约定履行义务，同时，在当事人约定不明确或者订约后客观情形发生重大改变时，应依诚实信用的要求确定当事人的权利义务和责任，从而兼顾各方当事人的利益。

8.5.1 市场诚信机制

1. 市场诚信体系[1]

市场诚信体系是社会机制具体作用于市场的表现形式，旨在建立一个适合诚信交易的市场环境，使市场经济从以原始支付手段为主导的交易方式向以诚信交易为主流的交易方式健康转变。这种机制转变的完成标志着一个国家的市场经济走向成熟。

市场诚信体系，由政府诚信、企业诚信和个人诚信三部分构成。其中，政府诚信是社会诚信的基石，个人诚信是社会诚信的基础，而最关键、最活跃和最具影响力的是企业

---

[1] MBA智库网，http://www.mbalib.com/

诚信。

企业诚信体系建设，包括以下 8 方面内容：

（1）诚信文化建设。企业诚信体系建设的根本是对诚信文化的传承发扬，把诚实守信当作做人、办事准则，使其成为企业的核心文化；

（2）法律法规建设。完善法律法规是企业诚信体系建设的重要保证；

（3）诚信评价标准设置。通过考察企业诚信的历史记录，科学设置企业诚信评价标准；

（4）诚信信息平台建设。把企业诚信状况集中到信息平台上，便于社会查阅和监督；

（5）管理、监督、服务体系建设。监督、管理和服务，是企业信用体系建设的必要和保障；企业诚信标准需要行业主管部门主持并会同行业协会制定，诚信评价实施由中介机构完成，而建设全过程则需要政府、中介机构、行业自律组织、企业员工、消费者、利益相关者和公众监督；

（6）构建诚信市场机制。构建"守信者受保障、失信者受惩罚"的市场机制，形成诚信资产保全机制，提高诚信者的资产收益，加大失信者的风险和责任；

（7）培养诚信意识和诚信能力。提高企业素质，增强企业的法治意识和履约能力是企业诚信体系建设的基础性工作，也是企业诚信体系建设的出发点；

（8）构建企业诚信环境。社会信用体系建设包括政府诚信、企业诚信、公众诚信 3 个方面，它们相互影响、相互制约。因此，必须提高政府的诚信意识和能力（包括执法效率、执法公正、执法能力等），同时还要提高社会公众的诚信意识和能力（包括公众的基本素质、知情权保障程度、正义感和维护正义的能力等）。

企业诚信体系建设需遵循市场化、法制化、系统建设的思路，同时坚持公开、公平、公正的原则，主要包括：

（1）坚持"政府推动、市场运作"的原则，发挥市场的调节作用形成企业诚信体系。

（2）坚持法治化原则，在国家有关法律规范之下进行，推动企业诚信建设沿着法治化轨道发展。

（3）企业诚信体系建设是一项复杂的系统工程，需调动社会全员积极性，从诚信标准、诚信评价以及诚信管理等方面进行系统建设。

市场经济是以诚信交易为基础的经济，企业诚信关系到市场活动的规范有序，因此，企业诚信体系建设对于维护市场经济秩序具有格外重要的意义，主要表现在：

（1）企业诚信体系建设是维护市场经济秩序的必要条件。健全的企业诚信体系，可以使公众便捷地获得企业守信记录、可信赖度，使隐性信息公开化，从而降低失信风险。

（2）完善的企业诚信体系可以提高经济活动效率，降低交易费用和机会成本。企业为降低失信风险，往往会通过寻求可信伙伴、谈判等手段力争签订风险最小的协议，而这需要支出相应费用；在拥有完善企业诚信体系的环境下，企业进行该项活动的交易费用将大大降低，对整个社会而言，社会经济活动的效率会显著提高。

（3）完善的企业诚信体系有利于国家宏观调控目标实现。社会主义市场经济是有宏观调控的市场经济，市场主体诚实守信是实现国家宏观调控目标不可或缺的一个条件。诚信活动规范有序，政府的宏观经济调控目标可以迅速地在企业经营活动中得到反映，则宏观目标也就易于实现；反之则必然会影响国家宏观调控目标的实现。

2. 诚信评价结构方程模型

对企业的诚信评价，国内没有统一的指标体系，但简单地说，一般均需包括合同履约能力 ξ、诚信文化建设 η_1、社会信誉 η_2、企业诚信 η_3 等潜变量，每个潜变量的外显变量如下：

合同履约能力：生产设备设施 x_1；人员数量与素质 x_2；技术及创新能力 x_3。
诚信文化建设：诚信制度 y_1；诚信文化宣传 y_2。
社会信誉：保障员工权益 y_3；遵纪守法 y_4；社会公益事业 y_5；顾客满意度 y_6。
企业诚信：保障消费者权益 y_7；保障债权人权益 y_8。
企业诚信路径图见图 8-10。

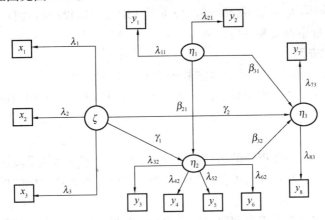

图 8-10 企业诚信路径

对应的测量方程为：

$$\begin{cases} y_1 = \lambda_{11}\eta_1 + \varepsilon_1 \\ y_2 = \lambda_{21}\eta_1 + \varepsilon_1, \end{cases} \quad \begin{cases} y_7 = \lambda_{73}\eta_3 + \varepsilon_3 \\ y_8 = \lambda_{83}\eta_3 + \varepsilon_3, \end{cases}$$

$$\begin{cases} x_1 = \lambda_1\xi + \delta_1 \\ x_2 = \lambda_2\xi + \delta_1 \\ x_2 = \lambda_3\xi + \delta_1, \end{cases} \quad \begin{cases} y_3 = \lambda_{32}\eta_2 + \varepsilon_2 \\ y_4 = \lambda_{42}\eta_2 + \varepsilon_2 \\ y_5 = \lambda_{52}\eta_2 + \varepsilon_2 \\ y_6 = \lambda_{62}\eta_2 + \varepsilon_2. \end{cases}$$

对应的结构方程为：

$$\begin{cases} \eta_2 = \gamma_1\xi + \beta_{21}\eta_1 + \varsigma_1 \\ \eta_3 = \gamma_2\xi + \beta_{31}\eta_1 + \beta_{32}\eta_2 = \varsigma_2 \end{cases} \tag{8-15}$$

这样，对不同类别的企业，如工厂制造商、承包商或服务商，利用最小二乘法或极大似然估计处理外显变量 $x_1, x_2, x_3, y_1, y_2, y_3, y_4, y_5, y_6, y_7, y_8$，确定参数 $\lambda_1, \lambda_2, \lambda_3, \lambda_{11}, \lambda_{21}, \lambda_{32}, \lambda_{42}, \lambda_{52}, \lambda_{62}, \lambda_{72}, \lambda_{82}$，求解上述方程得到对应企业诚信评价的结构方程。当然，也可以采用 LISREL 软件、SAS 软件中的 CALIS 软件、SPSS 软件中的 Amos 软件等编程，确定结构方程。

8.5.2　招标投标行业诚信自律公约

自律是在没有外在监督的情况下当事人通过自我约束自觉地遵循法度，并依照法律来约束自己的一言一行。诚信自律即当事人自我诚信约束的一种行为，既包括企业，又包括自然人，是一种凭借真诚的内在道德品质履行承诺的发自内心的行为。自律是社会诚信体系建设的基础。

为了建立和健全招标投标行业诚信自律机制，促进招投标企业自觉履行守法、诚信的社会责任，维护招标投标企业的合法权益，并自觉抵制失信、违规、违法行为，同时也为规范市场秩序，促进招标投标事业健康发展，中国招标投标协会于2006年3月31日经中国招标投标协会第一届常务理事会通过，公布了《中国招标投标行业自律公约》，要求通过自律净化招标投标市场交易环境。

1. 招标人自律守则

《中国招标投标行业自律公约》规定的招标人自律守则如下：

（1）招标人必须依法从事招标活动，严格遵守《中华人民共和国招标投标法》和有关法律、法规、规章，坚持"公开、公平、公正和诚信"的原则，自觉接受政府和社会监督；

（2）招标人对依法必须招标的项目，不得采用化整为零等违规手段规避招标或虚假招标；不得擅自将应当公开招标的项目改为邀请招标或将应当邀请招标的项目改为直接发包或直接采购；

招标人应严格按照规定程序和要求组织招标、开标、评标、办理核备手续；属公开招标的，应在规定媒体发布招标公告；

（3）招标人具备自行招标条件的，经有关行政监督部门核备，可以自行组织招标，否则，应当委托具有相应资格的招标代理人代理招标业务；

（4）招标人采用委托招标的项目，可以通过竞争方式择优选择具有相应资质条件的招标代理人；严禁以收取代理费回扣、签订阴阳合同或帮助意向投标人中标等不正当要求作为选择招标代理人的条件。招标人不得与招标代理人或投标人串通，进行暗箱操纵或采取其他违法手段；

（5）招标人在投标资格、评标办法中不得违法设置障碍或技术条件歧视、排斥外地、外系统或不同所有制的潜在投标人参加投标；不得为特定投标人设定有利条件；不得强制为投标人指定联合体或分包商；

（6）招标人应当依据法律、法规、规章和有关示范文本规定的基本内容、格式、程序编制和修改招标文件，招标文件及其合同条款不得设置违法、违规或苛刻条款侵害投标人的正当利益，强制投标人低于成本价竞争；

（7）招标人应依法组建评标委员会，不得违法干预、引导或串通专家评标；

（8）招标人应当在评标委员会评标报告推荐的中标候选人中，按规定程序确定中标人，并依法向有关行政监督部门办理核准或备案手续；

（9）招标人应严格按照招标文件和投标文件约定的条款，及其中标结果与中标人签订合同、协议，不得随意改变招标内容和中标价格，亦不得签订违背合同实质性内容的协议；

（10）招标人不得指使、授意或认可中标人违法转包或违规分包；

（11）招标人应当依法遵守保密规定，不得泄露评标、标底等有关保密内容。

2. 招标代理人自律守则

作为招标人的委托代理人，《中国招标投标行业自律公约》规定的招标代理人自律守则如下：

（1）招标代理人必须严格遵守《中华人民共和国招标投标法》和有关法律、法规、规章，依法从事招标代理活动，诚实守信，自觉接受政府和社会监督；

（2）招标代理人应自觉维护招标投标活动秩序，坚决抵制串通投标、暗箱操作、徇私舞弊、违法交易；

（3）招标代理人应遵守公约第四章招标人自律守则的相关条款，并应依法订立和认真履行招标代理合同规定的权利、义务，承担相应的责任；

（4）招标代理人必须严格按照核准的资质等级和业务范围竞争承接招标代理业务；不得以非正当手段承揽招标代理业务；

（5）招标代理人不得出借、买卖、涂改和伪造招标代理资质、营业执照、资格业绩等有效证件；

（6）招标代理人应坚决抵制盲目压价、恶意竞争的行为，严禁采用合同外让利或签订阴阳合同等不正当手段压低招标代理费；

（7）招标代理人不得与行政机关、招标人、投标人有隶属关系或其他利益关系，不得在同一项目中既接受招标代理对接受投标咨询；

（8）招标代理人应严格按照《劳动法》及相关规定聘用业务人员，依法维护从业人员合法权益，注重职业道德教育和业务素质培训；

（9）招标代理人应坚持组织从业人员认真学习《招标投标法》、《合同法》等法律、法规及其他相关知识，树立"依法、守信、公正、科学"的服务意识，不断提高业务素质和服务水平；

（10）招标代理人应自觉保护知识产权，不得抄袭、盗用他人的咨询成果、招标文件专用版等技术资料，不得窃取同行商业机密。

3. 投标人自律守则

《中国招标投标行业自律公约》规定的投标人自律守则如下：

（1）投标人应当严格遵守《招标投标法》和有关法律、法规、规章，依法从事投标和其他交易活动，诚实守信，自觉接受政府和社会监督；

（2）投标人当自觉维护市场秩序，不得出借、买卖、伪造企业和从业人员的资质证书、营业执照、资产业绩等相关资信证明文件和印章，严禁其他企业或个人以投标人的名义投标；

（3）投标人参与工程、货物、服务项目投标时必须具有国家和招标文件规定的资质、业绩或许可条件；

（4）投标人应严格遵守法律、法规和招标文件规定的投标程序，不得隐瞒真实情况、弄虚作假，骗取投标和中标资格；

（5）投标人应坚决抵制和杜绝串标、围标、哄抬报价、贿赂、回扣等违法投标和不正当竞争行为，并不得违背国家有关价格规定或低于成本价竞争；

(6) 投标人应严格按中标条件签订和履行合同，不得将项目违法转包、挂靠承包和违规分包；

(7) 投标人应依法经营，公平竞争，不得采取虚假、诽谤、恶意投诉等违法或不正当手段损害、侵犯同行企业的正当权益；

(8) 投标人对违法和不公正行为投诉时，应保证投诉内容及相应证明材料的真实合法。

4. 评标专家自律守则

《中国招标投标行业自律公约》规定的评标委员会专家自律守则如下：

(1) 评标专家应自觉遵守和提高职业道德，不断提高业务素质，牢固树立依法、守规、客观、公正的责任意识，自觉规范评标行为；

(2) 评标专家应当严格依据法律、法规，按照招标文件载明的评标办法进行科学、公正评标，遵守评标纪律；评标专家不得采用招标文件未载明的评标方法及其标准评标；评标专家不得私自接触投标人，不得擅自泄漏应当保密的评标信息。

5. 诚信自律承诺书

"人无信不立，国无信而衰"，企业不讲诚信则寸步难行。中国招标投标协会在招标投标行业自律公约基础上，号召其会员单位签署"诚信自律承诺书"，自觉遵守和维护《中国招标投标行业自律公约》，其中的自律宣言如下：

我们郑重承诺，并向全行业发出倡议：坚决履行和自觉遵守《中国招标投标行业自律公约》的各项守则，诚实守信、公平竞争，矢志为中国招标投标行业诚信自律建设竭尽全力！

(1) 坚决践行"八荣八耻"，以诚实守信为荣，以见利忘义为耻，以遵纪守法为荣，以违法乱纪为耻，争当遵守和执行国家各项法律、法规的模范；

(2) 坚决抵制招标投标活动中行贿受贿、人情关系等腐败交易行为和不正之风，以实际行动落实好中央治理商业贿赂的决策，认真履行自律公约的承诺，自觉接受政府、社会监督，抵制破坏市场经济秩序、损害诚信自律建设的不良行为，保证行业队伍纯洁、健康、有战斗力；

(3) 坚决恪守公开、公平、公正和诚实信用原则，严格按照法定程序招标、投标和评标，杜绝一切规避招标、虚假招标、暗箱操作、串标、围标、伪造资信等违法行为和盲目压价、恶意投诉等恶性竞争行为，不弄虚作假，不违法转包或违规分包；

(4) 坚持服务改革大局，努力提高全行业业务人员的整体素质和道德修养，共创中国招标投标事业诚实守信新风尚；

(5) 坚持解放思想，走科学发展之路，努力构建开放、统一、和谐的招标投标市场秩序，开创招标投标事业新的局面，为社会主义市场经济繁荣发展做出新贡献。

8.5.3 诚信监督

监督，即对现场或某一特定环节、过程进行监视、督促和管理，以使其结果达到预定目标。诚信作为一种基本道德规范，需要通过自律和他律相结合的机制来发挥作用，这当中的他律，指的是当事人以外他人对其践行承诺的监督，而建设社会诚信体系，将企业和个人信用及时在统一的信息平台上公示，是诚信监督的必要条件和重要保障。

1. 行政监督

行政监督是行政部门依据行政许可，为维护市场秩序而进行的监督。招标投标活动中的行政监督是指行政监督部门依法对招标投标活动实施监督，查处招标投标活动中的违法行为。这里的行政监督有两个必备条件，一是行政部门依法享有监督权；二是行政监督部门人员施行的监督行为合法。

招标投标行政监督事项主要包括：

（1）招标项目合法性，即应按照国家有关规定需要履行项目审批手续的，是否履行了审批手续，招标范围、招标组织形式和招标方式等是否经项目审批、核准部门审核同意；

（2）依法必须招标的项目，是否存在化整为零或以其他任何方式规避招标的违法行为；

（3）依法必须进行招标项目的招标公告是否通过国家指定的报刊、信息网络或其他媒体发布，其招标公告内容是否符合法律法规规定；邀请招标是否向三个以上具备承担招标项目能力、资信良好的特定法人或者其他组织发出投标邀请书；

（4）招标代理机构是否存在泄露应当保密的与招标投标活动有关的情况和资料的行为，或者存在与招标人、投标人串通损害国家利益、社会公共利益、他人合法权益等违法行为；

（5）招标人是否按招标项目的特点和需要设定资格、技术和商务条件，招标文件是否包括招标项目的技术要求、对投标人资格审查的标准、投标报价要求和评标标准等所有实质性要求和条件以及拟签订合同的主要条款，招标项目的技术、标准是否符合国家规定，招标人划分的标段、确定的工期是否合理，是否存在以不合理的条件限制或者排斥潜在投标人，是否存在对潜在投标人实施歧视，强制要求投标人组成联合体共同投标，或者标明特定的生产供应者以及含有倾向或者排斥潜在投标人的其他违法行为；

（6）招标人进行招标的程序、时限是否符合法律法规规定，开标是否满足法律规定条件，开标程序、开标内容等是否符合法律规定，是否存在向他人透露已获取招标文件的潜在投标人的名称、数量或可能影响公平竞争的有关招标投标的其他情况的，或泄露标底，是否存在与投标人就投标价格、投标方案等实质性内容进行谈判等违法行为；

（7）投标人是否存在相互串通投标或与招标人串通投标，或以向招标人或评标委员会成员行贿的手段谋取中标，或者以他人名义投标或以其他方式弄虚作假骗取中标等违法行为；

（8）评标委员会的组建、人员组成及评标行为是否符合法律规定，是否存在非法干预、影响评标过程和结果的违法行为，推荐的中标候选人是否合格等；

（9）招标人确定中标人行为是否符合法律、法规规定，是否不按照评标委员会提出的书面评标报告或推荐的中标候选人确定中标人；依法必须招标的项目，是否存在评标委员会否决所有投标后招标人自行确定中标人等违法行为；

（10）招标人和中标人是否在法律、法规规定的时限内，按照招标文件和中标人的投标文件订立书面合同；是否存在签订背离合同实质性内容的其他协议的违法行为；是否存在转包行为，或将中标项目肢解后分别转让给他人，以及将中标项目的部分主体、关键性工作分包给他人，或者分包人再次分包等违法行为；当事人是否按照合同约定履行了各自义务等。

2. 行业组织自律监督

中国招标投标协会作为行业自律组织，在其网站上开设了诚信监督窗口，设立了电话，受理对其会员单位违反自律公约的投诉、举报、申诉以及对违反公约行为的调查、鉴定等，对其会员单位的诚信自律行为进行监督。

3. 投标人及其利害关系人监督

投标人及其利害关系人认为招标投标活动不符合法律、行政法规的，可以向招标人提出异议，或者按规定格式、内容和时限向有关行政监督部门提交投诉书。

行政监督部门依法处理投诉时，有权查阅、复制有关文件，调查有关情况，必要时，行政监督部门可以责令暂停招标投标活动。

4. 社会监督

社会公众以及新闻媒体认为招标投标活动违反招投标法律、法规和规章的，可以依法向有关行政监督部门投诉或向监察机关举报。这种监督是一种第三方监督，它弥补了行政监督和行业自律组织监督力量的不足，有助于净化招标投标市场交易环境，促进规范有序的招标投标市场形成。

思考题

（1）什么是中标结果的可信分析？为什么要进行中标结果可信分析？

（2）中标人能力分析包括哪几个方面？其中评价中标人设备、设施是否可保障其合同履约都包括哪些内容？

（3）什么是产品或系统的可靠性？它包括哪些要素？为什么电子产品要研究可靠性？

（4）什么是潜变量？什么是显变量？试举例说明。

（5）什么叫路径图和路径系数？写出图 8-4 对应的结构方程，该方程组是否有解？

（6）写出结构方程模型的分析流程，其模型构建主要有哪些事项？模型修正包括哪些事项？

（7）采用结构方程模型分析有哪些优点？

（8）什么是制造企业？它须具备哪些法定条件？

（9）什么是施工企业？它与制造企业有什么关系？施工企业与一般制造企业相比，有哪些突出特点？

（10）什么是服务业？其产品有哪些特点？分为哪些类别？

（11）工厂制造商可信结构方程模型中，有哪些潜变量，哪些外显变量？

（12）承包商可信结构方程模型中，有哪些潜变量，哪些外显变量？

（13）服务商可信结构方程模型中，有哪些潜变量，哪些外显变量？

（14）怎样设计工厂制造商、承包商和服务商的调查问卷？怎样采用最小二乘法对调查问卷进行统计处理，并建立其对应的结构方程模型？

（15）什么是产品可靠度、产品不可靠度？它们之间有什么数学关系？证明这个数学关系。

（16）什么是产品失效密度？给出其数学形式。

（17）什么是可修复产品、不可修复产品和产品的平均寿命？已知失效密度函数为连续函数，给出产品平均寿命的数学表示式。

（18）可靠性标准分为哪几个层次？企业可靠性标准与国家标准间是什么关系？

（19）什么是诚信？列出其在民事活动中的表现。

（20）什么是市场诚信体系？市场诚信体系建设包括哪些内容？市场诚信体系建设要坚持哪些原则？市场诚信体系对市场经济的重要意义有哪些？

(21) 市场诚信体系结构方程中有哪些潜变量和外显变量？怎样通过设计调查问卷确定方程中的各项系数？

(22) 什么叫自律？招标投标行业自律公约中，规定的招标人、招标代理人、投标人和评标专家自律守则有哪些内容？自律宣言的内容有哪些？

(23) 什么是诚信监督？其保障条件是什么？

(24) 什么是市场经济中的行政监督？它有哪些必备条件？

(25) 招标投标的行政监督依据是什么？其监督内容有哪些？

(26) 写出招标投标行业自律组织名称。什么是招标投标行业组织自律监督？什么是社会监督？举例说明社会监督的优点及效果。

参 考 文 献

[1] 肯·宾默尔，谢识予. 博弈论教程[M]. 上海：格致出版社、上海三联出版社、上海人民出版社，2010.
[2] 董保民，王运通，郭桂霞. 合作博弈论——解与成本分摊[M]. 北京：中国市场出版社，2008.
[3] 范玉妹，徐尔，赵金玲，胡毅庆. 数学规划及其应用[M]. 第3版. 北京：冶金工业出版社，2009.
[4] 耿素云，张立昂. 概率统计：北京市高等教育自学考试用书[M]. 北京：北京大学出版社，1987.
[5] 侯杰泰，温忠麟，程子娟. 结构方程模型及其应用[M]. 北京：教育科学出版社，2004.
[6] 何晓群. 多元统计分析(第2版)[M]. 北京：中国人民大学出版社，2008.
[7] 湖北省招标投标监督管理局，湖北省招标投标协会. 评标专业技能与操作实务[M]. 武汉：长江出版社，2011.
[8] 贾新明. 结构方程模型评价体系的可比性问题[J]. 数理统计与管理，2011，(02).
[9] 罗宾·巴德，迈克尔·帕金. 微观经济学原理[M]. (第4版). 北京：北京大学出版社，2010.
[10] 住房和城乡建设部标准定额研究所，四川省建设工程造价管理总结.（GB 50500—2008)建设工程工程量清单计价规范[S]. 北京：中国计划出版社，2008.
[11] 焦媛媛. 项目采购管理：南开现代项目管理系列教材[M]. 天津：南开大学出版社，2006.
[12] 李荷华. 现代采购与供应管理[M]. 上海：上海财经大学出版社，2010.
[13] 马海涛，姜爱华. 政府采购管理[M]. 北京：北京大学出版社，2008.
[14] 毛林繁. A Couectoon of Selected Paper on Smarandache Geometries & Combinatorial Maps[M]. Chinese Branch Xiquan House，2006.
[15] 毛林繁. *Smarandache Multi-Space Theory*[M]. 第一版美国Hexis出版社2006年出版，第二版为数学研究生教程，美国The Education Publisher Inc. 出版社2011年出版.
[16] 毛林繁. 中国工程建设项目施工招标技巧与案例分析——Smarandache重空间招标模型[M]. Xiquan Publishing House Chinese Branch，2006.
[17] 毛林繁. 工程建设项目招标采购理论与实践[M]. Reholooth：American Research Press，2007.
[18] 毛林繁. 推动招标投标市场不断走向规范——关于培育和规范招标投标市场的思考[N]. 中国建设报，2009-1-24.
[19] 毛林繁. 深化体制改革，系统构建招标投标市场运行机制[J/OL]. 求是理论网，2011-02-28. http://www.qstheory cn/lg/zl/201102/t 201102 28-69927. htm.
[20] 毛林繁. 串通投标的经济行为分析及市场对策. 中国招标投标，2011，5.
[21] P.E 穆迪，朱美琪、舒慧平，张馥兰. 决策——获得较佳决策的方法[M]. 北京：人民交通出版社，1988.
[22] 卢毅，李涵. 企业项目管理成熟度结构方程评价模型及其应用[J]，项目管理技术，2011，9(03)：38-41.
[23] 骆建文. 采购与供应管理：普通高等教育规划教材[M]. 北京：机械工业出版社，2009.
[24] Deo Narsingh. *Graph Theory with Applications to Engineering and Computer Science*[M]. Englewood Cliffs：Prentice-Hall of India Pvt. Ltd.，1974.

[25] 彭圣浩. 建筑工程施工组织设计实例应用手册[M]. (第3版). 北京：中国建筑工业出版社，2008.
[26] 本书编写组. 评标专家专业分类标准(试行)使用指南[M]. 北京：中国计划出版社，2011.
[27] 邱闯. 国际工程合同原理与实务[M]. 北京：中国建筑工业出版社，2002.
[28] 全国招标职业水平考试辅导教材指导委员会. 招标采购法律法规与政策[M]. 北京：中国计划出版社，2009.
[29] 全国招标师职业水平考试辅导教材指导委员会. 项目管理与招标采购 2009 年版全国招标师职业水平考试辅导教材[M]. 北京：中国计划出版社，2009.
[30] 全国招标师职业水平考试辅导教材指导委员会. 招标采购专业实务：2009 年版全国招标师职业水平考试辅导教材[M]. 北京：中国计划出版社，2009.
[31] 全国招标师职业水平考试辅导教材指导委员会. 招标采购案例分析：2009 年版全国招标师职业水平考试辅导教材[M]. 北京：中国计划出版社，北京，2009.
[32] 宋印玲，催利荣. 结构方程模型在企业质量保证能力中的应用[J]. 科技创新导报，2008(03)：138－141.
[33] 史坦因毫斯，裘光明. 数学万花镜[M]. 上海：上海教育出版社，1981.
[34] 王重鸣，陈民科. 管理胜任力特征分析：结构方程模型检验[J]. 心理科学，2002，25(05)：513-637.
[35] 王槐林. 采购管理与库存控制：现代物流系列教材[M]. (第3版). 北京：中国物资出版社，2009.
[36] 王卫星，朱龙杰，吴小明. 供应商政府采购实务[M]. 北京：中国财政经济出版社，2006.
[37] 王珏. 市场经济概论[M]. (第4版). 北京：中共中央党校出版社，2008.
[38] 吴守荣. 项目采购管理：21 世纪项目管理系列规划教材[M]. 北京：机械工业出版社，2009.
[39] 吴英，胡季英. 工程项目采购管理：建筑施工项目管理丛书[M]. 北京：中国建筑工业出版社，2008.
[40] 乌云娜. 项目采购与合同管理：高等学校项目管理系列规划教材[M]. (第2版). 北京：电子工业出版社，2010.
[41] 谢政. 对策论导论. 北京：科学出版社，2010.
[42] 徐杰，鞠颂东. 采购管理：北京高等教育精品教材[M]. (第2版). 北京：机械工业出版社，2009.
[43] 袁志刚，张军，王世磊. 高级微观经济学：高等学校西方经济学课程系列教材[M]. 北京：高等教育出版社，2009.
[44] 张宜松. 建筑工程经济与管理：高职高专规划教材[M]. 北京：化学工业出版社，2009.
[45] 张银杰. 社会主义经济理论[M]. 上海：上海财经大学出版社，2010.
[46] 《中华人民共和国招标投标法》起草小组，国家发展计划委员会政策法规司. 中华人民共和国招标投标法全书[M]. 北京：中国检察出版社，1999.
[47] 《标准文件》编制组. 中华人民共和国标准施工招标资格预审文件[M]. (2007 年版). 北京：中国计划出版社，2008.
[48] 《标准文件》编制组. 中华人民共和国标准施工招标文件[M]. (2007 年版). 北京：中国计划出版社，2008.
[49] 本书编写组. 中华人民共和国 2007 年版标准施工招标资格预审文件使用指南[M]. 北京：中国计划出版社，2008.
[50] 本书编写组. 中华人民共和国 2007 年版标准施工招标文件使用指南[M]. 北京：中国计划出版社，2008.